走向卓越

打造区域强校的『景成』行动

TOWARDS
EXCELLENCE

JINGCHENG ACTION
TO MAKE AN EFFECTIVE SCHOOL

曹纺平·编著

吉林大学出版社
·长春·

图书在版编目(CIP)数据

走向卓越：打造区域强校的"景成"行动 / 曹纺平编著. —— 长春：吉林大学出版社，2021.4
ISBN 978-7-5692-8299-3

Ⅰ.①走… Ⅱ.①曹… Ⅲ.①中小学教育－教育质量－研究－杭州 Ⅳ.①G632.0

中国版本图书馆CIP数据核字(2021)第087474号

书　　名	走向卓越:打造区域强校的"景成"行动
	ZOU XIANG ZHUOYUE:DAZAO QUYU QIANGXIAO DE"JINGCHENG"XINGDONG
作　　者	曹纺平 编著
策划编辑	曲天真
责任编辑	周　婷
责任校对	刘　丹
装帧设计	书道闻香
出版发行	吉林大学出版社
社　　址	长春市人民大街4059号
邮政编码	130021
发行电话	0431-89580028/29/21
网　　址	http://www.jlup.com.cn
电子邮箱	jdcbs@jlu.edu.cn
印　　刷	杭州万星印务有限公司
开　　本	710mm×1000mm　1/16
印　　张	20.5
字　　数	320千字
版　　次	2021年4月　第1版
印　　次	2021年4月　第1次
书　　号	ISBN 978-7-5692-8299-3
定　　价	56.00元

版权所有　翻印必究

序 PREFACE

改革开放以来,我国基础教育得到了长足的发展,尤其是党的十八大以来,在以习近平同志为核心的党中央正确领导下,我国的基础教育事业进入了一个新的发展时期。浙江的基础教育一直走在全国前列,2004年,浙江就成为全国首个基本普及15年基础教育的省份;2015年,浙江省成为最早实现全省所有县(市、区)全部通过国家义务教育发展基本均衡县评估认定的5个省(市)之一。杭州市景成实验学校与全省广大中小学一样,在坚持中国特色社会主义教育的道路上进行着积极的探索。由曹纺平校长撰写的《走向卓越:打造区域强校的"景成"行动》这本专著,就记录了景成实验学校践行"立德树人"根本任务,通过不懈努力,把一所建立仅仅15年的新校打造成了区域强校的实践探索过程,读来很是感动,值得大家借鉴和学习。

一是始终坚持立德树人、五育并举的办学观。新时代对基础教育提出了新的要求,学校必须坚持符合时代要求的办学方向,才能使学校获得发展,实现走向卓越的办学目标。习近平总书记曾多次提到"立德树人"是教育的根本任务,这一思想也体现在2019年7月颁布的中共中央、国务院《关于深化教育教学改革全面提高义务教育质量的意见》中:"坚持立德树人、坚持'五育'并举、强化课堂主阵地作用、建设高素质专业化教师队伍、深化关键

领域改革、加强组织领导。"从本书中可以看出,景成实验学校无疑坚持了这一要求,并以此作为学校的办学方向。

　　景成实验学校在教育实践中积极探索德智体美劳五育融合的育人方法和途经,打造"四美"德育课程育人载体、"六维"德育体系育人方向,"教师人人都是育德能手、环境处处都是育人土壤"的全员、全程、全方位育德行为文化;通过落地"五育"课程,做到了国家课程、地方课程、校本课程有机整合,实现德智体美劳的全面融入;通过"优宝卡"这一评价载体,构建包括学业、品德、行为多个维度的评价体系,助力五育融合的落地。一句话,在景成实验学校,立德树人、五育并举已经成为全校教师的共识,并努力地付诸于教育教学实践之中。

　　二是始终坚持学生主体、素养立意的育人观。随着时代的发展变化,学校育人的内涵也在发生变化。2016年,我国提出了中国学生发展的核心素养,进一步明确了全面发展的内涵要求。景成实验学校紧随时代步伐,从学生的核心素养出发,坚持实效性原则、互补性原则、差异性原则、选择性原则,以"崇德尚美,启智行健"为核心,围绕"会阅读会表达,会提问会探究,会思考会坚持,会锻炼会自理,会合作会参与,会劳动会应用"的育人目标,构建起较为完整的课程体系,以实现"为每个孩子提供机会,让每个孩子走向优秀",充分体现了"以学生为本"的现代教育观,引领每个孩子都努力追求做最优秀的自己。

　　景成实验学校地处杭州市下城北部城郊接合部,学校所在的北景园小区曾是浙江省在建规模最大的经济适用房项目。2200多名学生来自不同家庭,既有世代生活在杭州的"原住民",拆迁户和回迁户和落户买房的新杭州人,也有持居住证的外来务工人员。不同家庭环境带来了学生先天因素、环境因素、教育因素、主观能动性的不同。但是,景成实验学校始终秉承"有教无类"这一教育思想,强调教育对象没有好坏之分,高下之分,贫富之分,充分体现教育的公平性和巨大亲和力。在实践中,正确对待贫困生,不让一个学生因为家庭经济困难辍学;热情善待每一个随班就读的学生,不让一个学生因为身体或者心理障碍掉队。在教学过程中，根据不同"材质"施以不同的教学方法和手段，以成长性思维看待后进生，用发展的眼光、可行的方法转化后进生。

三是始终坚持整体设计、持续推进的方法论。工作是一项系统工程，提升办学水平，更是涉及诸多因素。景成实验学校对此有着清醒的认识，在打造区域名校的过程中，从系统的观念出发，坚持对改革行动进行整体设计。从打造"时时都是德育时间、处处都是德育空间"的学校大德育系统，到创设"回应式"课堂、实施个性化辅导，让教学变得更加有温度、有深度、有宽度、有效度的"四有"教学新样态；从实施梯级培养，助力教师自觉成长，融合教育研究和教师培训，不断拓展教师成长边界，促进了教师整体素质的提高，到创新家长会，打造家长慧客厅，引领家庭教育，凝聚家长共识，构建起了家校协同的教育共同体；从五育融合，加强学生体质，唤醒学生审美意识，提高学生劳动素养，到建立关注差异、分层评价、立足过程、多元互动的多元评价体系，形成了提升学校办学水平的整体设计。

在此基础上，学校一步一个脚印，持续推进。建校之初，学校提出了环境强基，文化强质，嫁接强势，创新强力，人才强校的三年"五强"战略，营造了学校和师生发展的良好生态环境。随后，学校以教育生态、嫁接办学、统筹协调、均衡公平为四大办学战略，建立健全组织机构，规范学校章程，实施绩效管理，强化教师队伍建设，形成了高起点、可持续的学校发展态势。进入新时代以后，学校根据"齐心发展不折腾、创业创新不懈怠、提高质量不动摇"的工作思路，积极探索"规范+特色+创新"的发展模式，逐渐成为人民群众满意的家门口的好学校，步入了区域强校的行列。显然，景成实验学校在探索走向卓越的办学过程中走了一条正确的道路。

一直以来，浙江的基础教育从基本均衡到目前的优质均衡，始终走在全国前列。景成实验学校走向卓越，打造区域强校的历程也从一个侧面反映了我省基础教育的发展，正是有景成实验学校这样的一大批中小学致力于改革创新，才为我省基础教育优质均衡发展奠定了深厚的基础。我曾两

度走进景成实验学校，看到了这所学校在下城区教育局的带领下，借力中国教科院专家资源，在课程衔接、教师队伍建设、德育工作、社团建设、家长委员会建设等方面取得了丰硕的成果，赢得了学区老百姓较高的满意度，深为他们在走向卓越的路上所付出的艰辛努力所感动。承蒙学校热情相邀为本书作序，欣然应允，也祝愿景成实验学校在改革发展的路上取得更加辉煌的成绩。

是为序。

2021年春于浙江省教育厅

目录 CONTENTS

001　第一章　绪　论
　　002……第一节　审视历史：学校发展的不同轨迹
　　009……第二节　回溯历程：景成实验学校的发展之路

017　第二章　理论阐释：景成实验学校走向卓越的构想
　　018……第一节　价值指向：景成实验学校走向卓越的定位
　　029……第二节　顶层设计：景成实验学校走向卓越的架构

047　第三章　"四有"教学：实现学教方式的变革
　　048……第一节　聚焦课堂：基于学生需求的回应式教学
　　072……第二节　精准助学：基于学生差异的个性化辅导

085　第四章　活力校园：构建多彩的校园生活
　　086……第一节　社团活动：让每个孩子都能邂逅最美的自己
　　104……第二节　团队一体：让每个孩子都能拥有自己的理想

123　第五章　五育并举：让学生品味成长的幸福
　　124……第一节　研学旅行：在行走中践行五育并举
　　139……第二节　美丽班级：五育在集体生活中彰显

163　第六章　综合评价：激发学生的成长动力
　　164……第一节　"优宝卡"：用数据指导学生成长

182......第二节　三节·两会:搭建学生展示平台

209 ▶ 第七章　美丽教师:推动学校的持续发展
210......第一节　梯级培养:助力教师自觉成长
226......第二节　研修一体:拓展教师成长边界

249 ▶ 第八章　智慧家长:构建协同的育人体系
250......第一节　创新家长会:实现家校教育的共赢
264......第二节　家长慧客厅:引领家校教育共发展

279 ▶ 第九章　成效初显:景成实验学校步入区域名校
280......第一节　崭新面貌:景成实验学校的新变化
298......第二节　未来行动:走向卓越的再思考

309 ▶ 主要参考文献
314 ▶ 后　记

第一章

绪 论

　　学校是人类社会文明传承和创新的重要基础设施之一。自从人类摆脱结绳记事的生活,进入文明社会以来,就有了学校这个传承文明、培育人才的场所(王星霞.学校发展变革研究[D].西北师范大学,2007)。其中,人们在苏美尔的考古文献中就发现"闭着眼睛进去,睁着眼睛出来,解决之道在于学校"(滕大春.外国教育史和外国教育[M].保定:河北大学出版社,1998)的论述。在《辞海》中对于学校的定义为:有计划、有组织地进行系统教育的机构。随着国家的快速发展,社会经济的日新月异,国人对于享受优质教育的需求日益迫切,尤其是对于在家门口就能享受优质教育的期盼,已经成为学校发展的重要目标。而现代教育强调让每一个学生得到发展,关注学生的个体差异,强调因材施教。为此,对于一所九年一贯制公办学校而言,要想追求卓越的发展,就需要在抓好教育教学质量的同时,突出学校的特色发展;在关注学生全面发展的同时,又要探索个人多元的发展路径;在加强师生的主导和主体性时,又要发挥家长的协同配合,只有不断地探索和整合,才能在追求卓越的道路上走得更稳、走得更远。

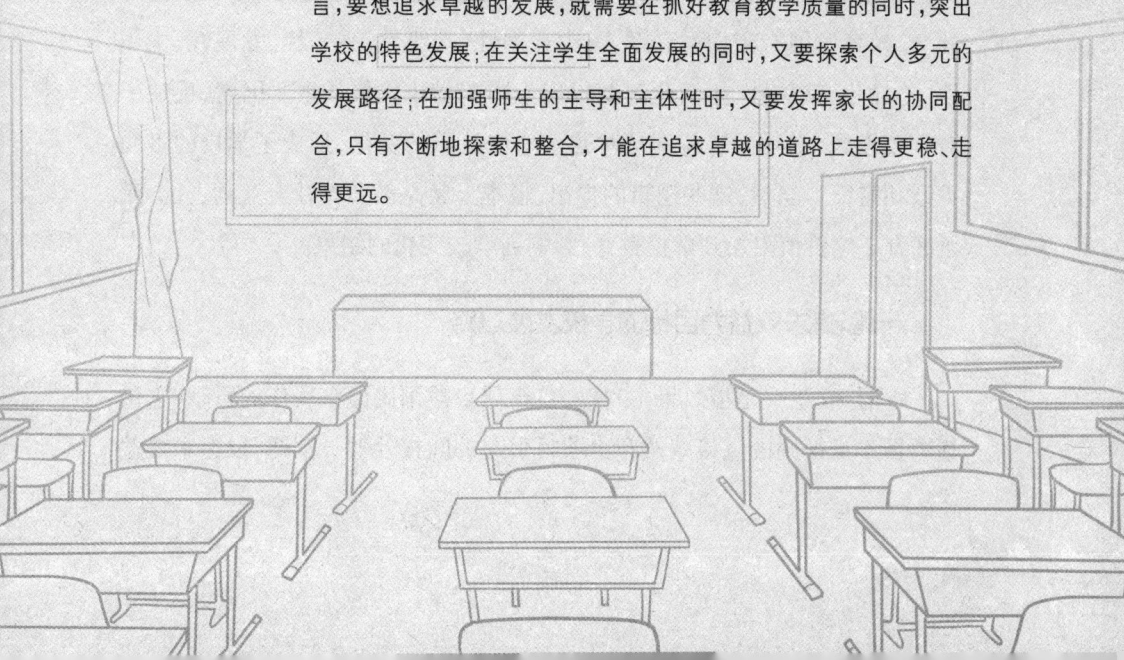

第一节　审视历史：学校发展的不同轨迹

　　自古以来，学校的存在、发展和变革，与社会的发展变革息息相关。学校是社会的机构，是教育的载体，是学校教育的组织框架，通过这个框架来承载一个民族和国家教育所要实现的目标和内容。同时，不同时期形成的关于学校的逻辑也是一种观念解释体系的体现。这些不同逻辑或观念解释体系的变化极大影响了学校的发展，使其类型、组织、结构、形态等不断发生变化。农耕时代，学校为特权者服务，具有强烈的排他性、非生产性、非连续性和非体系性。比如，我国夏朝出现的"庠""序""校"，到后来唐代出现的"州学""府学""县学"及"私学""书院"等。工业时代，为提高生产效率，进行科学管理，学校表现出了国家化、制度化、公共性、民族性、班级授课制等特征。信息时代，学校进行了全方位的变革，数字化校园建设、学校的开放性和社会化、办学模式的多样化、教学模式的重建、国际化与本土化并存等相继得到认可和落实。从学校的演进和改造历程来看，学校演进与社会、教育发展有密切的联系，其中普遍性、等级性、平等性、发展性、主体性、差异化、整体性、生活化等逻辑成为影响学校发展的重要因素，反映了对学校设置、学科内容特别是对儿童地位认识的变化，形成了学校的不同类型和特征。当然，这些逻辑的提出，根本上又是教育与社会互动，社会赋予教育一定价值附加到学校教育，影响到学校变化的结果。

一、以追求效益为目标的学校发展之路

　　所谓"效益"，是指效果与利益，也指项目对国民经济所作的贡献，它包括项目本身得到的直接效益和由项目引起的间接效益。据此，以追求效益

为目标的学校发展,是指学校为适应国家和社会的需求,培养符合社会发展和经济建设需求的人才,从而进一步促进社会经济的快速发展。

以蒸汽机为代表的机器的发明以及工业化大规模生产对劳动者技能提出要求,培养大量具有一定技能的劳动者成为社会的急需,于是,学校教学开始走向大众,出现了以班级授课制为核心的现代学校,教学模式发展成与大规模生产相适应的大规模教育模式。这个时期的教育特点,是忽视学生的个性需求,整齐划一地把学生培养成社会流水线需要的产业工人和管理职员等。正如科学管理创始人泰勒所说:"我们不需要工人有什么头脑,我们只要求他们听话,把我们指令的工作尽快地干好。"①此一时期,很多学者把学校比作工厂,把教师比作第一线的工人,把学生比作原材料,学校培养学生的过程就是工厂中工人将原材料加工成成品的过程。他们主张学校要像工厂一样追求效率。②

英国在18世纪60年代前后开展的产业革命,推动了生产力的发展,极大地增强了国家实力。为适应社会的发展,这一时期的英国不仅注意到初等和中等学校的发展,而且采取各种措施积极发展职业技术学校,并对牛津、剑桥大学进行了改革。自19世纪30年代起,美国形成了"公立学校运动",一些学校逐渐分级,由单间学校逐渐分为初级小学和中间学校。公立中学被认为是为学生职业做准备的,因此摒弃了当时流行于中学的拉丁语、希腊语、宗教课程等学科,增加自然科学和实用科学的教学,使得美国中等教育领域资产阶级民主化进程和教育世俗化的范围扩大。

我国学校在中华人民共和国成立后的教学模式是在全面复制苏联的教育特色下形成的,但当时我国政府面临着一个选择难题,一方面是教育的普及化,另一方面是集中精力提升部分学校的质量。根据实际情况,为提高教学效率,快速向高校输送合格人才,有效促进国家建设和发展,1953年5月毛主席提出了办重点中学,而后《关于有重点地办好一些中学和师范

---

① 成君忆.渔夫与管理学[M].北京:新华出版社,2012.
② 马瑞英,彭虹斌."有效学校"研究的历史演进[J].广州广播电视大学学报,2008(6).

学校的意见》和《有重点地办好一批全日制中小学的通知》等文件相继落地。在当时百废待兴的情况下，重点学校各方面都得到了政策的大力支持和保护，也为中华人民共和国成立初期加速培养了一批国家建设的急需人才，起到了示范和带动教育发展的作用。

二、以追求优质为目标的学校发展之路

所谓"优质"，指优良的质量；对于学校而言，优质的教育是指以现代化素质教育思想为指导，通过优化学校教育系统内外教育因素及其结构，提高教育的质量、效率和效益，满足学生健全人格发展的需求和社会对优质教育的要求，提高学生的综合素质，培养21世纪优秀人才的教育[①]。

受普遍性、等级性逻辑的长期影响，学校仍然存在与家庭、社会生活相分离，以及学校之间相分离的情况。虽然分年级制和分阶段制受到重视，初等义务教育开始普及，但学校关注儿童、青少年群体的分年级、分阶段教育有余，个性化和多样化教育关注不足的问题又成为新的问题。因此，19世纪后期至20世纪初期欧美教育家所进行的学校改造就具有重要意义。[②]针对学校存在的诸多问题，杜威认为，儿童的发展虽然受学校的制约，但是儿童不是被动地接受教育，儿童应当成为教育的中心。杜威提出的儿童中心观体现了儿童发展的主体性逻辑。主体性逻辑与发展性逻辑的区别在于，发展性逻辑主要是从儿童的年龄特征角度考虑问题，而主体性逻辑则强调教育不仅要关注儿童的年龄特征，更要关注儿童的主动发展。在杜威看来，儿童有自己的成长方式，不同于成人，完全以成人的方式对待儿童，会抹杀儿童的主动性。学校要把发展儿童的主动性放在重要的位置，提供适合儿童成长的条件。

1896年，杜威创办了芝加哥实验学校（1896—1904）。按照杜威的观

[①] 达柯文.走向个别化：长江实验小学的教改理念与实践[M].杭州：杭州出版社，2005.

[②] 吴式颖.外国教育史教程[M].北京：人民教育出版社，1999.

点,"这是关于美国实验和进步学校中较早的一所学校的一个记录"①。实验学校的基本原则是:学校与家庭联系起来;儿童学习现在的生活,不是为未来生活做准备;学校是通过问题激发儿童好奇心的地方;问题本身驱使儿童自己设定任务;全部教学的中心是儿童发展,不是教材,儿童发展包括精神、身体和社会性的发展。实验学校实行分组教学,学生不分年级,而是按照共同的兴趣、智力和反应速度分组进行合作学习。实验学校保留分科教学,但不组织考试,也没有分数。学校对学生的评价主要是教师与学生一起讨论决定。教师的工作主要是鼓励学生提问或者向学生提问,帮助学生确定在解决问题的过程中需要做什么。②

教育家沃特在印第安纳州加里市任教育局局长期间进行的葛雷学校改革也具有特色。葛雷学校注重学生的发展和提供合适的课程。在学校里,每个学生都可以根据自己的学习计划选择不同的课程。身体差的学生可以在操场上花时间多一些。算术或地理差的学生,可以去低年级上课。学习科目中有一科比其他科目强的学生,可以到高一年级听课。对于学习落后或者对学习失去兴趣的孩子,不会因此受到降级的惩罚;任科教师发现他擅长什么,就给他大量时间去做他擅长的事,让他在其中进步,激发他的学习兴趣;如果这样做还是没有进步,还会留他在校,直到他学会一样东西,而不是让他离开学校,也不让他每一科都留级。葛雷学校还尝试把班级分成"快班""普通班"和"慢班"三种类型。"这种分班不是用来区分学习者的能力,而是为了利用儿童的自然生长,让他们的学业和生长相辅而行。"杜威认为,沃特的葛雷学校改造,创建了一个满足学生需求的教育体系。沃特的葛雷学校改造具有重要意义。如果说杜威的学校改造提出了儿童发展的主体性逻辑的话,沃特的学校改造则提出了差异化的逻辑。差异化逻辑的含义是,儿童与成人之间不仅成长方式不同,儿童之间也有不同的成长方式,用同一种成长方式对待所有儿童是不科学的。学校要关注

---

① 凯瑟琳·坎普·梅休,等.杜威学校[M].北京:教育科学出版社,2007(5).
② 简·杜威,等.杜威传[M].合肥:安徽教育出版社,2009.

不同儿童的成长方式,为他们提供个性化和差异化的教育。

我国到20世纪80年代后期,随着《义务教育法》和《关于全面贯彻教育方针,减轻中小学生过重课业负担的意见》等文件的颁布,重点学校建设逐渐退出历史的舞台,取而代之的是"建设有中国特色的社会主义教育",这一时期教育改革和发展的指导思想是:教育优先发展、"三个面向""四有新人"。为此,中小学教育教学改革全面铺开,全国上下积极行动起来,一批批卓有成效的教学改革实验学校脱颖而出,例如,上海道小学、北京育英学校等。这一时期学校教学从方法改革向内容改革发展,从单项改革向综合整体改革发展,从单一向多层化、多样化发展,从高度统一向灵活性、多样性结合发展。而后随着《关于目前积极推进中小学实施素质教育的若干意见》等文件的颁布,素质教育成为教育实践工作者的行为指南,一时间出现许多素质教育实验学校和改革实践。例如,河南安阳人民大道小学开展的"小学生主体发展实验"、湖北荆门象山小学开展的"小学生主体性品质的培养实验"、上海市委启动上海素质教育实验校建设项目等。这一次次的教育变革都是为了促进学生全面、健康成长,实现学校的优质发展。

三、以追求卓越为目标的学校发展之路

所谓"卓越",是指杰出的,超出一般的高超出众。卓:高超,超,不平凡。越:度过,超出。就卓越学校而言,可以理解为超过一般的优质学校,并形成具有自身特质的杰出学校。

随着社会的发展和变化,影响学校发展的一些逻辑已经消失或者弱化,如等级性逻辑。有的已经变化,成为某一阶段或者某一类型学校的选择,如普遍性逻辑。而在平等性逻辑的基础上,发展性、主体性、差异化、多样化、整体性、生活化等逻辑,成为现代学校的主要选择,并在不同阶段得以体现。如在幼儿教育阶段,主体性、差异化、整体性、生活化逻辑占主要地位;在初中等学校,发展性、主体性、差异化逻辑占主要地位;在高等学校,普遍性、差异化逻辑占主要地位,其中,差异化、个性化和多样化逻辑已

经成为所有现代学校最重要的选项，反映出现代学校和教育对人认识达到的新阶段和新水平。尤其是在"互联网+"教育背景下，学校的内涵和外延在悄悄转变，未来的学校是什么？学生学什么？怎么学？怎么评价？怎么教学？谁来教学？为谁办学校？谁来管教育？这些问题都需要在"互联网+"的舞台上重新审视。学校的学习时空从封闭走向开放，学习内容从分科走向综合，从面对已知转向不确定的未来；教师角色从知识的搬运工转为学生心智发展的营养师；教学从基于课程标准的统一改造转向个性化培育的成长陪伴；评价从单纯的分数排队转向兼顾综合素质的大数据分析。[1]

山东省德州市王云臣校长在"创建卓越学校奠基幸福人生"一文中指出，通过四个措施带领学校走向卓越：一是改善办学条件，融入大数据时代；二是加强德育教育，创建和谐校园；三是深化教育科研，提升教学质量；四是注重特色办学，全面推进素质教育。

北大附中深圳南山分校校长周恩芝在"以铁牛文化引领学校卓越发展"一文中指出，通过"多元课程，以人育人""智慧课堂，以智启智""关爱德育，以爱育爱""党员先锋，以身正身"等措施，全面提升学校教育质量，引领学校向着卓越迈进。

华东师大第二附属中学成立了"卓越教育研究所"，明确提出"卓越教育"的概念，要建设卓越学校。在学校的发展历程中，逐渐形成并落实"六个百分百"素质教育模式（100%的学生在校期间做100课时志愿者，100%的学生做小课题研究，100%的学生参与社团活动，100%的学生选修学校课程，100%的学生动手做100个实验，100%的学生学会游泳），学校在培养尖子生的同时关注每个学生成长发展和潜能开发；同时首创"首席教师"制度，打破单一行政领导的权威，树立"教师第一"的学校发展理念，逐渐打造一支特色鲜明，具有影响力的名师队伍，为卓越教育的追求打下扎实的基础。

---

[1] 潘晨聪，薛婷彦，李立基.创造更多的可能中国教育创新"20+"论坛聚焦课堂聚力创新[J].上海教育，2016：58-61.

从学校追求卓越发展的趋势看,在解决教育平等性问题的基础上,差异化、个性化逻辑将会成为影响学校发展的主要逻辑,它会促使学校进行深入变革。一方面,它不是去家庭化,而是尊重家庭学校的存在,尊重人的个体差异和教育选择;也不是去个性化,而是根据个体差异构建多类型、多层次的学校去满足个体的需要。另一方面,它又会激发原有的学校内部的组织框架和学校制度的革新,让每个学生可能有自己个性化课程和学习的自由选择权,比如,实行"小班化教学",采用"走班制",选修"拓展课程",实施"差异教学",组织"在线学习",落实"教师梯级培养",促进"研修一体",挖掘"智慧家长"等。学校的这些探索和尝试将会对学校教育的现在和未来产生重要影响,并将引领学校迈向卓越。

第二节　回溯历程：景成实验学校的发展之路

在杭州市大力推进名校集团化和教育均衡公平化发展的大背景下，2006年5月31日杭州市景成实验学校由下城区人民政府正式下文成立，由安吉路教育集团内的杭州市安吉路实验学校和杭州市大成实验学校实施嫁接办学。学校占地74.58亩，建筑面积24021平方米，采用"六三"九年一贯学制，2007年通过浙江省Ⅰ类标准化学校验收。

一、初创萌芽阶段——嫁接名校快速成型

2006年至2008年，景成实验学校按照"先一步，高一层，可持续"总体工作思路，突出"嫁接办学"特征，营造优质教育生态，实施"五强"（环境强基，文化强质，嫁接强势，创新强力，人才强校）战略，按照"第一年起步，第二年发展，第三年成型"的目标要求，营造学校和师生发展的良好生态环境，形成有利于学校发展的发展环境和良好社会公众形象。

学校以"教育生态""嫁接办学""统筹协调""均衡公平"四大理念为先导，建立健全组织机构，规范制定学校章程，实施部门工作绩效管理，强化教师队伍建设，开展"2+8+X草根式"课题研究，引导"专业+特长"型教师成长；加强校园生态文化建设，整体规划，分步实施，尊重个性差异，坚持师生间的平等民主，学校全面、多元、和谐发展；创新实践"源于母体、别于母体、优于母体"理念，既发挥了名校母体的辐射带动作用，注重消化吸收母体学校的优势，又结合了学校新办、北景园的文化土壤等实际，有别于母体，培育自我发展和可持续发展的能力；以系统的战略思维眼光，规划好硬件建设和软件建设，做到人、财、物、信息统筹，人、物、景、事等相协调；面向全

体、全面育人，以生为本，因材施教，形成了梯级创业团队，营造了科学、向上、和谐的教书育人氛围，充分落实"教育公平化、均衡化"的教育发展要求。初步形成稳定、安全的教育生态，保持高起点的发展态势，确保可持续的学校发展动力。

经过2006年至2008年三年的创业发展，学校班额和学生从9个班200余名增加到30个班1000余名，教师队伍从27人壮大到84人。学校始终围绕"学生满意、家长满意、社会满意"的目标，努力为老百姓提供优质服务，在2007年、2008年杭州市人民满意学校评比活动中，满意率排在区同类学校首位。学校通过了下城区人民政府教育督导室的教育督导评估验收，评定等级为三星优秀，被认为是一所正在下城北部崛起的现代化学校。在嫁接母体学校优秀办学理念和文化精神的同时，初步形成了景成的教育拓荒精神，教育质量稳中提升，确立了良好教育形象，在下城北部有了较好的口碑。但是，学校也面临了新调入、新参加工作教师多，教师队伍结构有待优化，师训培养任务重，学科发展和教师发展不平衡，学校文化需要进一步积淀，学校如何自主发展、特色发展，积累学校特有的适合北部教育实际的办学行为等困难。

二、奠基发展阶段——强本固基赢得信任

2009年至2011年，学校围绕打造教育高地总目标和教育"快北"使命，以老百姓子女在家门口接受优质教育为己任，从初步"成型"转向有内涵的"成校"，从"源于母体"转向"别于母体"，步入真正的九年一贯制学校发展的奠基阶段。学校以"四个"发展理念（全面、多元、主动、和谐）为主线，坚持科学和谐发展，倡导个性特色发展，以提高质量（教学质量、德育质量和管理质量）为根本，以课堂（学科课堂、班团队课、综合实践课、第二课堂等）为主阵地，让每一个景成学生都学有所成，不放弃每一个孩子的发展，努力实践学校"12345"目标思路："环境强基、文化强质、嫁接强势、创新强力、人才强校""五强"战略，"全面发展、多元发展、主动发展、和谐发展"四个发

展,"学生成长、教师成长、学校成长"三方面成长,"营造高品质教育生态、打造下城北部教育高地"和"争创人民满意学校"的目标,合力创业,嫁接创新,强本固基,稳健质优,发展学校、教师、学生、社区、家长等教育共同体,促进学生、教师、学校的全面、协调、可持续发展。

在此期间,学校通过德育体系与机制建设、养成教育与校风学风建设、团队阵地与班集体建设、校外教育与第二课堂建设、学生校园文化生活、心理健康教育、家庭教育等活动的开展,提升德育质量,培养学生遵纪守法,习惯良好,品行健康,具有景成人气质。学校通过中小衔接校本课程建设与规划、树立全面质量观和增量发展观,开展"景成·创业杯""增效提质——课堂教学有效性研讨"等教研组活动,以兴趣社团或俱乐部为载体的兴趣特长培养,基于问题解决为目标的"草根式"课题研究,发挥教育科研在教师成长、质量提升中和管理决策中的参谋作用。上述活动的开展提升了教学质量,学生发展增量明显,一些学生展现出了个性特长,具有景成特色。同时,学校开始探索大规模学校的管理体系,通过开展常规例行检查制度、教师学习考试制度、"找'两短'创满意"等活动完善运行机制和决策机制,以制度和机制来保障合力创业;学校培养"专业+专(特)长"研学型教师,通过"感动在景成、成长在景成、创业在景成"等活动,建设一支具有良好师德、主动、敬业、勤奋、好学的教师队伍;加大干部选拔、培养与考核,形成干部培养与考核办法,干部队伍与教师队伍建设与评优、评先、评聘、考核、奖励挂钩;转化学校理念为有形的文化或教育行为,营造积极、向上的校园文化,通过校内外征集,2009学年形成学校校旗等文化载体;学校加强对外宣传,主动与平面媒体、视频媒体、网络媒体沟通,传播学校举措、载体和理念,确立良好的公共形象。以上举措有效提升了管理育人的质量,流程清晰,管理有序,运作高效。经过全体师生的不懈努力,景成成了下城北部唯一一所综合办学水平优秀四星级学校,取得了良好的办学效益和社会效益。

2012年学校接受第二次办学水平综合督导评估并进行了以"一所新学

校的和谐生长之路"为主题的综合展示活动,被评为优秀四星级学校,确立了下城北部教育高地的地位,引领示范北部教育的发展。2012—2015年,景成以"九年一贯"思想统领学校发展,通过中小衔接,融合精进,树立育人的整体观和系统观,并且依托省规课题《基于顶层设计的新建九年一贯制现代学校发展策略研究》,培优育特,增效提质,探索"规范+特色+创新"的发展模式。学校建立"三位一体"师德评价体系,开展区域"生态课堂"研究,探索名师课堂,推进"研学共同体",提升教学品质,构建九年一贯制学校德育流动体系。全校上下统一认识,沿着"齐心发展不折腾、创业创新不懈怠、提高质量不动摇"的工作思路,落实科学发展,树立和谐生长理念,积淀教育文化,积累学校个性,积蓄队伍底气,脚踏实地,扎扎实实,一步一个脚印,迈好前进的每一步。厚积薄发,培养好学生,成为好教师,营造好文化,使学校办学质量更高,发展基础更厚实,学生个性更鲜明,师生关系更友好,校园氛围更友善,办学特色更鲜明,教育高地更高,学校更和谐,景成从此迈向成熟型学校。

三、攀登提升阶段——高位突破迎接挑战

历经十年的快速发展,学校先后获得了一些省市级单项荣誉,如浙江省健康促进学校、浙江省消防安全教育示范学校、浙江省教师发展学校、杭州市人民满意学校、杭州市爱国卫生先进单位、杭州市红十字示范校、杭州市青少年校园足球定点学校、杭州市综合治理先进单位。按照"建设优质成熟的九年一贯制学校与杭州市一流公办学校"的办学目标,学校积极探寻发展的新愿景,确立起了新的发展目标,即努力成为具有现代管理体系、活力教师团队、过硬教育质量和一流校园环境的优质公办学校,并在杭州市和浙江省产生一定影响力。

学校切实增强"从优秀走向卓越"的责任心与使命感,以立德树人为根本任务,秉承"崇实·尚品"校训,全心培育学生核心素养,全力推进学校教育现代化。学校立足素质教育,突出文化建设和特色培育两个重点,以四

大工程项目为抓手，即教育质量提升工程、学生素养奠基工程、教师梯级培养工程和社会合力凝聚工程，激发学校内在动力，促进持续发展。

九年一贯制的优势主要表现为有利于根据少年儿童的身心发展特点和教育规律，统筹安排教学内容，对学生的发展进行整体规划和设计。学校紧抓这一特点，立足生本课堂构建，重视学法研究和学法指导，体现学生主体，学习本位，做好课程衔接，完善"年段教学开放周"活动，扎实开展主题式教学研究活动，形成教师合作氛围；学校加快推进学校教育国际化进程，将国外先进教育理念、优质教育资源与本校教育的优势与特色相结合，与英国、澳大利亚等三所学校结对，组织师生赴海外访学和交流学习，聘用外籍教师，开展国际理解教育等课程。

学校围绕"崇德尚美，启智行健"的培养目标，完善九年一贯德育链，帮助学生的思想素质、身体素质、心理健康、学业成绩、学习能力、艺术素养、文明礼仪等方面达到现代合格公民要求，在此基础上，张扬学生的个性、特长，挖掘学生的主动、多元发展潜力，让每个学生在合格的基础上"各得其所，各美其美"。

学校合理规划德育活动，使德育活动更加丰富多彩、寓教于乐、富有实效，并将社团活动纳入学校课程，通过顶层设计和课题研究，构建以学科延伸、艺术素养、运动健康、实践体验四大门类为基本框架的拓展性课程体系，增强学校课程的选择性，不断满足学生主动、多元发展的需求。加强薄弱学科辅导和特长学生培养，继续完善特殊学生排查制度，加大对资源教室的合理开发利用，帮助特殊学生提升人际交往能力和学习能力。加强与特殊儿童家庭的联系，建立特殊学生问题行为的预备机制，不让学生处于危险之中，关爱护航每一位学生。

学校发挥"浙江省教师发展学校"优势，根据九年一贯制学校教师的特殊要求，针对"新手教师、成熟教师、骨干教师、专家教师"的不同需求，采取参与式、体验式、沙龙式的主题研讨、读书交流、经验分享、科研活动等形式的教师梯级培养模式，改变教师学习方式，从而转变教师教学行为，并通过过程指导、评价反馈帮助、激励教师达成个人专业发展规划。

学校汇聚校外资源,促进教育资源整合,进一步建立健全家委会制度,充分发挥家长委员会作用,强化学校民主管理,组织开展形式多样的家庭教育知识宣传普及活动,重视家访工作和家长会创新,促进家校有效沟通,"请进来"与"走出去"相结合,为家长之间相互学习搭建平台,营造家长们学经验、用经验的浓厚氛围,提升教育正能量,形成教育合力,共同发挥作用,促使学生健康发展。

2018年下城区人民政府教育督导室对学校开展了优质学校发展性督导评估,评估认为:学校围绕"崇实·尚品"的办学理念,以文化建设和特色培育为主要抓手,在"适应教育发展趋势、促进学生发展,创新校本研训培养、促进教师成长,抓实课程改革内功、奠基学生素养,整合家校合作资源、凝聚办学力量"四个方面具有长足的优势;学校将发展为具有现代管理体系、优质教师团队、过硬教育质量和温馨校园环境的公办学校;近三年,学校中考成绩迅速提高,取得了较为良好的社会效应。

根据区教育局"美丽学校"建设实施意见,以引领学校内涵发展、特色发展为重点,促进学校校园环境外在美与学校品质内在美的有机结合,景成实验学校经过十余年的努力,在学科质量提升、优质生源稳控、校园文化建设、师资队伍培养等方面展现出了良好的发展势头。近些年来,学校在特色发展方面也迈出了坚实的步伐,校本课程建设、团队一体化、教育国际化、校园足球等方面都取得了良好的成绩和突破。与此同时,景成的后续发展也面临着公民同招、公办学校提质强校等新的挑战和机遇。2019年伊始,学校抓住杭州市"美好教育"建设、公办学校强校行动的契机,寻求高位突破,努力迎接挑战,将景成实验学校打造成为下城区"全域优质,卓越引领"目标相一致的优质公办学校作为奋斗目标,力争学校教育质量、特色发展走在全市公办学校前列。

学校坚持社会主义核心价值观引领,聚焦自信心培养,注重学生多元发展,落实青少年"美好成长"计划;坚持面向全体学生,让每个学生都能享受适合的教育;坚持促进全面发展,让每个学生都能成为最优秀的自己,促学生自信而立、"两全"发展。学校不断完善教师梯度培养机制,聚焦自觉性激发,借助海外研修、先进地区跟岗、薄弱地区援教等机会,促教师自觉而为、"双馨"发展,努力打造一支师德高尚、业务精湛的"双馨"教师队伍。学校全面提升党建水平,聚焦自强力增进,整合优化学校现有资源,充分利用各级部门、社会力量、家长对学校的支持,促进学校内涵发展;加大对外开放,提升学校影响力和美誉度,不断巩固良好社会形象;坚持"服务学生终身发展"的教育价值观,追求一流的教学质量,追求一流的特色品牌。

这一阶段,学校将通过六大工程,即智慧分享工程、"四有"教学工程、优宝培养工程、团队一体工程、特别关爱工程、暖心聚力工程,提升教学质量、凝练品牌特色、培养师资队伍,促进学生自信而立、教师自觉而为、学校自强而行,达成"两全双馨一流"的发展目标,为杭州公办学校振兴构建景成样本。

经过十五年的高速发展,学校轻负高质,综合办学水平方面取得了显著成效,但是也还存在着教育资源配置有待升级、特色品牌建设有待彰显、教育教学研究有待加强等方面的不足,亟待在后期发展中不断寻求改进和突破。

第二章

理论阐释：
景成实验学校走向卓越的构想

学校自2006年5月31日成立以来，历经十年的发展，教育教学质量稳步提升，先后获得省、市、区的多项荣誉，社会影响力不断扩大。在这种背景下，如何"建设优质成熟的九年一贯制学校与杭州市一流公办学校"的办学目标提上了议事日程。"从优秀走向卓越"成为学校新的愿景与目标，我们设想通过持续的努力，使学校成为一所具有现代治理体系、活力教师团队、过硬教育质量和一流校园环境的优质公办学校，并在杭州市和浙江省产生一定影响力。正是肩负着这种"从优秀走向卓越"的责任心与使命感，我们开始了新的探索，本章就我们对学校从优质走向卓越的整体架构进行阐述。

第一节　价值指向：
景成实验学校走向卓越的定位

学校创办以来，稳步度过了创立期的基础建设，发展期的质量提升，成长为城北地区的优质公办学校。当前，学校已经迈入成熟期的特色品牌提炼和文化彰显，正向着杭城样板、省内知名优质公办学校的目标前行，在此过程中，学校逐步形成了明确的办学理念：为每个孩子提供机会，让每个孩子走向优秀。

一、基于个别

"为每个孩子提供机会，让每个孩子走向优秀"的办学理念体现以生为本，引领每个孩子都努力追求做最优秀的自己，促进全体学生全面发展、个性发展。

（一）"有教无类"教育思想的启发

"有教无类"是"大成至圣先师"孔子在春秋末期在《论语·卫灵公》中提出的举办私学的方针。其含义为"施行教育应当不分类别"，教育不是某些特定阶层、特定集团、特定群体的权利，而是人人都应享有接受教育的机会，即人人可教。人人可教即人人可学，人人可学即大众之学。它的本义是指在教育对象上，不分贫贱、种族、天资，人人都可以入学受教育。在孔子的教育实践中，他不分国界广纳学生3000，不分贫富贵贱培养高足72人，为当时的各国诸侯输送了大量人才，也开创了人类平等教育的先河。

除了教育对象不分类别外，"有教无类"还有另一层含义，就是"有教则无类"，强调教育过程既要做到一视同仁，公平对待每个学生，又要针对学生的个别差异施以不同的教育,也就是因材施教。

"有教无类"思想不仅根植于当时中国的教育现实,还指向人类的教育未来;不仅反映了孔子的教育理想,还反映并代表着人类对教育普及和教育机会均等的美好追求。匡亚明在《孔子评传》中评价:"在孔子教育思想中,最光辉的一点便是具有政治远见的'有教无类',即人人应受教育的主张。这充分表现了孔子教育思想中的人民性和民主性的因素,开创了通向文化下移和普及教育的新道路,是中国教育史上划时代的革命创举。"[1]

景成实验学校地处杭州市下城北部城郊接合部,学区范围为石桥街道的石桥社区、永丰社区、景荣社区、景安社区四个社区。学校所在的北景园小区曾是浙江省在建规模最大的经济适用房项目。2020学年,学校有55个教学班、2200多名学生。这些学生来自不同家庭,既有世代生活在杭州的"原住民",有拆迁户和回迁户,有落户买房的新杭州人,也有持暂住证的外来务工人员。不同家庭环境带来了学生先天因素、环境因素、教育因素、主观能动性的不同。但是,景成实验学校始终秉承"有教无类"这一教育思想,强调教育对象没有好坏之分,高下之分,贫富之分,充分体现教育的巨大亲和力。在实践中,我们结对帮扶贫困生,不让一个学生因为家庭经济困难辍学;我们严禁教育乱收费,实现真正的公平竞争;我们热情善待每一个随班就读的学生,不让一个学生因为身体或者心理障碍掉队。在教学过程中,我们承认学生是有差异的,根据不同"材质"施以不同的教学方法和手段,这是一种人性化的教育方法。我们以成长性思维看待后进生,用发展的眼光、可行的方法转化后进生。

(二)全纳教育思潮的影响

全纳教育作为一种国际教育思潮,兴起于20世纪90年代。全纳教育与特殊教育的发展有很大关系。1993年,联合国教科文组织亚太地区特殊教育研讨会正式提出了全纳教育的概念,全纳教育的主要宗旨是关注

---

[1] 张传燧,袁浪华.孔子"有教无类"思想的内涵及其现实基础与理论依据[J].河北师范大学学报(教育科学版),2018(5):42-46.

基础教育学校中的种族歧视、性别歧视、残疾人入学等特殊教育问题。2008年,日内瓦国际教育大会提出要"拓宽全纳教育的概念,使之面向所有学习者的不同需要,合理、公平和切实有效"。到这一阶段,国际社会对全纳教育已经基本形成了一个更加宽泛的理解,全纳教育超出了特殊教育的领域,与全民教育在范畴上更为接近。综合目前学术界的各种理解可以得出,全纳教育是从人权和平等的价值视角,以尊重个体差异为基础、满足所有儿童的成长需要为目标,力图使学校内的每个学生都感到被接纳、安全以及成功的教育。全纳教育为基础教育发展提供了一个全新的视角,零拒绝、接纳、融合、参与、合作、成就是全纳教育的重要元素,全纳教育的这些价值理念可以辐射到普通教育体制、学校课程和教学资源、方式、方法、评价等全方位的改革中,对我国当前基础教育综合改革具有重要的指导意义。

全纳教育的核心可以归纳为倡导全体学生的教育平等、关注学生多元化的教育需求、重视学生在学校中的参与。全纳教育的基本价值取向体现在以下三方面:面向全体学生的教育平等;接受并赞赏学生的个体差异;鼓励学生在教育中的参与。[1]

在全纳教育理念下,学校要创建让每一个儿童都有能力学习的环境。这种环境必须容纳所有儿童,友善对待儿童,保护儿童健康和消除性别差别,对所有儿童都产生效果,受到儿童欢迎。发展这种友善对待儿童的学习环境是世界各国努力增加入学机会、提高学校质量的重要组成部分,也是景成实验学校的追求。[2]

在全纳教育理念下,教育的成功很大程度上取决于能否为所有学生提供有意义、高质量的教学过程,这需要通过多元化的教学系统来满足学生的需要。这个系统包括基于学习需求进行分层教学;教学中关注个体的学

---

[1] 田山俊,支艳娇.全纳教育价值取向下的基础教育教学变革[J].中国特殊教育,2015(12):11-14.

[2] 周满生.全纳教育:概念及主要议题[J].2008(7):16-20.

习进度；促进学生的有效参与及合作；实施多元化的教学评价。为此，景成实验学校积极开展差异教学实践和优宝评价。

(三)差异教学的应然选择

苏霍姆林斯基说："每个孩子都是一个完全特殊的，独一无二的世界。"这种独特性来自先天遗传的智慧、人格、品格、情感和态度，也来自所处家庭特别是父母的经济、文化、性格、教养等因素。独特性意味着差异性。免试就近入学政策虽然体现了教育起点的公平性，但是造成了同一学校内、同一班级内学生之间的巨大差异性。景成实验学校"承认差异，尊重差异，利用差异""教好每一位学生，对每一个家庭负责"。

同一所学校内，教学质量的高低取决于教师的资源使用方式，取决于资源的使用与学生需求的契合度。①景成实验学校从最基本的课堂教学入手，实施差异教学，即"立足于学生的个性差异，满足学生个别学习的需要，促进每个学生在其原有基础上得到充分的发展，使每个学生都能获得成功"，这是实现教育公平，提高教学质量的必然选择。

差异教学提出在教学目标、计划、内容、方法、组织形式、评价等当中全方位地实施有差异的教学，并提出了一些具体的操作策略。这些策略包括：教育和心理的科学测查；挑战性的学习目标；开放性可选择的学习内容；灵活多样的教学方法和活动；弹性的组织形式；多样化的评价。

2017年，景成实验学校成为中国教科院差异教学项目推广学校，老师们逐步树立起了差异教学的理念，积极探索"立足学生个性差异、满足学生不同学习需要，以促进学生最大限度发展"的教学策略。

一是积极稳步推进课堂教学改革，制定了《杭州市景成实验学校深化教学改革实施方案》，坚持"五育并举"观念，引领教师建立成长型思维模式，构建"有温度、有力度、有宽度、有效度"的"四有"教学新样态。学校多次承办市区级各学科教学研讨活动，展示课堂教学改革成果。

---

① 史亚娟,华国栋.论差异教学与教育公平[J].教育研究,2007(1):36-40.

二是建立以学为中心的课堂行动模式,构建以"预习与评估—多元交互学习—加速与加餐"为基本框架的"回应式"课堂教学模式,在班级中实践分层分类教学;依托"山海汇"这一平台交流展示课堂教学策略和方法。

三是致力于促进学生学习方式转变,于2019年6月成为浙江省第一批"互联网+义务教育"试点学校,积极推进平板精准教学、STEM项目教学,依托信息技术开展研究学习、合作学习、项目学习。

四是为中国教育科学研究院差异教学研究项目推广学校,我们关注学生之间的差异,开设培优课程,开展学生分层作业和练习的设计研究,对不同能力层次的学生提供相应的指导。

(四)多元智能教学的触动

1983年,美国哈佛大学著名学者H.加德纳(Howard Gardner)在《智能的结构》一书中首次提出了多元智能理论。他在综合生物学、遗传学、心理学、神经学、人类学等多种研究成果的基础上,成功地建构了一个关于智能的新定义:智能作为一种心理潜能,"是在特定的文化背景或社会中,解决问题或制造产品的能力"。通过对各种智能现象的深入分析,加德纳提出了八种主要智能:语言智能、逻辑—数学智能、空间智能、身体运动智能、音乐智能、人际智能、自我认知智能、自然认知智能。多元智能理论对学习和教学理解的新视角,决定了多元智能教学的如下特点。

1. 教学过程的生成性

多元智能教学强调建立理解的课堂教学,强调学习的主动性、社会性和情境性,倡导和建议两种非学校模式"师徒模式"和"博物馆"的社会场景化学习过程和社会场景化学习环境的有效成分。

2. 教学目标的全面性

加德纳在表达自己对学校教育的理解时说:"按照我的观点,学校教育的宗旨应该是开发多种智能并帮助学生发现适合其智能特点的职业和业余爱好。"

3.教学过程中的主动性

以"学习者为中心"是多元智能教学观的根本倡导。学生角色的主动性可以从两个方面来加以解释:其一,教学过程的师生关系是一种主体间的关系。加德纳强调了尊重学生的重要性;其二,教学过程是学生主动积极参与的一种实践活动。加德纳在教学中强调学生的参与,"我所提倡的,仅仅是为学生准备范围更广的可供选择的课程"①。这为学校的拓展性课程体系建设提供了方向。

二、五育融合

"五育融合"是指德智体美劳全面发展,是健全人格培养的具体路径。"五育"不可偏废,"五育"是融合发展的,所有教育活动对人都会产生育人效果,很难分开说这是德育,那是智育、体育……所以,各育的成长效应是相互渗透的。

(一)发展和谐社会的需要

在十六届四中全会上,党从加强自身执政能力的角度出发,明确提出把构建社会主义和谐社会作为党执政的重要目标。而教育特别是基础教育,则是传播社会意识,形塑善良心灵的重要途径和手段。从某种意义上讲,基础教育是构建和谐教育的发动机。我们认为,基础教育应该也能够在个体之间既有的不平等条件基础上,尽量创设出一种可能,即改变既有社会资本持有者对于个体发展的影响,从而在起点上保证社会发展的正义性,促进社会的和谐发展。从这个角度出发,基础教育提供的不仅是教育权利许诺上的形式平等,更应是教育结果落实上的实质平等。②为了社会的和谐发展,基础教育在高级目标方面要完成培养全面发展的人及建设和谐共同体的中小学校这两项任务。人的全面发展真正做到了个体发展与

---

① 曾晓洁.多元智能理论的教学新视野[J].比较教育研究,2001(12):25-29.
② 张新平,陈学军.论基础教育在构建和谐社会中的使命[J].南京师范大学学报,2006(3):82-86.

社会发展的结合。人的全面发展与社会的和谐发展便是相互促进、相辅相成的,二者具有高度的统一性。因此,基础教育与和谐社会也是高度统一的,它们统一于人的全面发展。

（二）贯彻党的教育方针的需要

党的教育方针是党在一定历史阶段提出的有关教育事业的总方向和总指针,确定教育事业发展方向,是教育改革发展的指导思想、价值取向和根本要求,是教育基本政策的总概括,是指导整个教育事业发展的战略原则和行动纲领。教育方针的制定和落实,事关国家教育事业发展的战略方向和兴衰成败。

关于新时代党的教育方针,2019年3月18日,习近平总书记在主持召开学校思想政治理论课教师座谈会上强调,新时代贯彻党的教育方针,要坚持马克思主义指导地位,贯彻新时代中国特色社会主义思想,坚持社会主义办学方向,落实立德树人的根本任务,坚持教育为人民服务、为中国共产党治国理政服务、为巩固和发展中国特色社会主义制度服务、为改革开放和社会主义现代化建设服务,扎根中国大地办教育,同生产劳动和社会实践相结合,加快推进教育现代化、建设教育强国、办好人民满意的教育,努力培养担当民族复兴大任的时代新人,培养德智体美劳全面发展的社会主义建设者和接班人。总书记的重要讲话明确提出了新时代我国社会主义教育事业的总方向和根本方针,为办好新时代中国特色社会主义教育指明了方向、提供了根本遵循。

（三）落实立德树人的需要

2018年9月10日,习近平总书记在全国教育大会上的重要讲话中多次提到"立德树人",并强调要把立德树人融入思想道德教育、文化知识教育、社会实践教育各环节,贯穿基础教育、职业教育、高等教育各领域,学科体系、教学体系、教材体系、管理体系要围绕这个目标来设计,教师要围绕这个目标来教,学生要围绕这个目标来学,凡是不利于实现这个目标的做法都要坚决改过来。

2019年7月,中共中央、国务院颁布《关于深化教育教学改革全面提高义务教育质量的意见》(以下简称《意见》),这将是未来较长一段时间义务教育学校的基本遵循和纲领指南。综合分析《意见》中的"坚持立德树人、坚持'五育'并举、强化课堂主阵地作用、建设高素质专业化教师队伍、深化关键领域改革、加强组织领导"六个重点不难看出,"五育"并举是实现立德树人的必然路径,是《意见》的核心内容,其余四项均为落实"五育"并举、实现立德树人的保障要素。[①]

　　培养什么人,是教育的首要问题。我们意识到,对于新时代而言,我们要树的人应该是德智体美劳全面发展的社会主义建设者和接班人,是"担当民族复兴大任的时代新人"。在"立什么德"上,与"树什么人"相对应。立成"人"之德。德是成"人"的根本,五育中以德为先。其次,是立时代之德。

　　五育融合是一种育人实践。为落实立德树人根本任务,积极探索实践德智体美劳五育融合的育人方法、途经,营造全员育人、全过程育人、全方位育人的良好氛围。景成实验学校树立核心意识,坚持德育为先,创新为魂、课堂为基、教师为要,努力打造"四美"德育课程育人载体、"六维"德育体系育人方向,"教师人人都是育德的能手、环境处处都是育人土壤"的全员、全程、全方位育德行为文化。树立课程意识,落地"五育"课程,做到了国家课程、地方课程、校本课程有机整合,实现德智体美劳的全面融入。构建多元立体化评价体系,从学生学业、品德、行为的各个方面构建评价体系,设计指向核心素养多元发展的评价载体"优宝卡",逐步探索出关注差异、分层评价、立足过程、多元互动的多元评价体系。树立协同意识,推进家庭、学校和社区多元联动,让五育融合真实日常发生。总之,学校正在努力构建适应"五育融合"的体制机制、制度体系、课程体系、教学体系、班级建设体系以及整体性的学校文化体系。

---

① 李庆九.落实"五育"并举促进学生全面和谐发展——兼谈高品质学校的核心指向及其行动方略[J].教育科学论坛,2019(10):8-13.

三、着眼素养

随着时代变迁和社会发展,"德智体美全面发展"的内涵也在发生变化,而更加准确地理解和解读党的教育方针,迫切需要结合我国当前国情和当今时代特点,根据学生的成长规律和社会对人才的需求,把对学生全面发展这一教育目标细化,构建一套科学的、有中国特色的学生核心素养体系,从而深入地回答"培养什么人"的问题。[1]

OECD(2005)超越传统意义上的知识与技能,以反思为核心,将核心素养整合为"互动地使用工具、在社会异质群体中互动和自主行动"三个类别,这三个类别关注不同方面,但彼此间相互联系,共同构成核心素养的基础(见表2-1)。

表2-1 OECD(2005)核心素养框架[2]

素养分类	关键素养
互动地使用工具	互动地使用语言符号与文本 互动地使用知识与信息 互动地使用技术
在社会异质群体中互动	与他人建立良好的关系 团队合作 管理与解决冲突
自主行动	在复杂的大环境中行动 形成并执行个人计划或生活规划 保护及维护权利、利益、限制与需求

2005年,欧盟正式发布《终身学习核心素养:欧洲参考框架》,该核心素养框架主要包括母语沟通能力、外语沟通能力、数学和科技基本素养、数

---

[1] 辛涛,姜宇,林崇德,等.论学生发展核心素养的内涵特征及框架定位[J].中国教育学刊,2016(6):4-7+28.

[2] 师曼等.21世纪核心素养的框架及要素研究[J].华东师范大学学报(教育科学版),2016(3):29-37+115.

字(信息)素养、学会学习、社会与公民素养、创新与企业家精神、文化意识和表现。这为欧盟各国的教育政策和课程改革提供了可供参考的框架和方向。

2002年,美国正式启动21世纪核心技能研究项目,创建美国21世纪技能联盟(简称P21),努力探寻帮助学生获得成功的技能,其核心素养分为三个方面(见表2-2),在世界范围内引起广泛关注。

表2-2　美国P21的21世纪核心素养

素养分类	关键素养
学习与创新技能	创造力与创新 批判思维与问题解决 交流沟通与合作
信息、媒体与技术技能	信息素养 媒体素养 ICT素养
生活与职业技能	灵活性与适应性 主动性与自我导向 社会与跨文化素养 效率与责任 领导与负责

核心素养是党的教育方针的具体化,是连接宏观教育理念、培养目标与具体教育教学实践的中间环节。党的教育方针通过核心素养这一桥梁,转化为教育教学实践可用的、教育工作者易于理解的具体要求,明确学生应具备的必备品格和关键能力,从中观层面深入回答"立什么德、树什么人"的根本问题,引领课程改革和育人模式变革。

2016年9月13日上午,中国学生发展核心素养研究成果发布会在北京师范大学举行。中国学生发展核心素养以培养"全面发展的人"为核心,分为文化基础、自主发展、社会参与三个方面,综合表现为人文底蕴、科学精神、学会学习、健康生活、责任担当、实践创新六大素养,具体细化为国家认同等18个基本要点。各素养之间相互联系、互相补充、相互促进,在不同情境中整体发挥作用。为方便实践应用,将六大素养进一步细化为18个基本要点,并对其主要表现进行了描述。根据这一总体框架,可针对学生年龄特点进一步提出各学段学生的具体表现要求。

核心素养引领着当前深化课程改革的脚步,有助于实现课程从"以学科为中心"向"以学生全面发展为中心"的转变。核心素养也是对素质教育内涵的解读与具体化。从素质教育改革的角度来看,学生发展核心素养研究体现了以"学生发展"为核心的教育视角的变化,是对素质教育内涵的解读与具体化,它的提出让素质教育有了可操作的载体与内容,是全面深化教育改革的一个关键方面。

景成实验学校从学生的核心素养出发,坚持实效性原则、互补性原则、差异性原则、选择性原则,以"崇德尚美,启智行健"为核心,围绕"会阅读会表达,会提问会探究,会思考会坚持,会锻炼会自理,会合作会参与,会劳动会应用"培养重点,构建拓展性课程体系,取名为"优宝课程",希望"给每个学生提供机会,让每个学生走向优秀"。

第二节 顶层设计：
景成实验学校走向卓越的架构

学校如何走向卓越？不同的学校有不同的回答。有的认为学校文化是学校发展的核心竞争力，彰显着一所学校发展的内涵和高度，是学校发展的灵魂所在，因此，应该从学校文化入手，推动学校走向卓越；有的认为课程是学校教育教学的基石，通过课程建设，最大限度地吻合儿童的身心发展特点，满足学生生命成长的需要，因此，以课程改革为抓手，撬动学校走向卓越。我们认为，让学校走向卓越，既需要有切入口，更需要有顶层设计。

一、明晰发展方向

学校管理是一项系统性工作，顶层设计具有方向性的引领作用，它从全局的角度对学校各方面工作统筹规划，明晰方向。只有确定了方向，才能避免出现偏移，为此，我们明晰了三大发展方向。

(一)质量与特色的系统性发展

随着社会的进步，一所学校的教育教学质量，不能再简单地与分数画等号，以分数唯上的质量观，已经不能满足社会各界对教育的差异化需求。由于信息技术和知识产业的迅猛发展，社会进入知识经济时代，与农业经济、工业经济相比较而言，高素质的人力资源的重要性变得不言而喻，人的知识、能力，尤其是创新能力成为社会发展尤为重要的因素，知识经济时代对人才培养提出了新的要求。与此同时，分数、资金、办学条件等要素已经不能成为学校的核心竞争力，人们对优质教育资源的需求变得日益强烈,越来越多的人将"上好学"作为教育的追求。因此,学校在探索"卓越"的道路中要注重质量与特色的系统性发展,在此背景下,学校的特色品牌建设意义重大。

1993年颁布的《中国教育改革和发展纲要》对学校特色的概念做出如下的阐释:学校特色是在长期的办学过程积淀形成的、本校特有的、优于其他学校的独特优质风貌,其应该对支撑办学目标、优化人才培养、提高教育教学质量起到重要作用,并在校内外得到公认、产生一定的影响。本校创办于2006年,为九年一贯制公办学校。学校倡导"为每个孩子提供机会,让每个孩子走向优秀"的教育理念,围绕"崇德尚美,启智行健"的培养目标,积极探索促进学生全面、多元、自主、和谐发展的教育方法和途径,在教学质量提升、教师队伍培养、学生评价改革、特色品牌培育等方面取得了良好成绩。学校立足学生个性差异,构建差异化、回应式的课堂教学新模式,探索自主作业和个别辅导新策略,促进学生最大限度发展;发挥九年一贯学制优势,建立团队一体化的自主管理机制和活动体系,开发团队一体化的校本课程,促进学生实践能力提升;有70多门拓展性课程和10多个社团活动供学生选择,促进学生全面而富有个性的发展。

(二)全面与多元的整体性发展

2019年6月,中共中央、国务院出台了《关于深化教育教学改革全面提高义务教育质量的意见》(以下简称《意见》),《意见》中指出:坚持五育并举,全面发展素质教育。分别强调了要"突出德育实效""提升智育水平""强化体育锻炼""增强美育熏陶""加强劳动教育"。义务教育阶段是品德养成的重要阶段,要将立德树人贯穿教育教学工作的全过程,把培养出有理想、有道德、有文化、有纪律的中国特色社会主义事业建设者作为重要目标。提升智育水平绝非简单地提高分数,更为重要的是保护学生好奇心、想象力、求知欲,以培养学生的认知能力,促进思维发展,激发创新意识。坚持健康第一,除体育课外,需积极开展各项体育活动,使学生从中享受乐趣、增强体质、健全人格、锤炼意志。通过劳动教育让学生具备基本的劳动能力,形成良好的劳动习惯。美育教育则通过"润物细无声"的方式润泽学生的心灵,濡染学生的品格,陶冶学生的情操。

五育并举,全面发展,给学生的成长打下了健康的底色,指引了正确的方向,除此以外,知识经济时代对人才提出了多元化、个性化的要求,同时这也是学生这一独立自主、千差万别的个体的自我需要。因此,全面发展与多元发展应形成一个有机的整体,多元发展能够让全面发展更丰富,更充实。

培养个性全面和谐发展的人是苏霍姆林斯基的重要教育信念。他认为"要实现全面发展,就要使智育、体育、德育、劳动教育和审美教育深入地互相渗透和互相交织,使这几方面的教育呈现为一个统一的完整过程"。[①]苏霍姆林斯基强调在实现或完成全面和谐发展的同时,必须还要使人的多种多样的才能、天资、意向、爱好、兴趣等个性特点也得到充分地发挥,教育就要"让走向生活的每一个青年男女的才能都得到最充分的发挥"。个性全面和谐发展的人才是真正完善的人,才是他所要培养的理想的人。

(三)学校与家长的协同性发展

2018年9月10日,习近平总书记在全国教育大会上指出,家庭要做好四个"一",家庭是人生的第一所学校,家长是孩子的第一任老师,要给孩子讲好"人生第一课",帮助扣好人生第一粒扣子。家庭教育是孩子教育之路上的起点,意义非凡,重视家庭教育才能给学校教育打好坚实的基础。到了适龄入学阶段,家庭教育也不可偏废,家庭教育是学校教育的重要补充。美国西南教育发展实验室(Southwest Educational Development Laboratory)进行了一项基于10年来家长参与教育的综合研究,报告表明:当学校、家庭和社区共同参与教育时,孩子在学校的表现就更好,愿意待在学校的时间更长,也更加喜欢学校。同时,该报告也得出了以下结论:无论家庭的

---

① 王天一.苏霍姆林斯基关于个性全面和谐发展的理论[J].外国教育研究,1990(4).

经济收入和背景如何,只要家长参与教育,学生更有可能:(1)得到更好的考试成绩,选修更高水平的课程;(2)超过班级的其他学生,同时圆满地获得学分;(3)更有可能且更加准时上学;(4)社交技能更好,改进行为,更好地适应学校;(5)更加重视教育带来的影响。

当前,存在的较为普遍的现象是在家长的意识中过于依赖学校教育,而忽视家庭教育的作用。部分家长家庭教育观念落后,由于家庭教育的缺失,学生缺少良好的生活习惯、学习习惯、人生品格的养成,家校教育缺少协同性,使得学校教育的作用大打折扣,从而影响学生的健康成长。在各方的努力之下,家校合作的理念相信将会得到越来越多的家长的认可,但家长并非专业的教育工作者,他们缺乏专业的教育理论基础,需要得到老师的指导,作为学校要充分发挥在教育中的引导性作用,以及家长的主体性作用,家校形成紧密的协同性,互相沟通、相互合作,让学生的成长有坚实的保障。

为指导家庭教育,引领家长协同育人。学校推行"家长慧客厅",开展互助主题沙龙活动,每学期5~6期,提高家庭教育的针对性和科学性。在图书馆"妈妈荐书角"、校门口"家长护学岗"等基础上,创设亲子运动、图书漂流、家长课程、食堂陪餐等家长助学新形式,引领家长关注学生健康、全面成长,关心学校差异、特色发展。

二、确立发展目标

我们正处在日新月异的社会转型期,从互联网经济时代到大数据时代、人工智能时代,我国的发展面临着全球化和信息化的挑战,国家和社会对学校转型的呼声与需求越来越大。对于学校的转型,学校管理者的办学理念至为重要,学校的发展需要先进的教育教学理念的引领,需要有智慧型的领导集体做舵手,以确定学校的发展方向。教育部发布的《义务教育学校校长专业标准》中明确了校长的第一个专业职责是规划学校发展。这是从政策高度对校长提出了硬性要求,要求校长要基于学校传统和实际提出学校办学理念、确立学校发展目标、做出规划并不断在反馈中调整。

本校以习近平总书记系列重要讲话和治国理政新理念为指针，以培养德智体美劳全面发展的社会主义建设者和接班人为根本任务，围绕杭州市《关于深化基础教育改革建设"美好教育"的实施意见》、下城区《教育品牌发展战略行动2020》等的具体要求，抓住杭州市"美好教育"建设、公办学校强校行动的契机，努力打造与下城区"全域优质，卓越引领"目标相一致的优质公办学校，力争学校教育质量、特色发展走在全市公办学校的前列，制订了杭州市景成实验学校卓越行动计划(2019—2022)，通过六大工程，促进学生自信而立、教师自觉而为、学校自强而行，达成"两全双馨一流"的发展目标，为杭州公办学校振兴构建景成样本，做出景成贡献。具体行动目标如下。

(一)聚焦自信心培养

聚焦自信心培养，是要促学生自信而立。"两全"发展坚持社会主义核心价值观引领，坚持把立德树人的成效作为检验学校工作的根本标准。健全完善本校德智体美劳全面发展的育人工作体系，通过各种渠道挖掘并利用教育资源，注重学生多元发展，落实青少年"美好成长"计划。坚持面向全体学生，让每个学生都能享受适切的教育；坚持促进全面发展，让每个学生都能成为最优秀的自己。

哈佛大学心理学教授霍华德·加德纳认为人类的智能是多元的，至少包含语言智能、数理逻辑智能、视觉空间智能、身体运动智能、音乐智能、人际关系智能、自我认知智能、自然观察智能、存在智能等9种智能，只是其组合和发展程度有所差异。然而我们传统的教学侧重于语言智能和数理逻辑智能，无法使每一位学生开发自己的智能特点，部分学生由于缺少成功体验，使得其在自我认知上自信心不足。在多元智能理论下的教育工作应该尊重每一个学生的潜能差异，为每一个学生提供适合他们的平台，鼓励每一个学生开发自己的特色潜能，以培养学生的自信心。

竞争激烈的新型社会对人才的要求,不仅要掌握一定的专业知识和技能,良好的人际交往能力,还需要有健康的心理素质和健全的人格。黄希庭提出,自信是健全人格的重要组成部分,因此,培养学生建立自信的心理机制,对其终生发展都将受益匪浅。一个拥有自信心的人,能发掘更多、更深的潜能,我们希冀学校不仅培养接受学校教育的学生,更希望培养能够接受多元教育的终身学习的学生。正如"美好成长"计划中所言,实施"让校园每一颗星星都闪耀"行动,推进校园社团建设,为师生积极搭建不同角度或层面的成功舞台,发现每一个人的闪光点,使其发现自我、增强自信,做最好的自己,提升校园生活幸福感。这是我校对学生的培养目标。

(二)聚焦自觉性激发

聚焦自觉性激发,是要促教师自觉而为、"双馨"发展。根据教师不同发展阶段的学习培训需求,不断完善教师梯度培养机制。用好区教育局激励机制,不断完善校本奖励办法。借助海外研修、先进地区跟岗、薄弱地区援教等机会,激发教师学习研究的自主性和成长的自觉性。促进形式多样的教师成长共同体建设,完善教学质量团队评价机制,努力打造一支师德高尚、业务精湛的"双馨"教师队伍。

2018年1月,中共中央、国务院发布了《关于全面深化新时代教师队伍建设改革的意见》,《意见》中指出:教师承担着传播知识、传播思想、传播真理的历史使命,肩负着塑造灵魂、塑造生命、塑造人的时代重任,是教育发展的第一资源,是国家富强、民族振兴、人民幸福的重要基石。新时代对教师提出了新的价值定位,要建设一支党和人民满意的高素质、专业化、创新型的教师队伍,也成为我校教师队伍建设顶层设计中的一项重要内容。

教师的发展是学校可持续发展和高位发展的重要基石,学校不仅是学生成长的摇篮,也应该是教师成长的沃土,学校不仅要为教师成长搭建平台,也需要激发教师成长的自觉性,主动发展的内驱力才能激发教师的自主性、能动性和创造性。教师文化自觉必须通过职业认同,形成专业发展意识,但不能只停留在这个初级层面上。教师文化自觉的核心价值表现为人的生命发展价值。在这个阶段,我们应唤醒教师的生命发展意识,使其具有较强的自我专业发展意识和动力,实现自我专业发展和自我更新。[①]学校以教师成长共同体为载体作为教师自觉而为的孕育场,激发教师主动发展的自觉性,引领教育提质发展。

(三)聚焦自强力增进

聚焦自强力增进,是促学校自强而行、"一流"发展。提升学校党建水平,全面贯彻党的教育方针,始终坚持社会主义办学方向。整合优化学校现有资源,争取各级部门、社会力量、家长对学校的支持,促进学校内涵发展。加大对外开放,提升学校影响力和美誉度,不断巩固良好社会形象。坚持"服务学生终身发展"的教育价值观,追求一流的教学质量,追求一流的特色品牌。

学校于2006年建立,建校以来,学校抓住下城区"南精北快"战略的机遇,把握九年一贯的优势,凝心聚力,创业创新。经过十二年的发展,学校日渐在学科质量提升、优质生源稳控、校园文化建设、师资队伍培养等方面展现出了良好的发展势头,尤其是逐年提升的中考成绩为景成赢得了良好的社会评价。近些年来,学校在特色发展方面也迈出了坚实的步伐,在校本课程建设、团队一体化、教育国际化、校园足球等方面都取得了良好的成绩和突破。

发展到现有阶段,学校着眼在合理有序地利用外部资料之外,更加着重于走内涵式成长路径,所谓内涵式成长路径是指学校通过学校知识成长、自组织能力成长、领导力成长和管理成长等提高自身"质"的竞争力,并

[①] 张雯.教师文化自觉的影响因素和发展进程——以厦门市前埔南区小学为例[J].教育观察,2019(29).

真正实现学校持续性成长目标的过程。[①]这种自强而行的发展范式用内部自发的力量激发自身的潜能而逐步走向自我完善,在办学的内隐式因素上,如理念、管理、科研、品牌上下深功夫,以主观能动的作用促进学校体系的成长,为学校师生的成长创造最适合的内部环境。

三、探寻实现路径

让学校走向卓越,是一项具体的行动。因此,需要明确实现路径。基于学校现实,我们从完善文化体系、深化教学改革、创新校园活动、开发教育资源四条路径切入。

(一)完善文化体系

学校文化是学校的内涵、本质及特色所在。健康、积极、向上的学校文化是学校长久生命力、核心竞争力、发展推动力的源泉,是优质学校重要的生命根基。

学校2006年创办以来,全体教职工砥砺前行,薪火相传,稳步度过了创立期的基础建设,发展期的质量提升,成长为城北地区的优质公办学校。当前,学校已经迈入成熟期的特色品牌提炼和文化彰显,正向着杭城样板、省内知名优质公办学校的目标前行。学校形成了厘清学校文化脉络、彰显学校特色的文化体系。

1. 校训"崇实·尚品"

校训是景成实验学校历任领导、全体教职工以务实的态度在下城北部扎实起步并在坚持追求卓越过程中的工作作风和精神的写照,并薪火相传以这种精神引领学生的成长。2016年设立教训墙时,对"崇实·尚品"又做了进一步的阐述:崇实为"诚实做人、踏实做事";尚品为"品质学习、品位生活"。

"实"的本义是富裕,意指我校作为杭州市教育航母的强大、丰盈和充

[①] 文艺术.我国义务教育阶段学校成长路径的类型[D].沈阳:沈阳师范大学,2014(40).

实。"实"是做人做事的根基,是追求"品"的基础。只有重心下移,实事求是,夯实发展基础,做到根基强实,才能厚积薄发,景成教育航母才能向前远航,才能更自信,更踏实,才能自塑品牌,自主发展,形成自身文化和教育特色;"实"是我们的工作作风,是待人处事的方式,也是建设社会主义市场经济与和谐社会的要求;"实"是我们的工作要求,要求全体景成人"干在实处,走在前列",要"静下心来教书,潜下心来育人",主动自觉地投入学校的创业创新实践中去,为"打造教育高地,创建满意学校"而踏实工作。"实"就是要求我们德性应当笃实,知识应当富实,身体应当健实,工作应当务实,做事应当求实,做人应当诚实,治学应当唯实,作风应当朴实。

"品"由三个口上下叠合而成,表示数量很多,预示景成教育航母欣欣向荣,生机勃勃,积极向上,奋力向前,教育生态多元发展;杭州是"生活品质之城",学校也要提升在校师生的学习生活品质,追求校园文化的品位、科学管理的品质、教书育人的品格;"品"有品位的意思,比如"上品",就是做人做事要达到一定的高度;"品"是动词,有欣赏、研究之意,要欣赏师生,品鉴学生,善于发现人身上的长处,激励学生,对教育对象要"读懂、研究和欣赏";"品"是目标,是旗帜,是方向,要"眼睛"向上,即所谓"眼高(品)手低(实)",追求卓越,提升满意度和幸福感。"品"也指师生应该成为一个有品质的人,会学习的人,懂健康的人。"品"要求我们提高学生品德,锤炼师生人品,培养品学兼优的学生,提高学校品位,树立景成的品牌。

2. 培养目标"崇德尚美,启智行健"

学校的校名"景成"由"景行(xíng)"和"善成"缩略而成。

"景行"取自"高山仰止,景行(háng)行(xíng)止",典出《诗经·小雅·车辖(xiá)》,作为道德指引,引导学生崇尚美德、展现良好的公民素养。

"善成"取自"善始善终,善作善成",典出《史记·乐毅列传》,作为行动指引,引导学生在做小事的过程中学会正确的思路和方法,为将来做成功大事奠定基础。

培养目标由校名"景成"引申而来。

"景行"引申为"崇德尚美"。

"善成"引申为"启智行健"。

3. 教育理念"为每个孩子提供机会,让每个孩子走向优秀"

学校办学理念"为每个孩子提供机会,让每个孩子走向优秀"体现以生为本,引领每个孩子都努力追求做最优秀的自己,促进全体学生全面发展、个性发展。

2017年学校成为中国教科院差异教学项目推广学校,老师们逐步树立起了差异教学的理念,积极探索"立足学生个性差异、满足学生不同学习需要,以促进学生最大限度发展"的教学方法。课堂上力求遵循教育规律和学生成长规律,面向全体学生,改革育人模式,推进因材施教,保护和培养每一位学生的学习兴趣,充分调动每一位学生的学习积极性,开发和培育每一位学生的学习潜能和特长,让每一位学生愉快学习、幸福成长。

为了支持孩子们成长为最优秀的自己,老师们积极开发拓展性课程,培育精品社团。课程在体现教育的基础性、全面性和公平性的基础上,强化选择性教育思想,进一步完善课程体系,加强课程建设,创新教学方法,改进教育评价,积极推进差异化、个性化教育,促进学生全面而有个性的发展。

学校的办学理念在教育教学活动、育人模式等方面充分落实,这也是全纳教育理想和成长性思维模式的具体体现。

4. 校园文化标识

校园文化标识是校园中一种显性的文化信息载体,是校园文化的重要组成部分,它彰显学校的个性与魅力,凝聚师生的情感,提高社会对学校的认同,是学校的宣传大使,是学校形象的一种代表。

(1)校标。校标大气庄重而又不失热烈奔放,柔中带刚的气质正是景成创业文化与教育拓荒精神最好的写照。校标的主体核心部分是由校名的字母缩写"J、C"和一只展翅飞翔的雏鹰组成。两个字母环绕成人形,体现了景成"以人为本""关注生命"的教育理念(见图2-1)。

图2-1 学校校标

金色的"J"光芒四射,代表景成人积极向上、勇往直前的力量,寓意安吉路教育品牌追求卓越的崇高理想。蓝色的"C"深沉稳重,代表景成人乘风破浪、争创佳绩的魄力,寓意景成实验学校崇实尚品的校园文化。一只雏鹰展翅高飞,代表着景成人共同放飞的希望。雏鹰在飞翔中又幻化成一颗希望之星,寓意景成这颗新星在杭城北部的天空冉冉升起。

(2)吉祥物。学校的吉祥物名为"优宝",经全校师生投票选出,获得了师生的共同认可(见图2-2)。

图2-2 吉祥物形象

"优宝"的灵感来源于校名首字母缩写。脑袋正面"J"形,背面"C"形,还似两个手指做出的"U"的姿势,身体是个"大"字形,敦实而圆润。借助十年校庆,"优宝"在师生间已有广泛的影响,引领每个孩子都努力追求做最优秀的自己,我校的拓展性课程即以"优宝课程"为名,寓意为希望景成的每个孩子都能成为"优秀的自己"。

(3)雕塑。一跨进学校的大门,就能见到一座雕塑,蕴含着多层含义(见表2-3)。

表2-3 校园雕塑释义

观看角度	雕塑图案	寓意
俯视		从高空俯视,可见一颗温暖的爱心,寓意师爱无边,师生同心
正面		从前往后看,可见"景成"拼音缩写"JC",喷泉喷涌时,寓意师生共同演奏华美的生命乐章
背面		从后往前看,可见一只正在倾听的耳朵,寓意平等、开放、包容的校园文化

续表

观看角度	雕塑图案	寓意
北面		从北往南看,可见阿拉伯数字"9",寓意学校九年一贯的办学特色
南面		从南往北看,可见数学符号"∞",寓意学校致力于激发学生无限的发展潜能

(二)深化教学改革

随着科技的发展,社会的进步,当代教育面临着诸多挑战,"具体来说,当代教育已经进入普及化时代,教育的前提已经由寻找适合教育的学生转变为寻找适合学生的教育;教育的使命已经从面向少数精英转变为面向全体学生,面向学生的全面发展;教育的个性化、多样化和多元化势在必行;潜能的开发、情感的发展、创新能力的培养已经成为当代教育全新的价值取向"。[1]因此,教学改革势在必行。

而着力教学改革,关键在于教师教学观念的提升。学校拥有在编专任教师136人,教师平均年龄为36岁,教龄10年及以内年轻教师57人占42%,大学本科及以上学历占100%,其中研究生学历14人,中高级教师81

---

[1]汤庆亮.库恩范式理论对我国课堂教学改革的启示[D].桂林:广西师范大学,2012.

人,省市级荣誉教师32名,6位教师获区"教育英才"称号。我们的教师团体年轻有活力,又不失专业互助的资源。我校力求提高教育教学质量,全面提升学生的综合素质,减轻学生的学业负担。在此实施过程中,以教师学习共同体为依托,完成教学改革,实现我校的教育教学愿景。

在"为每个学生提供机会,让每个孩子走向优秀"的办学理念指引下,学校提出打造"有温度,有深度,有宽度,有效度"的四有教学新样态。"四有"教学新样态,是指以成长型思维模式为理论基础的,在课程实施、课堂组织、作业布置、课外辅导等教学活动中充分体现有温度、有深度、有宽度、有效度的新的教学组织形态。有温度,就是关注每个孩子的身心发展,促进每个孩子的健康成长;有深度,就是重视学生学习方法的指导,促进学生高阶思维的形成;有宽度,就是注重课堂内外知识的联系,促进学生实践能力的提升;有效度,就是有利于三维教学目标达成,促进学生核心素养的培养。

学校将构建"四有"教学新样态作为深化教学改革和提升学生学习效能提升研究的主要抓手。通过该项目的实施,引领教师牢固树立德智体美劳"五育并举"的观念,既要注重学生学业的发展,更要注重学生思想品德教育和身心健康成长;引领教师建立成长型思维模式,科学分析、利用学生差异,积极有效回应学生差异,要为每个孩子提供机会,让每个孩子走向优秀;深入探索并逐步构建差异化、回应式的课堂教学新模式,同步研究分层作业新策略和个别辅导新策略,让教学"有温度、有深度、有宽度、有效度"。

(三)创新校园活动

学校常规活动仪式有着独特的育人模式,它在"润物细无声"之中将学校的文化传统、教育理念、规章制度、行为规范等渗透其中。"学校常规活动仪式是学校组织传播中的象征性标志,它犹如一个教育磁场,以集体行为的结构和稳定的模式特征使学校组织传播活动惯例化,并且将丰富的教育内容以具体的形式表现出来,这一过程中蕴含极其丰富的信息与线索,使参与者不仅接受某些具体的知识,而且可以接受使不同的人目标、行为趋同,且它渗透着学校的整体风貌,为学校提供了生动的情境氛围,从而达到了寓教于行、寓教于境的良好效果,是一种潜移默化的教育影响。"①

学校为了使仪式活动育人的效果更显著,对常规仪式活动做改革,同时开发了极具本校特色的仪式活动。

1. 拓宽活动平台

通过梯队培养、市队联办等方式,搭建各级各类发展平台,让孩子学有所长。做好社团的日常管理和学年考核,为社团学员参加各级各类比赛提供保障,为特长成绩达到保送资格的学员铺设发展道路。重点打造好足球、创客、越剧、合唱、国画等优势社团活动。

2. 统筹活动安排

进一步统筹校园活动,重点办好"三节两会",发挥校园活动的育人功能。每年1月,结合美术、音乐、书法课程,办好艺术节;4月,结合"世界读书日"开展阅读节系列活动;11月,融合科学、技术、数学学科开展科技节活动,提升学生综合实践能力。每年上半年举行田径运动会,下半年举行体能素质运动会,通过比赛提高学生体育锻炼意识,倡导健康生活方式,选拔体育特长学生。

3. 形成活动系列

以共青团员带领少先队员、大少先队员助力小少先队员这些传承式、引领式、互助式的方式,逐步形成教育意义深刻、形式丰富的一年级和八年级的入队离队入团仪式,五年级和七年级的换巾建队仪式,三年级和九年级的成长毕业仪式,逐步形成具有九年一贯特色的仪式教育体系。

4. 挖掘活动内涵

学校有一支活跃的"七彩志愿者"队伍,服务的足迹遍布校内外。通过党员、团员、队员携手的模式,在巩固七类志愿服务开展的基础上,努力丰

---

① 李红真. 学校常规活动仪式的文化解读[J]. 现代教育论丛,2008(10).

富志愿服务项目内容和形式,发挥党员教师在志愿服务过程中的指导和带头作用,激发广大团、队员的参与热情,增强社会责任感和时代使命感。

(四)开发教育资源

《新课程标准》指出:要积极开发并利用校内外各种资源,让学生通过实践,增强探究和创新意识,学习科学的研究方法,发展综合运用知识的能力,增进学校与社会的密切联系,培养学生的社会责任感。一直以来,以学科为中心、以教师为中心是学校教育的主要模式,而教材和教师是学校教育的主要资源。毫无疑问,教材和教师在教育资源的重要地位不可否认,然而,打破界限,开发多形式的教育资源,则可以给学生创造更为开放的学习空间,给学生的自我发展拓展更为多样的途径。

为了达成景成实验学校以下三个行动目标:聚焦自信心培养,促学生自信而立、"两全"发展;聚焦自觉性激发,促教师自觉而为、"双馨"发展;聚焦自强力增进,促学校自强而行、"一流"发展。学校构建了学校、家长、社区、社会联动教育模式,积极拓展各方面资源,丰富学生和老师的学习方式,开阔眼界、拓宽视野、提升素养。

1. 学校优质资源的开发

学校是浙江省心理健康教育示范学校,在现有的软硬件基础上,加强教师队伍建设,其中心理C证持证率达100%,B证持证率逐年递增。我校近几年开展的"种子教师"培训活动,与上海心易共同开展学校EAP心理培训计划,在学校心理健康教育领域已经有了很大的影响力。同时,经过中国陶行知研究会青春期教育专业委员会审定,我校王荣平老师作为工作室领衔人成立"青春期教育工作室",以青春期心理辅导、青春期教育课程教学、家庭青春期教育指导为研究方向,进行青春期教育的研讨。

2. 借用校外专业资源

学校借助专业机构力量,筛查特需学生,设计和实施专业的心理咨询、家长培训、学校干预等综合课程,对特需学生进行跟踪指导,有效提升特需学生的注意力、记忆力、思维能力、反应能力及自身的身体协调能力,减少特需学生对普通课堂教学的影响,保障普通学生权益。同时,设计和实施教师培训课程,提高教师服务特需学生的能力。

3. 挖掘课程资源

学校不断为完善课程规划,形成具有九年一贯特色的拓展性课程体系。在现有知识拓展、体艺特长、实践活动三大板块的总体框架下,逐年优化拓展性课程。除提升校内教师开发课程的能力以外,利用好社会及家长资源。设计并培育有学校特色的拓展课程,力争培育五门以上省市级精品课程。

"四有"教学：实现学教方式的变革

为进一步推进教学改革，促进学教方式变革，提升学生学习效能，学校于2019年年底制定了《深化教学改革实施方案》。在该方案中提出"构建'四有'教学新样态，提高公办学校学生学习效能"的行动计划。"四有"教学新样态，是指以成长型思维模式为理论基础的，在课程实施、课堂组织、作业布置、课外辅导等教学活动中充分体现有温度、有深度、有宽度、有效度的新的教学组织形态。有温度，就是关注每个孩子的身心发展，促进每个孩子的健康成长；有深度，就是重视学生学习方法的指导，促进学生高阶思维的形成；有宽度，就是注重课堂内外知识的联系，促进学生实践能力的提升；有效度，就是有利于三维教学目标达成，促进学生核心素养的培养。"四有"教学新样态的构建主要通过开展基于学生需求的回应式教学和基于学生差异的个性化辅导两条路径进行实践探索。

第一节 聚焦课堂：
基于学生需求的回应式教学

回应式教学是对学生的学习潜能和学习需求进行有效回应的课堂教学。它的基本框架是"预习与评估—多元交互学习—加速与加餐"。

回应式教学具有一些区别于传统课堂教学的基本特征：回应式教学是积极探索"立足学生个性差异、满足学生不同学习需要，以促进学生最大限度发展"的课堂教学；回应式教学重视研究学生最近发展区，要求老师从学的角度来研究怎样教，站在学习者的角度进行教学设计。回应式教学要让每个学生在合适的水平都能接受挑战，注重学生主动参与学习过程，重视知识结构的建立，重视知识迁移。这种教学结构，可以更好地培养学生在脱离学校学习环境下的自主学习、自我管理和自我发展的能力（见图3-1）。

预习与评估 → 多元交互学习 → 加速与加餐

图3-1 "回应式教学"结构示意图

一、预习与评估

评估学生认知准备的差异，是创设回应式课堂教学的基础；通过有效的预习，能够有利于缩小相互之间的差距，通过评估有利于教师预设和生成挑战性学习目标。预习与评估是回应式课堂教学的第一个环节，该环节强调了学生的前置性学习，并以此作为教师教学的起点。

（一）预习与评估的意义

预习与评估对老师来说，是在给不同的学生提供适合他们情况的教育的前提条件下,明确这些学生的差异所在。这就意味着教师需要了解他们的学习轨迹、他们当前使用的学习策略以及他们参与学习的意愿和准备情况。通过前测可以让老师了解哪些内容是学生已经掌握,哪些没有掌握,哪些是难点、易错点,这样教师就可以相应地调整教学计划、改进教学方式、把握教学节奏。

预习与评估对学生来说,则可以提前知道教学目标及内容,从而调整预习节奏,上课做到有的放矢地听。通过预测,学生看到自己的优势、特长与不足。在这个过程中,学生学习的不仅仅是科学知识,更是学生用所学知识去获得新知识的过程,是学生在主动探索过程中提高自学能力、听课效率。

(二)预习与评估的实施

教学有前测,突破就有针对。在前测中,主要统计学生的错误率和错误的层次,对于具体错误的方向要有细分。以中学数学组叶丽娜撰写的案例《圆的基本性质复习》为例:

【案例3-1】《圆的基本性质复习》修改前的课堂前测

师:今天我们继续研究圆的基本性质,我们先来看一下课前练习的情况:

正确率:1.34/42≈81%　　2.38/42≈91%　　3.40/42≈95%　　4.33/42≈79%　　5.11/43≈26%

1,4,5正确率相对较低,教师讲解。

第1题　如图,等边三角形ABC内接于$\odot O$. 求$\overparen{AB}$、$\overparen{BC}$、$\overparen{AC}$的度数。

方法一:连接OA,OC,$\angle AOB = \angle BOC = \angle AOC = 120°$,故$\overparen{AB} = \overparen{BC} = \overparen{AC} = 120°$。

方法二:由$AB = BC = AC$,得$\overparen{AB} = \overparen{BC} = \overparen{AC} = 120°$。

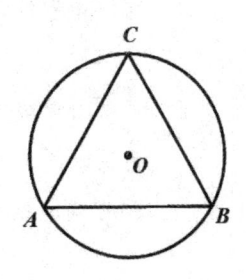

第4题 如图,已知在△ABC中,AB = AC,以AB为直径作半圆O,交BC于点D。若∠BAC = 40°,则$\overset{\frown}{AD}$的度数为_____。

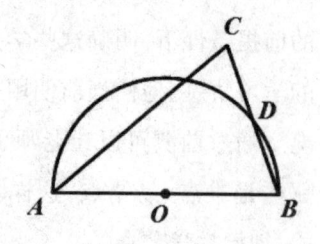

方法一:由∠BAC = 40°,AB = AC,得∠B = 70°,故$\overset{\frown}{AD}$ = 140°。

方法二:连接AD,得∠BAD = 20°,$\overset{\frown}{BD}$ = 40°,故$\overset{\frown}{AD}$ = 140°。

第5题 已知△ABC的边AB = $2\sqrt{3}$ cm,且△ABC内接于半径为2cm的⊙O。求∠C的度数。

(设计者:叶丽娜)

在前测反馈的环节,最初的设计是呈现前测总体情况,选择其中的三道题进行讲解,讲解的过程中教师指名学生回答问题。整个过程还是以传统课堂教师的讲评为主,虽然有了部分学生的参与,但是还是没有体现出学生在课堂上的主体地位,学生学习积极性不高。

【案例3-2】《圆的基本性质复习》修改后的课堂前测

师:今天我们继续研究圆的基本性质,我们先来看一下课前练习的情况:

正确率:1.34/42≈81%　　2.38/42≈91%　　3.40/42≈95%　　4.33/42≈79%　　5.11/43≈26%

学生活动:学生以小组为单位完成订正。

要求:1. 先独立订正,再小组讨论。

2. 讨论错题的错误原因以及解决问题的方法,如有多种方法,找出其中的最优方案。

3. 遇到困难举手示意老师。

4. 讨论时间5分钟,每组选出一名同学汇报。

1,4,5正确率相对较低,重点反馈。

第1题 如图,等边三角形ABC内接于$\odot O$. 求$\overparen{AB}$,$\overparen{BC}$,$\overparen{AC}$的度数。

方法一:连接OA,OC,$\angle AOB = \angle BOC = \angle AOC = 120°$,故$\overparen{AB} = \overparen{BC} = \overparen{AC} = 120°$。

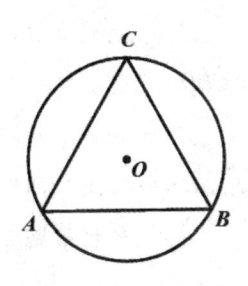

方法二:由$AB = BC = AC$,得$\overparen{AB} = \overparen{BC} = \overparen{AC} = 120°$。

师生归纳:主要利用圆心角定理解决问题,从对称的视角看,从边相等得到弦相等、角相等、弧相等。

第4题 如图,已知在$\triangle ABC$中,$AB = AC$,以AB为直径作半圆O,交BC于点D。若$\angle BAC = 40°$,则$\overparen{AD}$的度数为_____。

方法一:由$\angle BAC = 40°$,$AB = AC$,得$\angle B = 70°$,故$\overparen{AD} = 140°$。

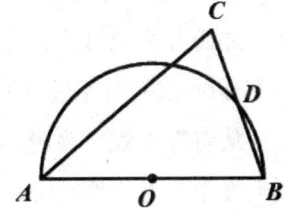

方法二:连接AD,得$\angle BAD = 20°$,$\overparen{BD} = 40°$,故$\overparen{AD} = 140°$。

师生归纳:主要利用圆周角定理解决问题,从圆周角到弧的关系的转化。

第5题 已知$\triangle ABC$的边$AB = 2\sqrt{3}$ cm,且$\triangle ABC$内接于半径为2cm的$\odot O$。求$\angle C$的度数。

归纳:求弦所对的圆周角需要分类讨论,由于弦所对的弧有两段,所以所对的圆心角也有两种不同的位置关系。

变式 如图,等边三角形ABC内接于$\odot O$. 证明:$\angle ABO = \angle CBO$。

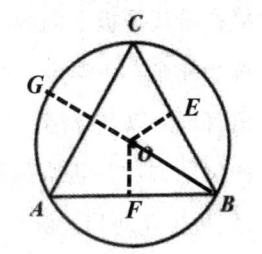

学生活动:学生以小组为单位完成练习,先独立完成,再小组讨论,找出最优解法。

方法一:连接OA,OC,证明$\triangle AOB \cong \triangle COB$,故$\angle ABO = \angle CBO$。

方法二：过点 O 作 $OE \perp BC$, $OF \perp AB$，由 $AB = BC$，得 $OE = OF$，故 $\angle ABO = \angle CBO$。

方法三：延长 BO 交 $\overset{\frown}{AC}$ 于点 G，$\overset{\frown}{GAB} = \overset{\frown}{GCB}$，由 $AB = BC$，得 $\overset{\frown}{AB} = \overset{\frown}{CB}$，因此 $\overset{\frown}{AG} = \overset{\frown}{CG}$，故 $\angle ABO = \angle CBO$。

小结：梳理解题思路形成知识网。

从上面的案例中可以看出，修改后的前测反馈环节，先由学生独立完成订正，再进行小组讨论，讨论主要包括两部分内容：一是解决错题，找出错误原因并完成订正；二是交流不同的解法，找出组内的最优解法。在组内充分讨论后，分组进行汇报展示。

从组织形式上来说，教师在教学过程中起到了组织者和引导者的作用。在学生讨论的时候教师在各小组间巡视，一方面对于有困难的小组进行辅导交流，另一方面关注一题多解和方法的总结，观察各个小组交流过程中能够达到怎样的思维水平。这样的小组交流形式，有利于教师对学生一对一的帮助，有利于同学之间的互帮互助，真正地做到让每一个学生都能在课堂上有所收获。

从讲解形式上来说，由学生代表汇报展示，把讲台交给学生，让学生直接在希沃平板上圈画讲解，对于学生说得不够到位的地方，适当地进行点拨和补充。在学生汇报结束后，师生共同对讲解的各种不同方法用简短的语言点评以及总结。最后再进行相应的变式练习，考查学生对于前面讲解的解题方法是否真的理解和掌握。在这个过程中，实现了课堂中师生互动、生生互动和人机互动。

二、多元交互学习

包括多样化的教学方法与手段、动态灵活分层与互补合作、大面积及时反馈与调节、各环节兼顾不同学生的需求、创设民主和谐的学习环境和积极向上的心理环境。教师是学生学习的启发者、指导者和合作者并通过努力使学生成为教学的积极参与者、促进者。教师要突破单纯"教"的角色，转变角色，在欣赏学生的参与、相互促进中引导其善于"学"，通过教学互动实现真正意义上的"教学相长"。

课堂学习是老师和学生相互合作的一个过程，学生之间可以选择小组内、同伴间以及个体间或者个体和全班之间进行互动。老师留出时间让学生去听、去思考，阐述自己的想法；老师可以合理安排座位，便于学生进行交流；老师提供更多同伴、小组等多种形式的交互活动来让学生参与进来，等等。在多数的课堂上，这种模式是穿插运用到课堂的不同环节的。以往更多地采用师生交互提问式的模式，现阶段需要改变一言堂格局，凸显学生的主体地位。以中学科学组黄益老师撰写的八年级科学上册《电荷与电流》的第一课时为例。

(一)学情分析

1.知识基础

《电荷与电流》一节是浙教版八年级上第四章第一节的内容。本节内容是学生学习电学的基础，教材从摩擦生电(荷)现象入手，逐渐过渡到电流、电路，符合学生的认知序，对于学生来说比较容易理解。摩擦起电是人类最早发现的电现象，两种电荷及其相互作用规律是进一步深入学习电流概念的关键，因此本节课作为初中电学起始课，具有很重要的地位。学生在日常生活经验的积累中，对摩擦起电现象已经有一些印象，但是从微观结构上认识此现象并且涉及电荷的移动，有一定的难度。本节课借助实验引导学生亲身体验，借助于形象、直观的模型，并运用分析推理的方法，帮助学生建构新的认知系统。教学设计的知识序是这样的(见图3-2)：

提出问题：电是怎样产生的？ →感知体验→ 摩擦起电现象 →阅读分析→ 摩擦起电的原因和实质 →实验分析归纳→ 电荷间的相互作用规律

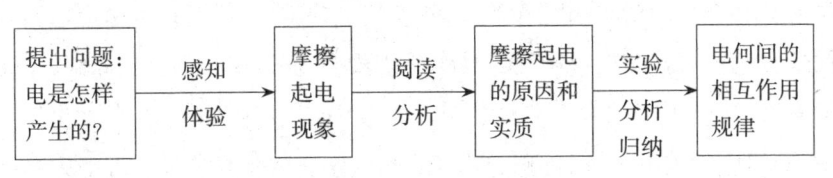

图3-2 教学设计的知识序列

2.能力基础

虽然学生已经在前面的学习中经历了科学探究的几个环节,但是八年级学生刚接触科学探究的程序、思路和方法,还不是很完整。摩擦起电小学科学教材已做呈现,学生是容易理解的,学生也能够说出一些生活中的摩擦起电现象。教学中充分考虑了学生的前概念知识,并加以运用。认识自然界中存在两种电荷及其作用规律是教学重点,摩擦起电的原因和实质以及认识自然界只有两种电荷则是教学的难点。学生对于实验探究两种电荷及其相互作用规律是非常有期待的,因此,激发学生的学习兴趣不是问题。关键在于怎样使学生从感性的现象上升到理性的本质分析,理解自然界只存在两种电荷,摩擦起电的实质是电荷的转移(得失)。

3.心理基础

本节课以学生为主体,以探究性学习为基础,引导学生经历一个基本完整的探究过程,让学生进一步学习科学探究的方法,培养学生初步的科学探究能力。八年级的学生思维活跃,具有强烈的求知欲和集体荣誉感,而且通过一年多的科学学习,学生的自主学习,小组合作交流,组内成员间相互帮助的学习方式已经形成,而且学生还具有一定的观察、实验、分析、归纳、推理能力。但学生对问题的深入思考及理性化的推理能力还比较欠缺。

(二)课堂观察(执教者:徐佳璐)

本堂课在课前做了充足的预备,让学生尝试在家里,利用身边的材料进行摩擦去发现摩擦之后的现象是怎么样的。前期用起电机来导入课堂,让学生真切感受到电,并引发思考为什么会产生电?在课堂上通过一个个学生自己参与的视频来引入,可以激发学生的学习兴趣,在课堂上达到的效果也比较好。课堂中利用多媒体辅助教学,通过视频的分析介绍,先让学生明白原子内部结构和带电情况。在做"电子快跑"游戏时,让女生代表质子,男生代表电子,通过玩游戏方式学生亲身体验吸管成为带电体的过程,分析每个小组的带电情况以及模拟刚才吸管摩擦带电的过程,从而突破摩擦起电的根本原因。以学习者为主体,在真实的情境中,通过合作小组学习、讨论、案例学习、角色扮演、项目研究、模拟性决策和问题求解学习活动等高阶学习模式,有利于发展学习者的高阶思维能力。根据本课的学习目标创设情境,层层深入地引导学生独立看书、自学、思考和探究,使学生基本了解电荷、电荷间的相互作用和利用电荷间的相互作用规律来判断带电物体的电性。本节课的重点是在小组合作学习中,学会探索并培养学生通过实验认证结论的证据意识,利用希沃等良好硬件,展示更好的教学效果,让每个学生都能观察到明显的实验现象。最后,用是否存在第三种电荷来再次检测学生对电荷间相互作用规律的掌握和运用,拓展学生的探索思维。使学生对本节课留下深刻印象,并激发学生的兴趣去生活中探索。

(三)观察者的发现与思考

通过对整个课堂教学的仔细观察,观察者也发现了一些问题,并对这些问题进行了认真的思考。

1.让学生进行更多的思考

在组织老师们认真钻研小学和初中的教材之后,我们体会到小学和初中在学习中要有契度,在梯度合理的知识点上,要打通衔接,承接性地完成科学知识的学习。在探究的过程中应该速度放慢,多去问问孩子们为什么,多让他们在知识拓展方面进行更多的思考。

2.在课堂上有效地将低阶思维转换成高阶思维

在静电除尘的应用介绍时,课例在处理方面还是有些遗憾。我们在这方面可做一定的加工,利用一则"高速收费员戴防毒面具上班"的新闻引发学生的思考。通过新闻的介绍,学生了解到由于特殊的地理位置,不可避免地会产生粉尘,为了防止污染环境,需要对粉尘进行除尘的处理。现有一套能使含尘气体进入、洁净气体排出的除尘装置,它的内部结构或原理是怎样的?如果学生利用互联网等媒介收集和整理有关资料,没有进行深入思考,这就属于低阶思维。教师鼓励学生大胆猜测这套除尘装置的内部

结构或原理,在内部进行自然沉降方法除尘,可以利用滤网过滤方法除尘,可以利用静电吸附方法除尘。通过分析讨论自然沉降、滤网过滤、静电吸附等方法除尘,评价这些方法的优缺点,最终确定最优方案。用现实问题引发学生的深刻思考,大限度地做好教材内容的二度开发,这样使学生感知科学来源于生活,应用于生活,从而激发对生活的关注度,对科学的求知欲,乐于探索自然现象和日常生活中的科学道理。

3.激发学生表达的欲望

课堂学生汇报交流环节,在课堂上生成的效果和教师预设的目标存在一定的差异。教师在教学过程中让学生自己总结特点,能调动学生的积极性,也能体现学校一直秉承的"先学后教"的教学模式。课堂上学生说得比较多,老师引导时思路清晰,先简洁后具体,由易到难,层层递进。但说的人和听的人的互动回应不够有思维的深度。如何让学生想要表达的欲望被激发出来,并在互动生成方面有科学的思维价值,这需要教师进一步钻研教学方法。

4.要符合学生实际的理解能力

教师在围绕"回应式课堂"上课内学生的体验展开教学时,摩擦起电的条件是否一定要创设一个绝缘的环境?在教学中是否注意到知识的逻辑性,验电器的出现有点突兀,在学习了电荷间相互作用后再来分析解决验电器中的小铁片分开合拢的问题是否更符合学生的实际理解能力。

5.对学生要多引导多鼓励

教学的语言还应再加雕琢,既要简单明了又要科学精准。学生实验时,多走近学生,看着学生,让学生感受到你在关注着他。指导时,教师一定要多加引导,多加鼓励。

(四)解决策略

围绕深度学习,任课老师要努力构建"回应式课堂",应主动回应学生的诉求,把学生流变的学习状态激发出来。情绪决策模型认为,流变的状态背后是流变的情绪,流变的情绪背后是流变的需求。如果内在需求与外在工作任务相一致，学生的学习就充满状态，反之如果内在需求和外在工作任务发生错位，学生的学习就缺乏状态。从情绪决策模型出发，所谓构建"回应式课堂"，正是回应学生的情绪流变，让学生疏离"有意思"而"无意义"的本能情绪阶段，同时突破"有意义"而"无意思"的情绪错位阶段，直至进入"有意思"且"有意义"的情绪美好阶段。就路径选择来说，要构建"回应式课堂"，需要在"道""器"融合的基础上，把"做加法"和"做减法"有机结合起来。

1.知识上回应

摩擦起电是小学科学和初中科学都有的实验，小学科学仅限于让学生观察到起电的现象，而对于如何表达这个现象，并通过现象来分析和逆推相关的实验原理，则是初中科学的教学重点内容。每次教到这个位置时，都会纳闷，为什么学生总是把摩擦起电的条件理解为一定要是导体，后来才发现这是因为他们总觉得导体能导电，所以才能带电，还有一个不可忽视的原因是小学阶段已研究过导体和绝缘体，很多孩子总觉得绝缘体是不可能带电的，因为它不导电，所以也不能带电。所以要突破这个难点，我们需要正视学生的已有概念，课例中利用不同材料的起电比较，设置思维冲突，让学生自我修正概念，不留"隐患"。通过思考"导体容易导电，但不容易带电，绝缘体容易带电，但不容易导电"为后续电流的学习铺设思维的阶梯。

2.方法上回应

整节课以探究作为核心，结合学生的实际，巧妙地将教师示范性演示与学生验证性探究及自主探究结合起来，并在探究过程中非常自然地渗透师生评价和生生评价，从而达到邀请更多学生进入科学课堂的教学效果。教师在语言上尽量精练，引导方面做到含而不露，指而不明，让学生自己学会思考，学会钻研。两种电荷的存在是长期实验的总结，到目前为止没有发现与此矛盾的现象。课堂中在学习了科学规定的毛皮摩擦橡胶棒带负电，丝绸摩擦过的玻璃棒带正电后，引导学生思考设计如何验证电荷只有

正负两种。通过表象，学会逻辑理性地判断，获得正确的知识。这样学生不仅能得到一个问题的答案，而且可以得到解决问题的经验，体验探索、创造和成功的乐趣。这样曲折而生动的课堂，才能吸引学生去真正参与。让学生像科学家发现真理那样，通过自己的探究和小组的合作，体现静电现象，发现电荷之间的相互作用，充分发挥学生主体作用，培养学生自学能力、合作能力和实际操作能力。

3. 能力上回应

学生们能知道电荷有正负两种，但如果要自我设计实验验证只有这两种电荷还存在一定困难。"摩擦起电"这个实验，学生能知道产生了电，但并不知道电如何而来，通过什么方法来证明电荷的性质以相互之间的作用关系，而这恰恰又是初中科学"实证探究"科学方法的体现。所以课堂设计中将"摩擦起电"这个实验作为贯穿本堂课始终的核心实验从多纬度挖掘它的深度尤为必要。用学生熟悉的生活素材，开展中学科学的教学，学生熟悉这材料，很容易进入状态，课堂就高效。他们通过认真设计实验方案，积极动手实际操作，一方面锻炼了学生们的实际操作能力，另一方面培养了他们的观察能力和探究能力。不仅如此，学生的学习方式也发生了变化，以前是识记，现在是动手体验，相信他们对科学的学习会更有兴趣。通过这些实验，充分发挥学生的主体作用，引导学生运用逻辑推理进行分析比较，发现电荷之间相互关系，和以前的磁铁进行类比，加深学生对电荷之间相互作用的理解。

三、加速与加餐

加速，即加快学习的速度，支持已经掌握知识或者快速掌握内容的学生进入更高水平的学习。加餐，即更深层次和更广宽度学习，进一步深入学习内容并拓展。

加速与加餐往往会从课堂教学过程就开始产生，延续到课后的分层作业。比较令人困惑的是，在课堂练习时，教师如何确认哪些学生需要加速，而哪些学生又需要加餐？同时，教师又要小心地规避的是所谓的"歧视"。为了保护孩子学习的积极性，教师常常会让学生自主选择"适合自己"的作业。比如，沈捷老师在小学四上语文习作课《小小"动物园"》，在最初的几次试教中，她采用如下的做法。

【案例3-3】小学四上语文习作课《小小"动物园"》节选

（一）对照标准自己修改，提供小锦囊。

同学们，再看一看自己的片段，对照评价标准，进行修改。在你们的抽屉里还有一个习作小锦囊，需要的同学可以看一看哦！

评价标准：

☆家人像动物。（　　）

☆两到三处像。（　　）

☆联系生活证明像。（　　）

☆语句通顺。（　　）

小锦囊（给优生提升）：

嗨，同学，这儿有个小妙招让我们的文章更有趣哦！你瞧——

"呀——"哥哥一声嘶鸣，便撒开四蹄飞奔起来。

妹妹整天在我身边飞来飞去，叽叽喳喳的。

爸爸竖起鬃毛，瞪大狮眼，吓得我气都不敢出。

你关注到这些红色的词语了吗？这都是动物特征的词语，用在人身上是不是让人和动物更像了呢？你也可以在你的文章中试着用一用哦！

（二）同桌交换阅读，评价。

师：修改完的同学，请读给同桌听，同桌就是你的第一个读者，同桌听完以后要评价，给出你的建议。

但是在教学实践中,老师们发现学生并没有按照执教者所设想的,自动地分成两拨,而是出现混乱的状况,大部分学生都在基础的评价标准上徘徊,极个别希望突破的孩子,又是能力不足,不是老师设想的"优生"对象。于是,备课组提出了第一个问题:孩子如何知道,哪个练习适合自己?

1. 我在哪里?——准确的学习成果反馈

学生要解答这个问题,必须知道自己的学习水平处于什么位置,即我现在在哪里?在课堂里学习知识的时候,学生从哪里来判断自己的起点呢?从教师的评价中。

我们诚然可以说,教师通过课前前测,能够初步了解学生的大致的学习起点。但是学生自己并不了解,作为学习的主人,学生需要在新的知识的学习过程中,时刻了解,自己处在什么位置。

这就需要教师对学生的学习进程进行准确的反馈。以下是在课堂上教师对学生的各类有效的学习评价(见图3-3):

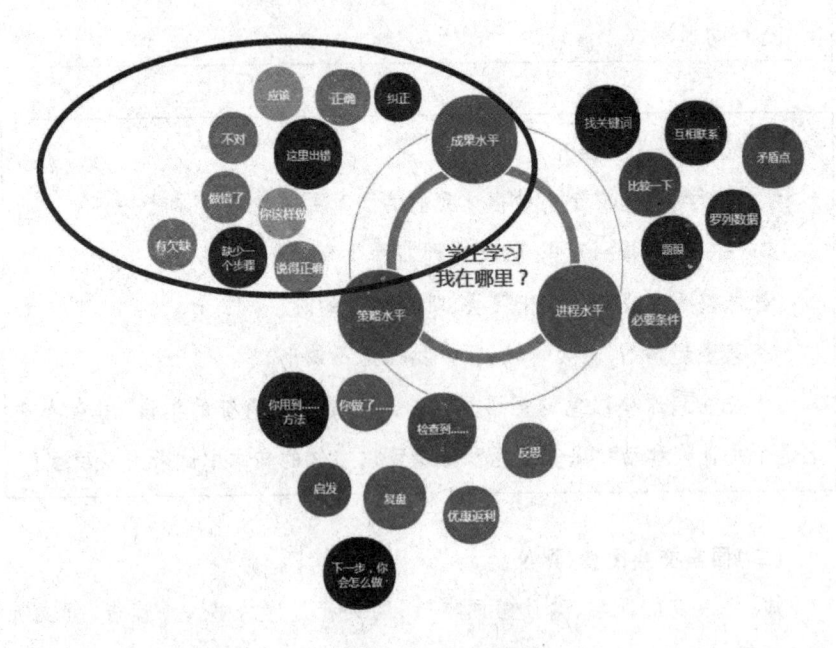

图3-3 学习评价示意

研究发现,空洞的"你很棒!""你很能干!"其实,在学生进行下一步学习上,驱动力几乎没有,反而让学生对接下来怎么做变得模糊。基于这样的认识,沈捷老师在课堂的评价部分,开始趋于精准,特别侧重成果水平的学习评价,以便学生确立自己目前的学习基准线。

【案例3-4】小学四上语文习作课《小小"动物园"》教学中的教师反馈点评

支架一:一个事例

(1)可能学生的事例不能表现家人的特点,评价一个学生写一件事的范文

提问:你们觉得他的(家人)像(动物)吗?为什么像?有哪儿可以体现(特点)吗?

师总结:同学们,我们在写这件事的时候,如果能聚焦(家人),这样就更能表现(家人)的(特点),(家人)就更像(动物)了。(板贴:一个事例)

支架二:一些表现

用一些表现反应特点:对比学生写爱好的作品和范例

范例:我的姐姐游泳特别好,在水里像一只自由自在的鱼。她有时候静静地浮在水面,一动不动;有时候甩开双手用力击打水面,溅起晶莹的浪花;有时候潜入水底,好长时间都不露出水面。

师:有个同学也写到了姐姐像鱼,请个同学来读一下,其他同学想一想像不像。

总结:同学们,有时候,我们将姐姐游泳好的三种表现集中在一起,也能让我们感到她和鱼很像。(板贴:一些表现)

到了最终定稿的时候,教师的学习成果评价已经很精准。

(2)绘制思维导图

过渡:现在,你的脑海中是不是也出现了一个可爱的家人,请你拿出作业纸,也像这位小朋友一样,找到家人和动物相似的两到三方面特点,写一写思维导图。

学生填写表格,师巡视。

(3)指名交流

师:我发现,你们的爸爸妈妈真是各有特点,我们来看看这个同学怎么介绍的。

第一类:类别不明确的

师:你们觉得他(家人)像不像(动物)?

预设:像。

师:咦,那你们觉得有没有哪两个特点需要合并的?

师:你真会动脑筋,特点同一类的要合并为一点。

第二类:顺序错误

师:再来看看,这个同学写了妈妈像狐狸,找到了三个特点:(爱吃肉)、(很聪明)和(很苗条),你觉得他的排列顺序合适吗?

预设:不合适,很苗条应该排在最前面。

师:先写看到的样子,再写一段时间相处以后知道的,我觉得挺有道理。

(4)修改

师:请你对照着你的思维导图,看看有没有需要修改和调整的。

正是通过这样的基于习作本身的评价,学生清楚地了解到,自己的描写已经有了哪些成果,还会有哪些不足。但是还不够,因为学生需要从这个起点出发,进展到下一部分的学习,因此,教师就要给学生一个学习的小目标。

2.下一步去哪里?——第一次学习目标设立

我们需要厘清一个概念,那就是教师需要给不同层次的学生不同的学习小目标,还是要给出总体的目标。基于我们仍旧是传统的班级集体教学,在实践操作中,我认为给出一个总体的目标反而利于学生明确前进的方向。那么沈捷老师在习作课的后面几次教学中,就给出一个目标——范文。

【案例3-5】小学四上语文习作课《小小"动物园"》中的学习目标

出示范文,明确习作要求

过渡:老师也把我的儿子想象成了一种动物,你们来看看老师写得像吗?一边出示文字,一边出示图片。

我的儿子就像一只"小猴子"。他个子小小的,身材瘦瘦的,有一对圆溜溜的大眼睛。他爱吃香蕉,他十分调皮,整天上蹿下跳。去年过年,我们去西双版纳玩,他看到有粗壮的树枝,就飞奔过去,双手牢牢地抓住树枝,双脚一抬,挂在树上荡起秋千来。

教师在给出学习目标之后,紧接着,学生立刻非常急需老师帮助的问题又出现了:我如何到达那里?

3.我如何到达那里?——细致地学习进程反馈

学生面对老师给出的共同的学习目标时,前进的能力是有差异的。有的孩子一看老师给出的范文,立即就可以动笔写起来;有的孩子看了几遍,依旧无从下笔。这时候,就需要老师给出学习进程的反馈(见图3-4)。

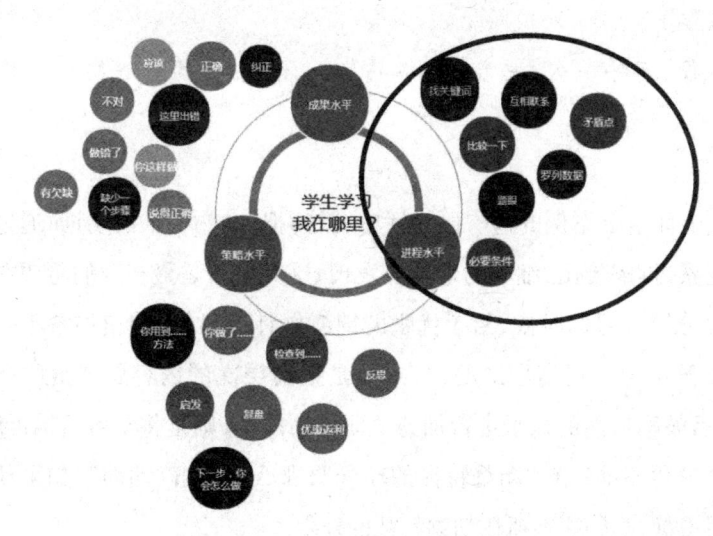

图3-4 学习进程反馈示意

所谓学习进程的评价，有一个通俗的比喻，那就是"厨师品尝汤的时候，是形成性的；客人在品尝汤的时候，就是总结性的"。我认为，在学习过程中，教师不断地针对学生前进的脚步给予修正或肯定，对于学生的学习体验来说非常有效。沈捷老师是这样做的：

【案例3-6】小学四上语文习作课《小小"动物园"》的评价

师：请你自己读一读，你觉得我儿子像猴子吗？

师：我写得哪里像啊？

预设：个子小小的，身子瘦瘦的。评价：我抓住了动物特征的外貌。

预设：很调皮，整体上蹿下跳。评价：哦，你是怎么感受到他的调皮的呢？

预设：上蹿下跳，一会儿爬到沙发上，一会儿跳到地毯上，一会儿又跑到房间里。

评价：哦，原来我找到了他动物特征的一系列动作，来表现出他的调皮。

预设：在单杠上晃悠晃悠也和猴子一样。评价：哪些词语让你感受到了他像猴子？

预设：双手一勾、挂在、晃悠晃悠。评价：这就是一些动物特征的词语。

从上面这个案例的这一段对话中，教师把"动物特征的动词"通过引导学生观察，拆解带出，细心的老师会发现，这其实就是最初我们希望在课堂上设置分层练习的时候，给予优生的锦囊妙计。显然，加速加餐不是让好的一拨孩子学习更高层次的内容，而是把高层次的内容展现给所有学生看，然后鼓励后面的孩子进行加速。而所谓加速，则是将学习目标拆解，如果一个学生不能理解"动物特征的动词"，那么就理解"动词"，如果动词也不太写得好，起码能够抓住动物特征的外貌。

【案例3-7】沈捷老师对语文教学目标的拆解

对于四年级的孩子来说,写一写每个家庭成员像什么动物不难,也很有兴趣。而且三年级上学期第一单元写过《猜猜他是谁》,学生初步明白在写人时要抓住人物的特点,三年级下册第六单元《身边那些有特点的人》,主要是学习通过一件事和一系列表现来写出身边人的特点,所以学生是有一定基础的。以下是沈捷老师整理的四年级之前,关于描写人物的所有习作指导:

级、册、单元	表达要素	话题	习作要求
二下第二单元		我的好朋友	写一写你的一个好朋友,他是谁?长什么样子?你们经常一起做什么
三上第一单元	体会习作的乐趣	猜猜他是谁	选择一个同学,用几句话或一段话写一写他。你选的是谁?他有哪些特别的地方?选择一两点写下来,写的时候,注意开头空两格
三下第六单元	写一个身边的人,尝试写特点	身边那些有特点的人	由"小书虫"等形容人的词语想到了谁?为什么会想到他?围绕这几个问题,选一个人写一写。写完后取个题目,用上表示人物特点的词语,如"家有虎妈"
四上第二单元	写一个人,注意把印象最深的地方写出来	小小"动物园"	想一想:你的家人和哪些动物比较像?什么地方像?每天生活在这个"动物园"里,你感觉怎么样?给家里的每个人都写上一段
四下第七单元	学习从多个方面写出人物的特点	我的"自画像"	向新来的班主任介绍自己。写之前想一想:你的外貌有什么特点?你主要性格特点是什么?你最大的爱好和特长是什么?你还想介绍自己的哪些情况?可以用什么事例来写

当然,这是一种拆解的方法,在最后上课的时候,沈捷老师是这样拆解学习目标的:

1. 出示范文,明确习作要求(5分钟)

过渡:同学们,我的儿子也是沈老师的心肝宝贝,所以我非常想把他介绍给你们。

我儿子像一只可爱的"小猴子"。他的眼睛圆溜溜,闪着亮光。一看到香蕉,他就两眼发光,嚷嚷着:"我要,我要!"他在家十分调皮,一刻不停,眼睛一眨,爬到沙发上了;再一眨眼,跳到地板上了;过了一会儿,他又攀着爸爸手臂,爬到肩膀上"骑大马"玩了。

指名读

师:我发现,你长得很像我儿子,你来帮我念念好不好。

生读完。

问读的学生:咦?我的儿子像什么动物啊?

预设:猴子。

师问全班:你们觉得是不是啊?

师:它们之间哪儿像呢?

预设1:你说他一看到香蕉就两眼发光,猴子最喜欢吃香蕉了。

回应:嗯。(点头)

预设2:你说你儿子很调皮,猴子也很调皮的。

回应:看来你挺了解猴子的,这是性格相似。

预设:他的眼睛圆溜溜,猴子眼睛也滴溜溜转。

回应:恩,这就是圆溜溜的眼睛。

出示这句话:我的儿子好像一只可爱的"小猴子"。(红色)

总结:你们太了不起了,我就是围绕着这句话,从外形、饮食、性格这三方面写出我家儿子像猴子。你们看仔细哦!这句话会变魔术,可以放在开头,也可以放在结尾,还可以放在中间哦!

师:你们再猜猜,我对他哪方面印象最深呢?

预设1:他喜欢吃香蕉。

师:是的,他特别喜欢吃香蕉,但是我印象最深的是什么呢?

预设2:他十分调皮,因为我生活中也很调皮。

回应:你太了解我了,这就是我对我儿子印象最深的地方,在写这部分的时候,我脑子中就出现了他在家蹦来跳去的场景。写出具体的表现,这样就可以把印象深刻的特点写清楚了。

从上面这个案例中大家可以发现,加速并不是学习弱的孩子学简单的东西,而是学习弱的孩子既可以明白我能做到哪种程度,又可以看见前进的方向。那么我们又该如何加餐呢?于是,我们又提出同样的问题:下一步去哪里?

4.再问:下一步去哪里?——引发学习进程的自我调节

我认为再一次提出"下一步去哪里?"比之前更为重要。这有助于选择下一步最合适的挑战和调整,它是可以引向发展更多针对学习进程的自我调节,引向更加熟练和自动化,引向学习不同策略和过程以完成任务,引向更深层次的理解,引向更多关于哪些被理解和哪些没有被理解的信息。用通俗的话说,优秀的学生要意识到自己的学习,不仅能够掌握老师所教的知识,并能够认识到自己是怎么学会的。

那么,怎么能够做到呢?进行分组。在加速加餐的过程中,学困生并不是被抛弃,而是要被融入。也就是说,分组并不是将同一层次的学生分到一起,而是将处于某个阶段的学生和"+1"阶段的学生混合起来。在加速加餐的环节中,教师要深入这些小组的讨论,有意识地介入,指导方法。教案中最有价值但是往往并没有写清楚的部分就是"教师巡视"。我们来看《小小"动物园"》的课堂。

【案例3-8】小学四上语文习作课《小小"动物园"》的教学节选

(一)写一写家人。(10分钟)

过渡:我看,现在有同学已经迫不及待了,你也有机会来介绍你可爱的

家人了。老师给你一个小贴士(PPT出示习作小贴士)，你就可以围绕着这三点写，会容易写清楚，让人印象深刻。时间10分钟。(计时器计时)

习作小贴士：

1. 从两到三方面写出像。

2. 结合具体表现，把印象最深地写出来。

3. 写出家人的可爱。

(二)对照标准，互动评价交流。

1. 写完后，自己读一读，改一改。(语句不通顺，标点错误)

师：老师看到有些同学已经写完了，写完的同学可以读一读，修改一下不通顺的语句。

2. 同桌交换修改，说一说。(3分钟)

师：时间到了，请同桌交换习作，请你看看他有没有围绕着这几个方面来写，给你的同桌评评星。(PPT出示评价要求)

评价要求：

从两到三方面写出像☆

有一点最像☆

写出家人的可爱☆

从上面这个案例所展示的这一段教学过程中我们可以发现，教师让学生花10分钟来写，再花了3分钟来让同桌修改，课堂教学中有大约15分钟的时间，教师是可以深入学生的具体学习过程的。

教师在前面10分钟的教学过程中，通过巡视，可以发现哪些孩子在学习上是有困难的，再通过介入几组小组的讨论，进行策略性学习的评价，可以让学生明白自己是如何做到的(见图3-5)。

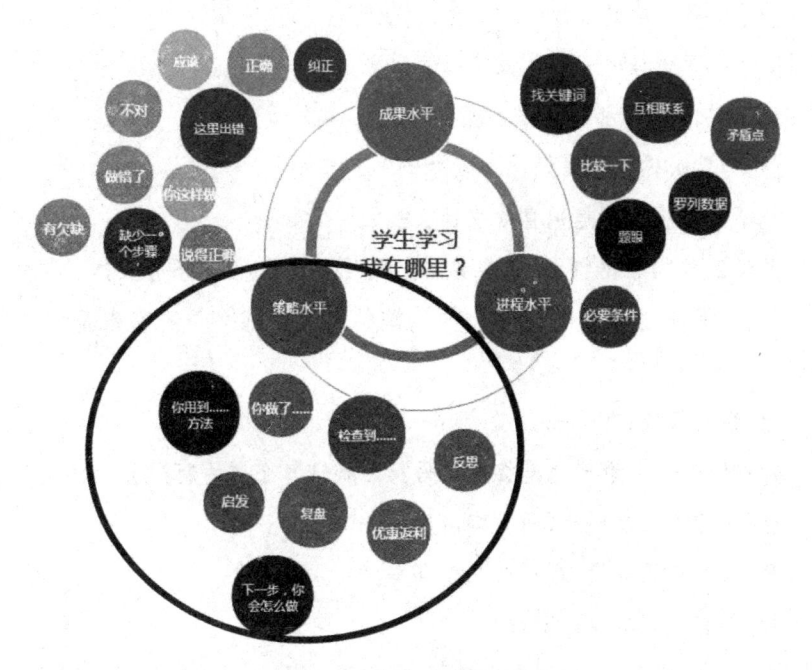

图3-5 学习过程中的引导

【案例3-9】小学四上语文习作课《小小"动物园"》的教学重构

(一)写一写家人。(10分钟)

过渡：我看，现在有同学已经迫不及待了，你也有机会来介绍你可爱的家人了。老师给你一个小贴士(PPT出示习作小贴士)，你就可以围绕着这三点写，会容易写清楚，让人印象深刻。时间10分钟。(计时器计时)

习作小贴士：

1.从两到三方面写出像。

2.结合具体表现，把印象最深的写出来。

3.写出家人的可爱。

(二)教师巡视

1.寻找完全达成目标的学优生,做上记号。

2.寻找不同程度还没达成目标的学生:

预设1:有特点没有具体表现。

师:为什么你觉得妈妈像××动物啊?

是不是外貌?还是她喜欢吃什么?

预设2:能概括出特点,并能够写出一两个方面,但是不够具体。

师:哥哥很像猎豹啊,又爱吃肉,跑得又快。那么他跑起来是什么样的呢?

生:很快很快,嗖——。

师:对,嗖——看清他怎么甩臂吗?两只脚怎么样的啊?

生:甩臂根本看不清,两只脚前后"哒哒哒"的。

师:像一阵风似的,对不对?生点头。

师:你有没有跟他比赛过?

生:哈哈,我不敢,我还没准备好,他就不见了。

师:对,这就是你印象深刻的部分。

预设3:形容得不太恰当,缺乏交融的情感。

师:爸爸好吃懒做,像头大肥猪。唔,爸爸为什么一回到家就躺在那里啊?

生:他上班很累,他是公交车的司机。

师:对哦,所以你看,你还是很爱爸爸的,对不对?"好吃懒做"这个词有贬义,可以在文末补一句,爸爸为什么给我"大肥猪"的感觉。

生:嗯,爸爸虽然回到家什么也不干,但是他工作时非常认真,是我们家里一只可爱的大肥猪。

(三)对照标准,互动评价交流。

1.写完后,自己读一读,改一改。(语句不通顺,标点错误)

师:老师看到有些同学已经写完了,写完的同学可以读一读,修改一下不通顺的语句。

2.同桌交换修改,说一说。(3分钟)

教师巡视,参与同桌讨论(如果有可能,可以根据写作水平进行个别调整)

预设1:水平高且相当

师:请你们互相画画对方写得好的地方,说说好在哪里?

预设2:水平有错落

师:请你帮助同学修改一下,哪里还可以补充?为什么要这样补充?

师:你觉得你同桌比你写得好在哪里?

师:时间到了,请同桌交换习作,请你看看他有没有围绕着这几个方面来写,给你的同桌评评星。(PPT出示评价要求)

评价要求:

从两到三方面写出像☆

有一点最像☆

写出家人的可爱☆

回应式课堂是在我们现有的教学设计的基础上,部分细化精准的产物。老师更深入地了解学生学习的过程,是以学生课堂体验的角度来思考教学。总之,学校秉承"崇实·尚品"的校训,倡导"给每个孩子提供机会,让每个孩子走向优秀"的教育理念,围绕"崇德尚美,启智行健"的培养目标,积极探索促进学生全面、多元、自主、和谐发展的教育方法和途径。

第二节 精准助学：
基于学生差异的个性化辅导

作业的品质直接影响教学过程，潜在影响知识转化为能力、能力内化为素养。作业的改变是撬动课堂教学改革非常好的支点。我们要求设计可供学生自主选择的、适合"每一类"学生思维发展的作业，让学生有得选、喜欢选、选了有效果。我们通过选择重组、改编完善或者自主开发等多种形式设计作业。精心设计基础性作业，适当增加探究性、实践性、综合性作业，促进学生与作业的深度互动。我们改进作业评改方式，更好地发挥作业批改的指导作用，判断对错与指出问题相结合，当面批改与事后面谈相结合，学生批改与教师批改相结合。注重学生作业情况的统计分析，精准把握问题产生的原因。我们尝试建立"精准化"辅导机制，包括一个平台、三个时段和N个空间。一个平台，指的是利用信息技术平台上的作业、测验、考试分析管理系统，收集、分析学生学习中反映出的情况，为孩子推送精准的辅导练习。三个时段，指的是自修课、午间管理和困难班时间，针对性地开展个别和小组辅导，老师深入学生学习的过程，让学生的学习过程"可见"。N个空间，指的是许多开放式的学习空间，学生可以自主申请到这些空间自主学习。教师视情况组织学生研讨和交流，增加学生之间的深度互动。

一、选择性作业的设计、实施与评价

作业的设计应全面地反映知识与技能、过程与方法、情感与价值这个三维目标，传统的作业设计强调知识与技能目标，机械重复地刷题，这不利于学生自主的学习。为此，我校老师在学校提出的"四有课堂"新样态教学模式的影响下，积极思考、大胆摸索、努力实践，结合校本教研的力量，初步

形成了"前测+选择"的作业设计模式。通过课前相关内容的测试,及时掌握不同学生对将要学习的知识点的了解程度,或新内容学习后对所学知识的理解和消化程度,由此为后一节课的教学设计指明了设计方向。为了让不同层次的学生都有训练的起点,并发展其学习能力,根据前测情况作业设计做到有层次、有梯度、有针对性,强调综合应用,发展提升了学生的学习能力,有效地避免了因不会做而导致不做练习或抄作业现象的发生,大大提高学生的参与度。

【案例3-10】义务教育人教版小学语文第四册——《彩色的梦》

(一)课前预习设计

第一层次:生词我会读。要求读准字音,并给有下划线的生字注上拼音,做对的为自己打上小红心。

铅笔盒(　)　聊天(　)　跳蹦(　)

草坪(　)　葱郁(　)　烟囱(　)

第二层次:新词我会写。理解词意,并写出和下列词语具有相同特征的词。

长(形容词):

铅笔盒(文具):

野花(大自然):

跳蹦(动作):

(二)课堂作业设计

第一层次:请同学们带着情感自由朗读,注意诗中的标点符号,思考要用什么样的语气来表现呢?

第二层次:熟悉并背诵课文,一人一句采用接龙的方式,由上一名同学随机点出一名同学接龙。

(三)巩固作业设计

第一层次:通过今天的学习,根据课文的内容,用一幅彩色的画来展现

诗中描绘的景象吧!

第二层次:尝试用拟人的修辞手法,仿照诗句写一段话。(四行及四行以上)

(设计者:诸伟芳)

《彩色的梦》是一篇充满了智慧和童心的儿童诗,语言优美,节奏明朗,读起来朗朗上口。描绘了小朋友用彩色铅笔在白纸上画画时的丰富想象,表现了儿童对大自然的赞美和向往。这篇课文运用了拟人的手法,教学的难点在于引导学生开发想象力,理解诗中美妙的世界,寓教于乐,让孩子们对于诗歌的美好和奇妙拥有更多的向往。在课前预习、课堂练习、课后巩固中,设计了不同层次的题目。

首先,在课前预习设计时,学会生词是朗读的第一步,因此课前预习第一题设计了阅读生词的题目,为后续的教学打好基础,有助于学生对诗句的理解。这样的设计,也为基础薄弱的学生赢得了扎实掌握基础的机会,缩小他们与优生之间的差距,为语文学习获得一份自信。用"打上小红心"的形式,增强练习的趣味性,让完成的学生获得充分的成就感,老师也能直观形象地看到学生们的掌握情况。第二题设计了写同类词的题型,对学生的词汇量库是一个不小的挑战。诗歌中常常运用丰富的意象来烘托情感,对词语的选择十分有讲究。通过这道题的练习,能锻炼学生辨别词语性质的能力,拓宽词汇量,学会积极思考。开放性答案的设计,能给予学生足够的空间发挥自己的创意。在实际运用中,学生们的课前作业都完成得较好,个别孩子第二题出现了空缺的情况,可能是词汇量匮乏的原因,需要增加平时的阅读训练。

其次,在课堂上,首先进行诗歌朗诵的训练。诗歌只有在诵读的过程中才能够感受意境,走进作者的世界里。这首充满想象力的诗更加需要学生加入情感来朗读。在练习的过程中,感受语速、语气、停顿、肢体语言在感情传递过程中的作用和重要性。"注意诗中的标点符号,思考要用什么样的语气来表现呢?"强调了标点符号对于朗读的指导意义,让学生对于不同的标点符号具有更深入的认识。第二题设计了"接龙背诵"的题目,用更加生动的方式调动课堂的气氛。这样的方式不仅要求学生注意力集中,知道诗背到了哪一部分,同时对诗的本身也要熟悉,背诵流畅。介于游戏和检测之间的形式,大大增加了学习的趣味性。实践反馈表明,课中作业取得了不错的效果,学生们对新颖的教学模式展现了十分的热情,踊跃配合。接龙背诗时还需要老师在旁进行一些适当的提醒,部分学生还不能完整背诵。

最后,课后作业采用这样的设计,两题难度梯度上升,学生可以在第一题的基础上,自选完成第二题。第一题让孩子用最简单,最易于上手的绘画来表现课文。引导孩子们学会将文字转换成具有视觉冲击的画面,更好地打开想象的阀门。亲自动手创作,也有利于学生对诗歌的理解和背诵,为第二题的续写提供思路。第二题是一道拓展题,需要学生对文字具有一定的掌控力和对修辞手法的理解力。从画面到儿童诗是从形象走到抽象,相对来说比较容易,续写诗歌更像是一次从无到有的挑战,对于学生来说有着非同一般的意义。也可以在课堂上适当地提供一些仿句作为例子,用几组词语作为整体结构的支撑,能降低大部分的难度,更加注重于学生对拟人该修辞手法的练习和运用。实践反馈表明,课后作业第一题基本完成,学生们奇思妙想,创意无限。选取了几名完成度较好,令人眼前一亮的同学向大家讲解自己的绘画思路。自由完成的第二题有一半的同学进行了续写,基本符合题目要求,充满童趣和想象力。

【案例3-11】义务教育人教版小学英语第六册《水果》课堂作业设计

第一层次:按照正确的书写方式在四线格本子上抄写所学习的英语单词。

第二层次:与同学一起练习课学习的新句型"Do you like pears/apples/bananas/oranges? Yes, I do. /No, I don't."尽可能多地记录大家的喜好,制作一张统计表。

综合练习：学生头戴水果的卡牌分成两组，听老师口令，点到的同学站起来，先用英语喊出对方头上水果名字的获胜，为所在队伍赢得一分。

（设计者：王丽君）

学习一门外语，就是为了更好地交流，英语也不例外。在激发学生兴趣的阶段，人与人之间的互动十分重要。抓住小学生爱说爱闹、敢想敢说、好奇心和求胜欲强的特点，结合水果是每一位学生都熟悉且非常喜爱的事物，当然也考虑到了部分学生可能只会说书本中学过的水果英语单词，部分学生听到过书本以外的水果英语单词却不会说的情况，因此设计了这样的作业。

在课堂作业的设计中，有为了巩固基础知识的抄写单词题，也有为了锻炼口语的综合素质题。通过一问一答，掌握在实际情景中运用句子的能力，可以模仿准确的语音语调，流畅地表达自己的喜好。在制作表格的过程中，锻炼了收集整理信息的能力，领会英语这门语言的魅力。学会读写水果类的几个英语单词是本课的教学重点，最好的记忆办法就是反复强化。在这样的游戏中，不仅考验了学生对单词的掌握，也锻炼了大脑的反应能力。因为加入了竞赛的元素，学生们为了取胜会拼尽全力参与进来，极大地调动了课堂气氛，激发学生对英语的兴趣。对于一些性格内向的同学，也是一次参与集体活动，打开心扉的机会。

游戏环节课堂反响热烈，到了下课时间，许多同学还恋恋不舍。对于单词的认读有很大的帮助，随着游戏的进行，学生对几个水果的英语单词的读法有了初步的了解，尤其是自己特别喜欢的水果，虽然之前不会说，但听了同学们的介绍后一下子都记住了。有些学生没有在课堂上听到同学介绍的自己喜欢的水果，纷纷表示回家后要查找一下，第二天考考同学们，让同学们猜猜自己喜欢的是什么水果。这也为老师提供了课后作业的布置灵感：收集更多水果的英语单词，并绘制图片制作小卡片贴于教室里，让更多的同学来学习！这样的练习，同样也可应用到今后动物、运动项目、植物等的英语单词学习，大大地激发了学生学习英语的兴趣。

【案例3-12】义务教育人教版小学数学第六册《图形的面积》练习课课堂作业设计

第一层次：

1.基础知识填空。

(1)物体的(　)或(　)的大小,就是它们的面积。

(2)常用的面积单位有(　)、(　)、(　)。

(3)比较两个图形面积的大小,要化为(　)的面积单位来比较。

2.判断对错。

(1)黑板的面积约为20平方米。(　)

(2)操场的周长约为400米。(　)

(3)正方形的周长大于它的面积。(　)

(4)周长是1米的正方形,面积是1平方米。(　)

第二层次：动手画一画。

(1)面积是45平方厘米的长方形。

(2)由三个正方形组成的,长是6厘米,宽是2厘米的长方形。

第三层次：

解决问题：(1)有两个面积分别为100平方厘米和80平方厘米的圆重叠放在桌上,重叠部分面积是20平方厘米,求该桌面被圆覆盖的面积。(2)一个正方形和一个长方形的面积相等,已知正方形的周长是64分米,长方形的长是宽的3倍,求这个长方形的长是多少分米？

(设计者：洪燕芳)

美国著名教育家加德纳认为每个学生的智能表现形式是不一样的,教育工作者要善待学生的"多元智能",要尽最大可能开发学生的各种智能,同时要照顾学生的个性差异。分层作业设计是因材施教的一种办法,多年的实践告诉我们,作业"一刀切",过难或过易,缺少层次,不利于不同类型的学生，尤其是后进生和优等生的发展。

第一层次的练习是最基础的题型，考查学生对面积和面积单位的含义的理解情况，进行查漏补缺。在数学的学习中，很多时候会忽略概念性的知识，导致定义模糊不清，容易踩入陷阱。进一步区分面积和周长的概念，让学生感受线与面的区别。通过生活实际事物的引入，如"黑板""操场"等，更好地把握单位的大小，有助于加深印象。应用是数学中很大的一个板块，学习要围绕着实际展开。这部分题目属于中等难度，需要擦亮眼睛、开动脑筋进行判断，但后进生跳一跳也能摘到"桃子"。

第二层次练习的设置，让学生通过面积计算公式的变式思考，能正确算出符合条件的长方形的长和宽，同时结合画图，明确虽然面积是一样的，但不同的摆法会导致长方形的长和宽的不同，让整套题活泛起来。两个小问难度等级也不相同，可以让学生们在动手操作中提高整体素质，培养综合思考的能力。在趣味学习中得到自信心和成就感。

第三层次的练习是拓展性的问题。题眼在于抓住"重叠"这一个点，想到面积的重叠为两份，才能顺利解决。两种图形的穿插，加上之前学习的周长知识点，要求学生必须正确选择相应的计算公式，同时进行灵活的变式转化，才能计算出最后的结果。这样的设计，让优等生可以更加牢固地掌握多个计算公式，从中获得可持续发展的数学知识和数学方法，在完成了基本题目后，不至于"饿肚子"，为今后更多图形的面积计算打下了扎实的基础。

通过作业批改情况来看，分层作业设计的难度较为合理。大部分学生能毫无障碍地完成一二大题。出人意料的是，第三题完成的学生也非常多，画画有利于调动孩子们做作业的积极性。有不少学生败在了最后一题上，但这道拓展题本身并没有什么难度，因为是刚刚学习了面积计算的内容，也是第一次学习有关面积的知识点，学生对变式的练习不是很熟悉，但在讲解后也明确了此类题目在解答过程需要思考和注意的地方，纷纷表示回家要找些题目来做一做，提升自己的解题能力。

设计信度较高的作业是发挥作业诸多功能的前提，也是教师必备的基本功之一。教师在进行作业设计时要考虑学生的知识水平和能力水平，题目坡度要小，要注意对一些难度较大的题目适当增加"台阶"，使不同层次的学生都能"跳一跳，摘到桃子"，从中体验到成功的喜悦，感受到努力的价值从而进一步增强学习的信心。设计好的作业能极大地调动学生的学习兴趣，能引导学生关注生活，使学生在生活中应用语文知识，形成综合能力，为学生的终身发展奠定坚实的基础。

二、个性化辅导的实施

个性化辅导就是考虑到学生性格的独特性和个体差异性，为提高优生的探究和解题能力，巩固中等生的自主和自觉学习习惯，帮助差生取得适当进步，为班级孩子制订耗费最少的时间和精力的个性化成长的学习方案。经过摸索与实践，我校逐步形成了一个平台、三个时段和N个空间的个性化辅导模式。

（一）依托数据平台的个性化辅导

从2019年开始在区教育局的支持下，学校联合"乐课网""智学网"两大成熟的网站，引进了平板辅助教学作为四个重点项目之一。通过老师们积极报名，成立了专门的学习小组。小组成员定期参加技术指导培训会、开设研讨课、经验反馈交流会，努力使平板教学能更顺利地为课堂教学所用。2020年9月，在先期的准备下，学校经过挑选以七年级为试点，确定了两个平板教学实验班，一生一平板，同时配置了优秀的学科教师和先进的技术，为"四有课堂"新样态的开展提供了更广泛的空间。

事实证明，运用现代化信息技术手段为教学提供了更好的呈现方式。教师可以巧设逼真的情境引导学生，这是枯燥的粉笔板书无法完成的。除此之外，也方便了教师优化课堂设计，形象地展现各种事物、现象、情景、过程，又不受时间、空间的限制，能把学习的内容化大为小，化静为动，化远为近，化抽象为具体，既可将整体分解为部分，又可将部分综合为整体，帮助学生充分感知教材，深入理解教材，尤其是教学中的难点，把文本、图形、表

格、图像、音频、视频、动画融为一体。当然，通过教师设计的题目让学生在平板上做一做，也可以及时了解学生的不同差异，哪几题的正确率高，哪几题的正确率低，做错的有哪些学生，哪些学生掌握得较好，均一目了然，为老师的后续教学提供了最全面的反馈，为分层分组有了实际的依据。除此之外，工作中老师们依托信息化的数据平台准确定位学生的学习薄弱环节，有效对接学生的易错点、难点，让精准施教、个性化学习效率大跨越。我们通过错题软件，建立优质教学资源库。通过平板技术的精准教学，依托于信息技术的有效数据分析，让因材施教、个性化学习成为一种可能。我们定期开展错题研究的主题教研活动，以唤醒教师的教学自觉，以理念引领教学行为。我们积极寻找教和学的差距，探讨：分析中考试题结构特点；整理各册知识易错点；总结提分捷径和规律。以九上的化学为例，我们瞄准了以上十条易错点，靶向复习提效。他们把"思考行为背后的道理"变成自己的习惯，将个人优势汇聚成全组优势的传统发挥到了新的高度。

　　课堂教学中，小组学习，老师采用将水平接近的同学编为一组；分层学习，将不同水平的学生编为一组。为取得最佳效果，避开两种做法的弊端并发挥所长，我们加以改进，同时采用隐性分层、动态分层，哪些学生处于哪个层次水平，教师心中有数，以便对他提出适当的要求，因材施教，但这个"层次"对外是不公开的，更不会依次给学生排队。在选择练习中，学生在完成所在层次的任务后，在初有自信心的鼓动下可以自己选择，动态地允许他们从一个小组转到另一个小组，减少被动分层的标签效应，达到优势互补，让不同特点的学生互相影响、互相帮助。这样的合作，既鼓励高水平的学生帮助困难学生，也防止了其他组员过多地依赖高水平学生，充分利用学生的差异资源。如我校初中科学组把最常见的纠错本就利用小组合作，使纠错作用发挥更大的作用。学生在老师的指导下组建了课下学生纠错小组，让不同的成员承担不同的角色：记录归类员、查错寻错员、信息联络员等，定期汇总组内错题，在班内展示交流。每月定一周为错题分享周，利用集体的智慧查错、析错、纠错。在分享周里，学生们通过不同观点的碰撞,使知识和能力在激辩和交锋中内化和提升。这样用"兵教兵,兵练兵,兵促兵,兵强兵"合作纠错模式,解决小组内同学在学习中遇到的共性问题或个性问题。在析错、改错中有方法的交流,有思维的碰撞,有老师的精讲点拨,有同学的独特思考,在不知不觉中领会了真知,共同达成了学习目标。

(二)依托三个时段的个性化辅导

学校为培养学生自主学习、高效学习,专门把原一楼阅览室装修改造成学生自修的场所、教学楼的走廊布置成另一个除教室以外的学习园地,不同层次的学生均可以根据自己的实际情况,选择自修课、午间管理和困难班三个不集中教学的时间段,自由选择场所进行自主学习。在校园内,经常可以看到不同年级的学生在这些地方或安安静静地看书,或三五成群的在各抒己见地讨论题目,或学习累了坐在沙发上闭目养神调整状态。当然,学科教师也可以选择这些场所、这三个时间段对学生进行个性化辅导,既安静有效又体恤到了学生的自卑心理。

【案例3-13】语文七年级下册《紫藤萝瀑布》的分组活动

A. 勾画变现作者思绪变化的句子,说出作者的情感变化。

B. 由这样生机勃勃的藤萝,作者感悟到了什么?说出作者寄托在紫藤萝上的"志"。

C. 一串藤萝引起作者对生命的感悟,也抚慰了作者的心灵。你有没有类似的体验?一阵清风、一株野花、一场小雨、一弯明月……曾引发你怎样的思考?请写一段话,不少于200字。

(设计者:七年级备课组)

对于初中的学生,阅读理解和写作的要求相应地提高了,因此需要更多地设计这一类型的作业。A、B层次的设计,围绕着文章借景抒情、托物言志的写作手法展开,紧扣文章内容,能让学生们更好地把握主旨,理解中心思想。C层次的设计是一个小小的练笔,目的是在日常中训练学生的写作能力,学会灵活运用所学的抒情方法。反馈表明,课后作业问答题基本完成,大部分同学能熟练运用比喻、拟人等修辞,写出事物的特点,且能注入自己的情感,小部分同学完成得不太好。语文的学习是一个日积月累的过程,写作手法的指导应该以充分的赏析为基础,学生们接受起来也会更加容易。

实践证明,布置合理的课前作业,能够培养自学能力。到了中学阶段,学生学习成绩不理想往往是因为自学能力差。如果学生学习知识全靠老师讲解,离开老师这根拐棍儿就寸步难行,是不可能取得好成绩的。实践证明,布置合理的课前作业,通过预习,有的知识点学生自己已经弄懂了,会产生一种自豪感;有的地方尽管一时还没弄懂,但是带着问题听课能够听到点子上去,能听出"门道",听课就会津津有味,学习的兴趣提高了,学习成绩自然而然也会随之提升。有的地方尽管一时还没弄懂,但是带着问题听课能够听到点子上去,能听出"门道",听课就会津津有味,学习的兴趣随之产生。

【案例3-14】数学九年级《圆的基本性质》复习课教学设计

(一)前测反馈

(二)教师展示前测5道题的正确率,选择错误集中的题集体讲评。

正确率:1.31/43≈72%　　2.32/43≈74%　　3.30/43≈70%　　4.34/43≈79%　　5.9/43≈21%

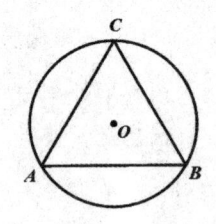

问题2(前测第1题)如图,等边三角形ABC内接于$\odot O$。求$\overparen{AB}$,$\overparen{BC}$,$\overparen{AC}$的度数。

方法一:连接OA,OC,$\angle AOB = \angle BOC = \angle AOC = 120°$,故$\overparen{AB} = \overparen{BC} = \overparen{AC} = 120°$。

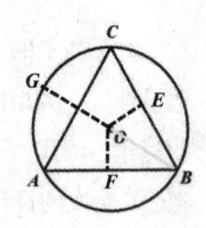

方法二:由$AB = BC = AC$,得$\overparen{AB} = \overparen{BC} = \overparen{AC} = 120°$。

师生归纳:主要利用圆心角定理解决问题,从对称的视角看,从边相等得到弦相等、角相等、弧相等。

变式1如图,等边三角形ABC内接于$\odot O$。证明:

$\angle ABO = \angle CBO$。

方法一:连接OA,OC,证明$\triangle AOB \cong \triangle COB$,故$\angle ABO = \angle CBO$。

方法二:过点O作$OE \perp BC$,$OF \perp AB$,由$AB = BC$,得$OE = OF$,故$\angle ABO = \angle CBO$。

方法三:延长BO交$\overset{\frown}{AC}$于点G,$\overset{\frown}{GAB} = \overset{\frown}{GCB}$,由$AB = BC$,得$\overset{\frown}{AB} = \overset{\frown}{CB}$,因此$\overset{\frown}{AG} = \overset{\frown}{CG}$,故$\angle ABO = \angle CBO$。

师生归纳:主要利用圆心角定理及其逆定理解决问题。

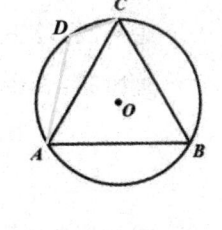

变式2 如图,等边三角形ABC内接于$\odot O$。在$\overset{\frown}{AB}$上取一点D,求$\angle BDA$的度数。

解:$\because \overset{\frown}{BCA} = 240°, \therefore \angle BDA = 120°$。

师生归纳:主要利用圆周角定理及其推论解决问题。

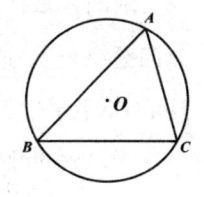

变式3 如图,三角形ABC内接于$\odot O$,$\angle A = 60°$,$BC = 600$,求圆的直径。

解:连接OB,OC,得$\angle BOC = 120°$,$OC = 100\sqrt{3}$。

追问1 辅助线怎么添?从哪个条件想到这样添辅助线?

预设:连接OB,OC,由特殊的角度$60°$联想到。

追问2 还有哪些角度比较特殊,题目条件可以怎么改?

预设:$30°,45°$。

对比前测2,学生独立完成订正。

师生归纳:圆中的定量计算,结合垂径定理和勾股定理解决问题。

变式4(前测第5题)已知$\triangle ABC$的边$AB = 2\sqrt{3}$ cm,且$\triangle ABC$内接于半径为2cm的$\odot O$。求$\angle C$的度数。

师生共同分析:求弦所对的圆周角需要分类讨论,由于弦所对的弧有两段,所以所对的圆心角也有两种不同的位置关系。

(三)小结:梳理解题思路形成知识网。

(四)例题精析

例 如图,AB是$\odot O$的直径,C,E是$\odot O$上的两点,$CD \perp AB$于点D,交BE

于点 F，$\stackrel{\frown}{BC}=\stackrel{\frown}{EC}$。求证：$BF=CF$。

方法一：连接 BC，延长 CD 交 $\odot O$ 于点 H，由 $\stackrel{\frown}{BC}=\stackrel{\frown}{EC}$，$\stackrel{\frown}{BC}=\stackrel{\frown}{BH}$，得 $\stackrel{\frown}{BH}=\stackrel{\frown}{EC}$，故 $\angle C=\angle CBE$，所以 $BF=CF$。

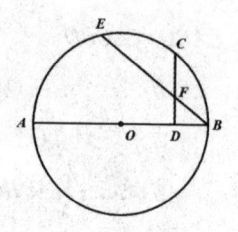

方法二：连接 AC，BC，由 $\stackrel{\frown}{BC}=\stackrel{\frown}{EC}$，得 $\angle CBE=\angle A$，由直径 AB 得 $\angle ACB=90°$，$\angle A=\angle DCB$，故 $\angle CBE=\angle DCB$，所以 $BF=CF$。

追问 1 由证法 1，还能得到什么新结论？

追问 2 由证法 2，还能得到什么新结论？

追问 3 延长 BA，CF 交于点 M，还能得到哪些新结论？

（设计者：叶丽娜）

圆的基本性质复习是一节复习课，设计的初稿是以变式教学的形式，以问题串为主，通过练习复习圆的基本性质，课堂主要由教师主导，在练习环节，指名学生上台讲思路，课堂中学生以练习和听讲为主。

修改后的教学设计展现了"回应式"课堂教学模式，以同一层次的学生组成一个学习小组，然后结合前测中出现的问题进行分组讨论为主。先由学生之间的组内互助解决问题，再通过各组之间交流拓展思路，提炼解决问题的一般思路和核心方法。课堂充分体现了以学生个性为主体，每一位学生均有自己思考的内容和空间，氛围轻松活跃，学生能够大胆地表达自己的观点，并与同学们形成思维上的碰撞。在课堂中，教师更多地作为一名倾听者，通过对学生的提问和总结串起课堂。

通过合理的设计、安排课外作业，可以帮助学生加深对基本概念、基本原理的理解，熟悉并在一定程度上掌握、运用解决问题的基本方法，达到促进学生比较准确地掌握基础知识的目的。课外作业还可以拓展课程的内容。为基础较好的学生提供深入学习的机会。个性化辅导是教师引导学生自主学习的一种有效手段，获得独立处理问题的锻炼机会。

第四章

活力校园：构建多彩的校园生活

校园，是每一个学生活动的场所。他们在这里交友、运动……尽情地释放和享受学生时代的激情。从这个意义上说，一个学生在学校中的生活，绝不仅仅是课堂上的学习生活，还有校园中的各种活动，而且，校园中的活动会给学生留下更为深刻的印迹。因此，我们在走向卓越学校的时候，十分重视给学生营造一种丰富多彩的校园生活。既有满足学生个体兴趣爱好的社团活动，也有依托团队一体的小组活动，还有基于班级的集体活动。正是通过这样的多维设计，使学生的校园生活和社会同步，与生活融合、同未来对接，让每一位景成学子都能享受有滋有味的校园生活。

第一节 社团活动：
让每个孩子都能邂逅最美的自己

社团,是培养学生个性发展的重要途径,也是校园文化建设的重要载体,学校发挥学制优势,因地制宜发展学生社团,不仅促进学生全面发展、多元发展和主动发展,也丰富了校园生活,提升了办学品质。

一、社团建设的基本思路

"崇德尚美,启智行健"是我们景成实验学校的学生培养目标,为了实现这个目标,让每个孩子都成为最优秀的自己,学校在重视国家课程实施的同时,积极以社团的形式开发。学校作为九年一贯制学校,具有衔接性、延续性等方面的优势,而且不会受到小升初影响,给孩子特长的培养提供了更充裕的时间和更系统的规划。近几年,学校主要不断完善社团运作机制,形成了具有九年一贯特色的学生社团体系,有效地促进了学生综合素质的提升。

(一)注重延续

学校一到六年级的社团,以兴趣培养为主组建,目的在于让学生的兴趣得到保护;七到九年级的社团,以特长培养为主组建,目标在于让学生的兴趣得到发展。如学校在一到六年级组建了国画社,培养学生对绘画的兴趣,在七到九年级组建了素描社,让有美术特长的同学在这个阶段得到更为专业的指导,为升入高中做好准备。

(二)梯队培养

指导教师结合个人专长和地域文化,根据社团的特点和学生身心成长规律,采取或分级或整合的梯队培养方式,科学满足孩子特长的发展需要。学校的绘画社、种子俱乐部、棋艺社、JC男团社等社团分年级培养,而学校的足球社、羽毛球社、啦啦操社、田径社、管乐队、舞蹈社就打破年级界限,让不同年龄段的孩子在一起学习,形成一个梯队。

(三)学用结合

学校社团建设注重学科知识的跨年级综合学习和应用,努力为学生创造基于真实情境的学习平台,培养学生学有所长,引导学生学以致用。红景天文学社围绕杭州市"打造生活品质之城"的主题,研究文化遗产、民俗风情、地方特产,并撰写了《文化少年的文化提案》,从而将研究性学习与生活紧密结合。

(四)涵养队伍

打破中小学教师界限,克服编制、职称评审等现实问题,采用"能上能下"的岗位编排原则,七至九年级的教师与一至六年级教师循环任课。同时,组建教研组和开展教研活动时,也有意识地加强了中小衔接,教师每学期要在校内跨年段听课。这样的岗位安排和校本培训,使教师有更多机会跨年段教学,形成更加完整的学科知识体系,掌握更加完整的学生成长规律,便于社团建设从全程、全面育人的角度来设计和实施。

(五)资源配置

学校按九年一贯制办学要求设计和规划,占地面积有70多亩,拥有独立的实验楼、体育馆、田径场、各类球场、研学厅、录播教室、各类专用教室等符合现代标准的配套建设,为各类社团建设提供了充足的空间和设备设施。学校还充分挖掘家长资源和社会资源,聘请有一技之长的家长和专业教练来校指导社团活动。

(六)自主管理

社团活动采取学生自主管理,教师全程指导的模式,定点活动、定人辅导、定时展示,做到既关注过程,又强调结果。同时,制定《社团考核细则》,对社团活动过程和成效考核做了量化,以进一步规范社团建设,调动教师

参与社团建设的积极性和创造性。

二、主要社团组织

学校注重学生全面发展,挖掘学生的特色和特长。学校的社团特色扎实,学生喜欢的社团才会更好地成长和夯实。校园文化的组成离不开学生社团的组建,它能够丰富学生的课余生活,也可以拓展学生的视野,对于培养学生核心素养起着重要作用。学校共设有校级学生社团将近20个,主要分为体育类、艺术类、科技类和文学类。以"提升校园文化,丰富学生生活"为原则,学生社团积极开展社团活动,坚持推进学生社团的组建与发展,在丰富学生课余生活的同时,也为校园文化带来了勃勃生机。

(一)体育类社团

学校体育类的社团主要有啦啦操社团、棋艺社团、足球社团、羽毛球社团、田径队、篮球社团、轮滑社团等,其中尤以足球社团、啦啦操社团、棋艺社团、田径队和羽毛球社团最为活跃。

1. 足球社团

学校是全国校园足球特色学校、杭州市优秀校园足球特色学校。足球社团有专用的社团记录本、足球更衣室、足球贵宾室、足球宣讲室。一年级和二年级每个星期有1节足球活动课。在学生中普及足球,让学校的足球特色更加有深度和厚度。

2. 啦啦操社团

"我阳光,我健康,我运动,我快乐"是健美操社团的活动宗旨。自2009年4月成立以来,就开始了它的历程。成立10年多时间里,在学校领导的大力支持下,啦啦操社团在市、区等比赛中获得了优异的成绩,在区、校各类活动的表演中,也得到了大家的肯定。

"不求最好,但求更好"是我们一直追求的梦想。李思婷同学获2016年全国健美操联赛女子单人竞技操第四名,曾多次获杭州市少儿健美操比赛女子单人竞技操第一名;获2019年杭州市阳光啦啦操锦标赛小学技巧组二等奖,获2019年下城区啦啦操比赛团体第二名等,这些成绩是她们用坚持堆砌,用汗水灌溉而成。舞动,是她们心中的激情在燃烧;快乐,是她们心中的热情在释放。运动场上耀眼舞动的啦啦操队员们以其特有的活力与魅力展示了景成人的朝气蓬勃。

3.棋艺社团

棋类是一项集文化性、教育性、科学性、竞技性于一体的活动。开展棋类活动不仅可以开发小学生的智力,培养学生分析、计划、逻辑思维的能力。学校是杭州市棋类共建学校。我校的围棋在市、区比赛中率获佳绩。由王彻等同学组成的初中围棋团队获2019年杭州市初中围棋比赛团体第一名。

4.田径队

学校田径队是一支随着景成的创办而组建的社团队伍,曾经创下过许多辉煌的成绩。近年来在校领导的关心与支持下进一步发展壮大。2019年在下城区中小学生运动会中取得小学组团体总分第二名的好成绩。教练们认真刻苦,学生们不怕苦不怕累,日复一日,年复一年地训练着,努力着。每天伴随着清晨的太阳田径场上有一群可爱的人儿在训练,伴随着日暮他们不辞辛苦地带领着队员们一遍遍地纠正动作,一趟趟地奔跑着。

5.羽毛球社团

杭州群星(景成)羽毛球俱乐部由杭州市陈经纶羽毛球队总教练、杭州群星羽毛球俱乐部负责人和学校于2014年联合组建,并于2015年被授予杭州市羽毛球训练基地。羽毛球队在教练的指导训练下,涌现出一批身体素质强壮技术水平佳的队员。他们积极参加各级各类的羽毛球比赛,并获得较好成绩。

(二)艺术类社团

艺术类社团主要有越剧社、叽叽喳喳合唱团、管乐队、国画社、歌唱表演社、素描社、书法社、JC男团、小花舞蹈社等。

1. 越剧社

越剧社成立于2008年12月,指导教师于莉娅。社团活动有三大板块,分别是越训、越妍、越趣,涉及越剧训练、化妆课程,及以越剧为主心的相关趣味活动(端午节香包、制作宫灯、戏曲头饰DIY)。学校还是"小百花爱越基地",首批杭州市非物质文化遗产传承教学基地。社团先后被评为杭州市明星红领巾小社团、下城区精品社团、下城区年度艺术特色社团。学校还被评为杭州市优秀非遗传承基地,先后接待了联合国、美国、法国、澳大利亚、比利时等国和组织的教育访问团。自编校本课程《走近越剧》被评为杭州市第七届义务教育精品课程。邀请越剧大咖进校园进课堂,课程体系上从越剧妆面到越剧的头饰和发型再到越剧的欣赏与实践。

2. 叽叽喳合唱团

学校"叽叽喳"学生合唱团组建于2009年,现有队员中小学生共计55人,现指导老师1人。合唱团以"普及与提高""育人与学艺"相结合的美育理念,以别开生面的教学方式,让队员们在进行声乐和素质训练的同时,在歌声笑语中感受美的快乐。其目标和任务是:建设一支高素质、高水平及有影响的合唱团。合唱团自成立以来曾多次参加区级艺术节,每年都能取得优异成绩。2019年,校合唱团在学校举办的"成长礼暨校歌发布会"的大型演出中承担了表演校歌的任务,完成出色,获得全校师生和区内各级领导的一致好评。

3. 管乐队

"爆米花"管乐队成立于2018年,乐队现已有队员56人。在学校老师的关怀和成员的努力下,管乐队逐渐成长完善,目前已有"长笛、单簧管、小号、圆号、长号、萨克斯、打击乐"七种乐器的培训,为喜爱乐器和音乐的同学提供了一个学习和展示的平台。为了倾力打造一支优秀的校级管乐队,开阔学生的鉴赏视野,提高学生的演奏水平,学校还聘请"杭州爱乐乐团""浙江交响乐团"以及"浙江省文化馆"专业乐手担任专业指导教师。以"全面发展,学有所长"为宗旨,坚持育人为本的理念。通过"听""唱""吹""演"的综合性音乐培训,培养学生对乐器的全方面认识。在训练中也培养了孩子积极向上,团结协作的集体主义精神和良好的音乐素养。在2019年校歌发布会上,管乐队进行了第一次展示,一首龙舌兰吹奏出了景成学子的风采,展现了管乐队良好的精神面貌,得到了师生的好评。虽然成立乐队才短短的一年,但我们有理由相信,在学校领导的精心管理下,在大家共同努力下,这支队伍一定会创造出辉煌。

4. 国画社

"墨韵景成"国画社成立于2008年,本着传承优秀传统文化艺术、培养学生国画兴趣和才能、丰富学生课余生活的宗旨,根据学校提出"国画社团活动与景成资源相结合"的指导方向,以校外社会实践活动和校内辅导活动相结合的方式开展社团活动。社团以"童眼看传统 水墨秀景成"为核心,依托杭州丰富的自然景观和人文资源,进行儿童国画本土化的实践,构建具有本校特色的国画社团活动模式。国画社团师生共同努力,使得社团各项工作正常有序地开展,社团活动有声有色,取得了可喜的进步。多人获得浙江省和杭州市绘画比赛一、二等奖。

(三)科技类社团

学校的科技类社团主要有创客空间、种子俱乐部和科学探究社等,这些科技类的社团满足了学生的探究欲望。多年来,这些社团也取得了不菲的成绩。

1. 创客空间

学校的创客空间社团围绕对应主题模块进行创意课程开发,编写出版了一批创意编程课程,其中包括Scratch创意编程、Scratch与机器人融合、3D打印技术、APP Inventor手机编程等,使创意编程教育成为有本之木。田嘉业和赵雨睿分别获2018年浙江省中小学生电脑制作活动创客竞赛一等奖;赵雨睿和田嘉业分别获2018年全国中小学生电脑制作活动创客竞赛三等奖;2019年施锦成同学获浙江省中小学电脑制作竞赛创客大赛二等奖(杭

州市一等奖）；赵雨睿、倪立杭、王城锐获杭州市科技节创客马拉松大赛一等奖。创客空间成立以来，连续三年位列下城区第一，获国家级省级荣誉十多项，市区级荣誉百余项，是下城区创客教育做得最好的学校之一。

2. 种子俱乐部

种子俱乐部曾被评为全国红领巾优秀社团，下城区的精品社团和特色培育项目，同时，种子俱乐部开发的校本课程《奇妙的种子》还被评为杭州市精品课程。在2007年3月，播种了一粒种子后，我们的种子俱乐部成立了。种子俱乐部自成立以来，取得了很多成绩，同学们在老师的指导下，伴随着种子的成长，自己也逐渐长大，俱乐部的精神也一届传了一届。种子俱乐部的自留地"开心菜园"成了大家时刻牵挂的地方，向往的园地。在活动中，学生通过亲身体验劳动，感受劳动的艰辛与快乐，懂得爱惜粮食，尊重人民的劳动成果。通过活动，使学生了解植物的生长变化，体会成功的喜悦。通过贴画的创作实践活动，培养学生的想象能力和动手能力，通过班级的集体制作，培养学生的团结合作精神。

在未来的三年里，首先学生将继续常规活动，自选瓜果、蔬菜、花卉的种子，播种在自己的实验菜地里。在种植、养护、观察、研究的过程中，让种子伴随自己一同成长。在种植、养护过程中，学生通过实践劳动、观察记录，用心培育，用爱浇灌，从播种到收获，感悟生命，同时也经历自身的成长。希望种子俱乐部这种回归自然的实践活动，能培养学生的生态文明意识、生命意识、科学兴趣和探索能力。

3. 科技探究社

科技教育一直是学校教育整体教学计划中的重要一环。学校也积极开设科技选修课和各类科技兴趣社团，科技兴趣社团活动也做到了有计划、有内容、有指导、有阵地。此外，学校老师把科技教育与相关学科教学结合起来，努力培养学生综合思维和创新思维能力。学校还广泛开展科普活动，如科普讲座、竞赛，师生纷纷积极参与。上学期，学校举办了纸科技为主题的校园科技节活动，活动中，孩子们在纸飞机标靶赛、造纸大赛、纸建筑比赛中,纷纷展现才能,带来了一件件高质量的作品,完场了一场场高水平的比拼。

(四)文学类社团

文学类社团主要有红景天文学社、牛通社小记者等。文学类的社团也曾经涌现了一批小文学家。

红景天文学社被评为全国优秀红领巾社团。在贾礼维老师的指导和带领下,文学社的同学积极参与各级各类的文学创作。红景天文学社围绕杭州市"打造生活品质之城"的主题,研究文化遗产、民俗风情、地方特产,并撰写了《文化少年的文化提案》,从而将研究性学习与生活紧密结合。

三、社团发展规划

为了更好地发展社团,使学生社团在丰富校园文化和推进学生素质教育的进程中发挥出更加突出的作用,学校制订了社团的发展规划。

(一)建设目标

社团活动以"生动、活泼、自主、发展"为主题,以推进素质教育和配合"减负"工作为核心,以培养学生的创新精神和实践能力为重点,以使广大学生都能积极参加文明、健康、活泼的课外文体活动为工作目标,从而达到促进学生身心全面发展的目的。我们将在原有社团活动的基础上保证学生的自主性,提高学生的积极性,鼓励学生的创造性,力求活动的成效性,以促进每一位学生富有个性的发展,推进学校德育工作的创新发展,推进素质教育深入发展,实现学校"务实抓教育,创新求发展"的工作目标,进一步推动学校体育和艺术教育的改革与发展,全面实施"体育、艺术2＋1"。

(二)发展阶段

1.第一阶段:规范社团机制(2015年1月—2016年12月)

①有社团的规章和制度;

②有固定的社团活动地点和时间;

③社团成员经教练选拔产生,人数不限;

④有明确的培养目标；

⑤社团发起人3人以上，申请时社团20人以上，社团无上限；

⑥有明确的管理方式；

⑦个别体育类或艺术类社团经核准可以聘请校外顾问或教练，同时也需配备校内助教老师1名；

⑧建立有效的激励机制。

利用校本节日展现社团发展成果，并大力扶持优秀学生社团的发展，建立完善的学生社团考核、评比、表彰、奖励机制，营造有利于优秀学生社团脱颖而出的良性竞争氛围。

2. 第二阶段：指导社团长效发展（2017年1月—2018年12月）

由于学生的兴趣、需要不同，所以有些社团在发展过程中会遭遇人员流动性过大的缺陷。在社团发展过程中，学生处着力于指导培养学生社团的中坚力量，除了规范社团发展机制外，鼓励培养社团与社团间的良性竞争；注意积累社团活动资料；注重引导社团进行新老社员的传承；鼓励开展社团纳新活动，梯队建设吸纳新社员的加入。在以上基础上进一步强化社团管理的高效运行机制。利用学校公众号、视频号为载体，促进相互交流和沟通，为实现学生社团管理的信息化、网络化创造良好的条件。

3. 第三阶段：培养推广明星社团（2019年1月—2020年12月）

在规范社团机制、走长效发展之路后，学生处将进一步利用各种载体，鼓励更多精品学生社团活动蓬勃开展，使社团的价值在多姿多彩的社团活动中得以充分地体现。这一过程中，将继续强化传统体艺类、科技类、社团在校园文化建设的中坚作用。同时，对优秀学生社团在工作中重点支持，加大投入、加强管理，努力造就一批"特色"和"精品"社团，使其成为学生社团发展中的主力军和领头羊。

(三) 社团建设内容

1. 健全组织，加强领导

成立以校长为组长的特色工作领导小组，充分发挥学校特色领导小组的职能,做好学校特色发展规划,加强宏观调控,确保特色工作落到实处。成立社团活动实施领导小组,由校长、副校长、学生处主任、副主任、总务主任、大队辅导员组成。定期组织学习研究,协调校内外、课内外关系,保证方案正常实施。

2. 制定规章,确保落实

制定完善的特色工作规章,保证学校特色工作顺利开展;统筹学校各项特色工作,抓好"计划、组织、实施、总结、反馈"等环节,确保学校特色工作有效落实。

3. 优化队伍,力出成效

加大社团教师队伍建设,多途径提高社团工作队伍师资水平和业务能力,打造富有创新能力和战斗力的社团团队(体育团队、艺术团队、科技团队等),夯实学校社团工作的基础,强队伍,促提高,力争再创佳绩。

4. 丰富活动,形成梯队

营造浓郁的学校特色氛围,组好体育社团(田径社、群星羽毛球社、足球社、Sunshine啦啦操社)、艺术团队(越剧社、叽叽喳喳合唱社、舞蹈社、歌唱表演社、书法社、国画社)、文学社团(红景天文学社)等,做到时间、场地、指导师、学习队员、学习内容、评价六落实,并逐步形成梯队,确保活动常态化、内容系统化、队伍梯队化、训练有效化、评价科学化,有效开展丰富多彩的社团活动,力求人人有特长,班班有特点,学校有特色。

5. 完善评价,提质提效

创新学校社团工作评价机制,完善学校社团工作评价体系,开展富有景成特色的"景成吉尼斯、景成运动达人、优秀社员、优秀社团"等评价工作,促进每一位学生全面发展。

6. 增加投入,保障有力

健全学校社团工作档案资料规范化建设,加大学校社团工作的经费投入,开辟足球贵宾室、体育器材室、翻新足球场、重建器材区,确保学校社团工作有效开展。

(四)考核与评价

为激励各社团积极有效地开展活动,促进各社团的全面健康发展,根据《杭州市景成实验学校社团活动制度》,制定《社团量化考核制度》,以对社团进行更为有效的监督和服务,通过评价激励予以正确导向,推动社团建设向更高层次发展。本细则将对社团的各项活动和日常工作进行量化,实行打分制,以此作为社团奖惩的依据,考核内容主要为以下几点。

1. 社团管理(100分)

(1)安全管理。社团活动辅导老师及时到位。如有特殊情况不能及时到位,需提前向学生处请假,并自行安排代为辅导的老师(10分);活动安全保障有力,无出现人身事故(20分)。

(2)档案管理。活动点名及时,记录真实(10分);活动前有计划,活动后有记录和反思(10分)。

(3)活动管理。活动内容丰富,形式生动,学生满意度高(10分);能积极配合学校开展的各项活动,认真落实各项工作(20分)。

(4)场地管理。内部物品管理有序,无丢失等现象(10分);活动后场地内地面干净、桌椅整齐、墙壁无污迹、教具无破损(10分)。

(5)特色管理。活动有一定影响,有报道(校级、区级每篇加1、2分);活动有成果展示,参加校内校外获奖或展演受好评(校级记1分,区级记加2分)。

2. 个人考核

(1)参加社团活动不迟到、不早退,如有特殊情况不能按时出席、需提前离开或不能出席,提前向辅导老师请假,否则视缺席处理(10分)。

(2)参加活动表现积极,态度认真。

(3)能听从老师的安排。

(4)能遵守纪律,不讲空话、不做小动作。

(5)社团活动有成果,能根据老师的要求提交作业或作品。

(6)加分:参加社团成果展示在校内校外获奖或展演受好评的,校级每人每次1分,区级每人每次加2分,以此类推。

3.奖惩

(1)考核分数名列前茅的社团,推荐参加"优秀社团"评选,指导老师推荐参加"社团优秀指导老师"评选。

(2)考核分数名列前茅的队员,推荐授予"兴趣章"和"特长章",并优先考虑评优推荐。

(3)出现违反考核条例的现象,根据情况做口头教育或通报批评。

四、社团运行机制

学校对于学生德智体美的全面发展越来越重视。一方面,在个人学业发展的基础上,大力开展社团活动,可以让学生在活动过程中,不断发现,提升,改变自我,增加学生的个人综合素养。另一方面,学校也鼓励学生结合自身的特点,发展个性,创建具有特色的学生社团。

通过设立学生社团的形式来实现对学生特长的挖掘。传统的教育工作与学生工作相结合,可以让学校更加了解学生,考查学生,培养学生。在管理学生社团的时候,需要一个完善的运行机制,从而为学生提供一个更好更广阔的平台。

社团的运行机制包括社团章程、社团的日常管理、社团活动的开展。在这一建设过程中,培养了学生的自我管理能力和组织能力,学生可以通过这个平台,展示自我,发挥自身特长,学生多元化发展。

(一)条件支持机制

学校领导、相关政策大力支持。以学校的办学理念以及紧扣学校重点工作方向,我校领导在人员调配、场地安排、项目、计划等多方面都提供了充足的支持,保障了社团活动的正常开展。

(二)活动考核机制

学校各个社团都必须遵从《杭州市景成学校学生社团章程》的管理,每个社团都严格实行考核机制,有严格的考核评分标准。每个社团的社

团记录本以及活动资料每学期都会进行总结和归整。严格考评制度,优秀社团的评选与绩效奖励都有一系列的规章制度。社团考核以"自评+互评"相结合的机制,这样有利于更公平、更公开地对精品社团做出评价。

(三)经费保障机制

社团日常活动以及参加比赛的费用应由学校提供经济支持。外出活动或者比赛的时候填写外出审批表。审批表里会有整个活动的流程以及所需要的交通工具、餐食等的申报。

(四)日常运行机制

1. 师资力量

完善的师资力量也是学生社团能够顺利发展的重要因素之一。社团利用并整合校内教师资源,鼓励有专长的教师开设学生社团。也可以邀请专业机构的指导老师和有特长的家长来担任校外指导教师。以此来打造一个多元化、多跨度的师资团队,来满足不同学生在活动中的不同需求。

2. 日常工作

社团指导老师负责制订社团的发展规划、教学目标、活动计划、社团活动指导、比赛指导等工作。同时也需要相称社团纳新、社员的管理、社团档案的管理、社团的宣传、参加比赛和活动等工作。

3. 梯队建设

社团的组织体系是阶梯式的,学校是九年一贯制学校,社团从小学低段开始打基础,每个社团基本上都有梯队建设。根据各梯队的学生制订相应的培养目标和考核项目,定期对学生的进步情况进行调整,让优秀学生能够得到更好的发展。同时,选拔社团的社长,社长可以起到榜样作用,同时协助社团负责老师进行社团日常运行工作。

(五)激励机制

除了制定考评机制,学校制定相应的激励政策,从而来提升学生和老师的参与度和积极性。学生社团的主体是学生和老师，其中老师在学生社团中起着至关重要的作用。一个良好的激励政策可以刺激优秀教师在学生社团中担任指导教师，让他们更加有动力在各自的学生社团中勇创佳绩。担任社团指导老师，可以有相应的指导津贴，虽然津贴不多但是也是对指导老师辛勤付出的一种体现。三年内有一年评选到优秀社团在班主任龄方面可以折算政策。在这样的激励下，具有特长的教师担任学生社团的指导老师。除此之外，学校也会在精神和物质上奖励那些在比赛中表现优异的学生。精神上体现在有仪式感的晨会颁奖环节，让学生从心里感觉到自豪。物质上是发放印有学校LOGO的纪念品，如铅笔盒、本子、笔、钥匙扣之类的。

总之，学生社团工作的开展对学生全面发展是极为重要的。在建设和谐校园，促进优良校风、学风形成方面，有着无可取代的基础作用。在新的教育体制下，学生社团发展也会面临更多的困难，加强对优秀学生的吸纳、教育和管理，提高社团工作的时效性，是全面推进社团建设和发展的新方针。在学生社团建设过程中，通过建立和完善学生社团机制，充分发挥学生的自主创新性，以学生的积极性为抓手，通过学生社团将良好的影响深入其他学生的学习和生活中，切实提高学生的凝聚力。

五、优秀社团建设举样

学校2010年成为杭州市校园足球定点学校，从此打开了学校足球运动的大门。2017年，学校成为"下城区绿茵足球学校联盟"的轮值学校，2018年成为浙江省青少年校园足球特色学校。2019年成为全国青少年校园足球特色学校和亚运足球梦想学校。日常有多名专职足球教练负责训练，学校将进一步打造中小学生体验快乐足球的平台，增设非竞技性的足球课程，加强竞技性的足球社团建设，让更多的孩子了解足球、接触足球、喜爱足球，为足球事业的可持续发展提供源源不断的人才动力。也希望同学们发扬努力拼搏、团结协作的体育精神，尽情在运动场上体验足球

热情、享受足球带来的乐趣,争创足球运动佳绩。

(一)加强组织建设,促足球运动扬帆起航

认真学习中央精神,按照国家体育总局、教育部《关于开展全国青少年校园足球活动的通知》要求,将校园足球与阳光体育—小时体育锻炼结合起来。学校制订了"足球特色学校发展规划",纳入学校三年目标发展规划和年度工作计划,成立了以校长为组长的学校足球领导小组,各部门职责明确,分工落实,使学校足球特色工作有人抓,经常抓。学校制定并逐步完善校园足球工作招生、教学管理、课余训练及竞赛、师资培训等方面的规章制度,校长室、分管领导、学生处、体育组经常召开专题会议,保证足球特色工作安全、有序、创新地开展。在学校校园足球领导小组精心策划下,循序渐进地开展校园足球运动:一、二年级接触足球,认识足球;三、四年级开展班级联赛,让学生进一步了解足球;五、六年级开始参加市、区校园足球联赛,通过校际足球交流让学生爱上足球,七至九年级成立校级足球队,参加区、市、省足球比赛,促进校园足球文化建设,使足球成为学生学习生活必不可少的一部分。

(二)做好多重保障,为足球运动奠定基础

学校共有15名专职体育教师,其中钱波、曹磊是足球专业毕业,自身都非常喜爱足球运动,有扎实的足球理论功底和较高水平的专业能力;边晶和万晟豪通过培训已经获得E级教练员证和国家二级裁判资格;吕天老师现在为女足教练员,具有C级足球教练证,曾效力浙江女足等。为了进一步提高他们指导学校足球运动开展的能力,学校每年都派他们参加杭州市校园足球指导员培训班,其中钱波老师荣获杭州市青少年校园足球活动"优秀指导员"等。

为进一步促进足球运动的开展,学校重新修缮了足球场,为下城区校园足球活动和杭州市"市长杯"足球赛提供比赛场地;同时学校在原先七人制足球场地和球门都具备的情况下,新添了2副五人制足球门和五人制足球场地,进一步保障了日常训练及活动。足球器材和设施设备也同样得到保障,学校每年都对器材进行补充,充分满足教学和课余训练的需求。

除设施、设备、器材等保障外,学校还给校足球队的同学添置球衣、球袜、足球鞋、护腿板,而且从去年开始我校也专门购置了一批足球专业背包,供学生们训练比赛时使用。我校每位足球队的队员都会通过杭州市校园足球办公室向平安保险公司投保运动意外伤害险,同时学校每年为学生购买校方责任险,保障学生的安全。

(三)抓好教育教学,促足球运动可持续发展

学校深化体育改革,坚持健康第一思想,每学年组织开展体能素质测试运动会,通过校园吉尼斯提高学生练习积极性,《国家学生体质健康标准》测试率达100%;同时以足球特色项目为依托,积极推进素质教育,促进学生全面发展和健康成长,每年体测优良率远超过30%。

学校开齐开足体育课,一到三年级每周4课时、四至九年级每周3课时,并将足球项目作为体育课堂教学的必修内容,每周开展足球课堂教学;与此同时,学校积极开发和编制足球校本教材,落实足球课堂教学计划和教案;除体育课堂教学外,学校还以大课间和课外活动为载体,积极开展足球活动和相关技能学习。

学校还将足球文化纳入整个校园文化建设当中,通过校园微信、广播站、宣传栏等对校园足球活动进行信息发布和宣传;通过摄影、绘画等活动进一步营造校园足球文化。比如,足球社和绘画社是我校最受欢迎的两个社团,在两个社团辅导员的努力下,我们举办了足球主题的动漫比赛,这次活动让孩子对足球有了更多的认识。孩子们在动漫创作的过程中关注足球、喜欢足球,为学校的足球文化建设增添一笔色彩;与此同时,学校还将足球运动的标识和精神固定在操场主席台上,让足球的印记深深刻在学校的每个角落。2016年4月,下城区"足球进课堂"教研推广活动在我校开展,邀请了杭州市足球协会和杭州仕海足球俱乐部教练到我校,亲自给全区的所有体育老师和我校学生培训,受益匪浅。2020年12月,我校举办了"优宝杯"足球班班联赛。一年级采取了足球小游戏形式

进行,二至八年级进行了班班联赛,学生们为了班级荣誉奋勇拼搏。足球班班联赛将足球带进了每个班级,不管是场上的运动员,还是场下观赛的拉拉队队员,都深刻地感受了足球的魅力。师生在活动中感受足球氛围,拓宽足球视野。

(四)把好训练与竞赛,让足球运动绽放异彩

目前我校共有5支校足球队,分别是小学男子甲组、小学男子乙组、小学女子组、中学男子组和中学女子组,这些队伍在不同的比赛中都取得了好成绩。为了确保每个喜欢足球的孩子都有机会进入校队,每学期初校足球预备队会进行选拔,孩子们可以通过自主报名、家长申请的方式来参与选拔,校队的老师再通过测试在这些孩子中选出一批补充到校队的队伍中。校队有"七大纪律"确保参加足球运动的同学运动和文化课成绩两不误。如每周每个校队的同学都要上交一份本周学习情况反馈表,各科老师都要在这份表格上给予评定,文化课退步明显的,则要停训一周。队员们都能自觉遵守各项制度,珍惜参加足球运动的机会。我校跟杭州市足球协会合作,他们每周都会派专业的足球教练团队对我们校队进行指导。学校足球社团每周训练5次,每学期邀请专业的教练员来校指导不少于5次,并有专业教练员驻校进行指导。

为推动校园足球的蓬勃发展,学校积极推进"优宝杯"班级足球联赛,通过不同形式的班级足球联赛,进一步推动足球运动的全员参与。同时积极组织和参加省市区的活动:

1.参加学校与澳大利亚、意大利米兰、中英等足球交流活动。

2.参加并承办下城区"景成杯"中小学校园足球比赛活动。

3.承办并参加2017年亚足联女足日"女孩足球节"活动。

4.多次举办儿童足球嘉年华活动。

5.多次参加下城区绿茵足球联盟足球夏令营活动。

……

这些有意义的活动使我们受益匪浅。

(五)挖掘学生特长,促足球人才培养

关注学生可持续发展,提高我校足球水平,创造一切机会,让社团成员中各方面表现优异者参加夏令营,每年暑假,我校女足运动员参加市、区级校园足球夏令营,带队的教练回来后一直表扬我校的运动员,她们不仅在场上表现出了景成人顽强拼搏的精神,而且帮助教练照顾年纪小的队员。2019年4月601班叶蒙蒙、906班高静雅参加浙江省2019年青少年校园足球最佳阵容。2020年8月701班张卓宁、705班牟涵雅、906班洪静获得2019年杭州市青少年校园足球各组别最佳球员。

经过女足队员们的努力,近几年获得的成绩如下:2016年9月获得2016杭州市下城区绿茵足球联盟学校"盟主学校"。2016年9月获得2016年下城区初中足球比赛女子组亚军。2016年10月获得2016年杭州市区中学生足球比赛初中女子组第八名。2017年9月获得2017年下城区"景成杯"中学生校园足球比赛初中女子组冠军。2018年获得杭州市区中学生足球比赛初中女子组第四名。2019年10月获得2019年杭州市区中学生足球比赛初中女子组第七名。2020年12月获得迎"世俱杯"杭州市小学生女足比赛冠军。2020年11月获得2020年杭州市区中学生校园足球比赛初中女子组第四名……

2020年9月,学校跟杭州市体育事业发展中心的2009年和2010年女子足球队紧密合作。28名队员在我校就读。学校改善住宿欢迎队员们入住,提供丰富、营养均衡的饭菜。一个学期下来,教练和队员给予学校高度评价,感谢学校为队员们提供这么好的学习、生活和训练环境,队员们在景成的每一天都很开心。在女足市队的引领下,学校女足球社团将进一步创新思路,大胆尝试,走出一条校园足球特色的成功之路。

第二节　团队一体：
让每个孩子都能拥有自己的理想

共青团、少先队是青少年的先锋组织，是我党以及民族发展的后备力量，也是国家未来强大的希望。两个组织的共同目标是培养有远大理想、品学兼优、求真务实的社会主义建设者。习近平总书记在团中央新一届领导班子成员集体谈话和"致中国少年先锋队建队70周年的贺信"中多次寄语，给团队工作明确了具体方向。

在新的社会转型过程中，中小学校团队工作面临被边缘化的困境。一方面，升学压力使很多学校淡化团队工作，很多团队工作流于形式。另一方面，团队的工作思路、方法和载体没有及时调整，客观存在的内部劣势难以打动学生。

九年一贯学制学校在课程衔接、教学资源、思想品德教育等方面有着极大的优势。2017年开始，学校根据九年一贯制学校特点，尝试以团队一体化建设为思路，优化与整合共青团和少先队工作，最大限度地发挥团队组织对学生的思想引领作用，培养学生的责任担当、实践创新意识和能力。

一、扁平化：团队一体的组织架构

创设U+理事会、心星邮局、辅导员双轨制等载体和机制，形成一体化的团队组织架构，在日常工作中采取团、队干部双岗制，以大带小，一对一传承优良工作作风和优秀工作经验，提高团队干部自主管理能力和水平，同时，制定辅导员队伍建设实施办法，进一步明确辅导员的要求与职责、发展与培养、管理与考核等。

(一)U+理事会

为提高团队干部自主管理能力和水平,让团队组织充满生机与活力,学校将大队委与团委进行整合,组成团队联合理事会(U+理事会)。U+理事会采用例会、论坛、座谈会、模拟法庭等形式,开展日常工作商议、经验交流、学习培训,全面提升团队干部的自主管理能力与综合素养。

1.U+理事会的成员组成

(1)产生:U+理事会成员由团队员自荐与全校学生投票产生。

(2)分工:U+理事会成员在团队集体中实行自主管理,分成组织部、宣传部、文艺部、活动部、礼仪部五个团队合作小组。

组织部:组织部是协助U+理事会加强全会思想建设、组织建设及干部培养和管理的重要职能,要严格做好成员的发展工作,做好组织工作的各种数据统计和材料收集工作。

宣传部:宣传部是U+理事会的喉舌,负责U+理事会各种活动的宣传,通过各种宣传渠道,传递工作信息,定期制作主题鲜明、形式多样的宣传板报,并协助其他部处做好各项活动的宣传,充当鼓号手和开路先锋的角色。

文艺部:主抓文艺方向的全面工作,负责U+理事会活动的统筹规划,了解和听取同学对文艺活动的要求和建议,及时配合U+理事会有关部门开展文艺活动。

活动部:规划和实施有关理事会的服务工作,负责收集广大理事会成员遇到的各种问题,及时向有关部门反映情况,并配合有关部门和理事会及时解决问题。

礼仪部:主要负责协助顺利开展活动,为U+理事会的重大会议和活动提供礼仪服务。

2.U+理事会的工作制度

(1)例会制度:例会是U+理事会工作组织和自我管理的一项重要内容。通过会议可以及时地制订下一步工作方案和总结之前的工作得失,并

及时发现和解决工作中存在的问题和不足,U+理事会成员通过每周例会的形式参与校园建设和学生自主管理。

(2)U+工作组制度:在现有制度的基础上,预实施"U+工作组"制度,以个性化发展为导向形成工作小组。

3.U+理事会的管理模式

为了加强U+理事会的内部管理、提高理事会干部的思想素质和工作能力、强化理事会的组织建设,严肃理事会各项纪律,对理事会成员进行约束、管理与监督,使理事会的工作稳步有序进行,U+理事会的管理模式是年度考核模式和共治模式两者结合起来,双管齐下。

"U+星理事"年度考核模式:对理事会成员每学年的工作进行量化考核,评出年度理事先锋,增强理事会成员的团队荣誉感和团队责任感,真正做到奖罚分明。

U+理事会共治模式:通过每月理事会校刊,提炼当月U+理事会工作亮点,展示校园团队一体的活动开展情况,让U+理事会带动全校团队新集体共发展,发扬集体主义精神。

(二)心星邮局

为弥补U+理事会在团队员自主管理培养方面的短板,学校定期围绕某一主题向全体队员、团员征集金点子。团员、队员可以以信件形式为学校发展、团队建设谏言,让团员带着队员献策,以团带队自主管理提升一体化建设,带动更多的团员、队员参与团队建设和学校发展,切实增加每一个孩子的主人翁精神和社会责任感。

1.提出提案

理事会首先发出谏言倡议,团队员们可从校园的学习、生活、建设等八个方面,提出自己的想法,也可召集身边的团队员附议自己的想法组成一个小团队,最终形成提案递交团队室心星邮局。

提案应包括提案的目的、意义、目标、资源需要、活动开展、活动中应注意的问题及细节等详细的内容,切实保障提案的可用性。

2.整理提案

提案由U+理事会成员进行分类整理。内容翔实且还附有解决方案的提案将在一年一度的少代会上进行表彰，部分特别有建设性的提案还会邀请学校相关部门负责人进行回应，得到采纳的提案在校园中予以实施。团队员们的集体荣誉感和集体责任感在一次次的提案中慢慢提炼出来了。例如，以下常见的一些主题和主题活动。

(1)"我的校园我做主"系列主题。"我的校园我做主"校园活动策划大赛活动，可以切实增强学生的活动策划意识和创新能力，帮助学生学习、掌握活动策划的基本方法，提高综合素质，激发广大学生的主人翁意识和为自己设计校园活动的参与意识。

(2)"从小学先锋，长大做先锋"系列主题。主题教育活动是发展思政教育的重要途径，我校根据九年一贯制的办学特色，联动小学和初中共同授课，充分发挥全团带队，做好团队衔接工作，实现团队一体化的创新实践。五年级的少先队员对少先队已经有了较为全面的认识，他们渴望能通过力所能及的努力，为社会尽一份责任；八年级的少先队员对责任、使命的理解更深刻。同时，根据共青团中央办公厅印发《中国共产主义青年团发展团员工作细则》，八年级的优秀少先队员还将作为团的发展对象，他们有着强烈的入团意愿和先锋决心，并在实际生活中努力践行先锋作用。

(3)"我为劳动代言"系列主题。劳动是最好的教育。劳动教育以促进德智体美协同发展，更好地实现"以劳立品，以劳树德，以劳修行，以劳启智，以劳健体，以劳育美，以劳为乐"的综合效果。

为贯彻落实中共中央、国务院《关于全面加强新时代大中小学劳动教育的意见》的精神，在中小学生中树立"劳动最光荣、劳动最崇高、劳动最伟大、劳动最美丽"的审美观，真正实现"五育并举"、全面发展，在"五一"劳动节到来之际，我校拟开展"我为某项劳动代言"的劳动实践征集活动，以丰富学生的假期生活，增强学生的劳动观念，培养学生的劳动技能，促进学生全面发展。

(4)"我为安全代言"系列主题。为展现我校校园文化生活的丰富多彩以及景成学子积极向上、安全意识强的良好精神面貌。结合当前"一盔一带"的全民交通安全教育,进一步激发队员们对当下消防安全、饮食安全、互联网安全等方面的宣传教育;同时,也让队员们带动家长辅导员们树立正确的生活安全意识,我校举办"我为安全代言"六一系列主题活动。

(5)"我为成长代言"系列主题。三、九年级是青少年成长的关键期,为了给他们创设一个深刻、难忘回忆的同时,更好地引导学生主动、多元、全面、和谐发展,学校依托九年一贯制优势,整合开展三、九年级成长礼主题活动。在活动中,有人完成了九载学涯;有人迎来了10岁年华。在成长节上记录孩子们的每个成长瞬间,送去难忘的成长礼物。九年级的哥哥姐姐将校旗披在三年级弟弟妹妹的身上,三年级的弟弟妹妹将优宝送给哥哥姐姐做礼物,见证成长,为成长代言。

(三)辅导员双轨制

一轨是原有的辅导员队伍,通常由班主任兼任,他们通过班队课和日常教育教学管理开展少先队建设。另一轨指特聘辅导员队伍,他们由党员和团员组成,联系年级组,通过红领巾广播台适时开展"微宣讲",或组成巡讲团到各个年级、班级进行"校园巡礼";同时实施"知心工程",鼓励特聘辅导员与学生一对一、面对面开展帮带活动,打破以班级为单位的中队组织的界限,形成团队一体化的学习模式,让团队建设得以更好地衔接和传承。

1.特聘辅导员拟开展的"校园巡礼"联合活动

(1)大手拉小手活动。以"小手拉大手,美在我心中"为主题在学校全面普及文明礼仪知识,提高文明礼仪意识,加强文明礼仪实践,形成以"讲文明、讲卫生,交通有秩序、待人有礼貌"为荣的良好风尚。旨在以学生良好的行为习惯并影响传递给家长。通过一个孩子带动一个家庭,从校园开始努力营造全社会践行道德规范的良好氛围,引导"广大群众兴起'做文明人'"活动热潮,不断提高群众文明素质和城乡文化程度。

(2)小天使活动。以年级为单位创建小天使组织,并积极有效地投入爱心总动员中来,为社会献上我们"小天使"的一份爱心,从而提高我们每一个学生的素质,同时也通过实践养成小学生关爱助人的良好道德品质,促进其相应的健康人格的发展,为其进一步成长奠定基础,为班级管理及教育开拓新的理念,新的思想。

2.特聘辅导员开展的"知心工程"活动

(1)知心室建设。在校园里设置"知心室",与传统办公室不同,知心室一定是环境优美,让学生感到舒适的,还可以设置一些玩具,让气氛轻松愉快,打破辅导员和学生之间的隔阂。特聘辅导员和学生开展面对面谈心,谈话对象涵盖每一个学生,内容涉及学业、生活、就业、家庭、情感、理想等方面,满足各年级、各阶段、各种类型学生的成长需要。目的是通过直接面谈,使辅导员全面准确了解学生的问题,为学生提出有针对性的意见和建议,帮助学生解决困难,同时也促使辅导员工作更加科学化、规范化。

(2)定期开展团队结对活动。为了丰富大家的课余生活,增进同学之间友谊,享受生活的乐趣,为了以后更好的学习提供有利条件,可以多多开展班级活动,并且在班级活动中加入一些团队游戏。比如,"你画我猜""信任背摔""一站到底"等团队游戏环节,这样的游戏增强班级凝聚力、增进同学们友情的同时,也增强了同学们与同学们之间的信任感。打破以班级为单位的中队组织的界限,形成团队一体化的模式,让团队建设得以更好地衔接和传承。

二、自主性:团队一体的活动设计

整合团队仪式、建设志愿者队伍、优化团队活动课,在自主管理、志愿者服务和团队特色课程中促进团队员共同成长。

(一)仪式教育活动

神圣而又庄严的仪式对团员、队员的思想教育具有重要作用,学校创新仪式的形式和内容,每学年定期开展团队结合的仪式活动,使之逐渐成为学校团队建设的传统。比如,一年级入队仪式与八年级离队入团仪式整

合,五年级和七年级的换巾建队仪式整合、三年级的10岁成长典礼与九年级的毕业典礼整合等。

1. 一年级入队仪式与八年级离队入团仪式整合

对于刚刚步入小学阶段的学生来说,这项仪式教育活动特别重要,是必不可少的。因为它可以培养学生的主人翁意识,培养新生的爱队意识,了解队史,掌握队礼,尊敬少先队,感受作为一名光荣的少先队员的神圣使命。同时也可以教育学生继承和发扬中国少年先锋队的光荣传统,培养学生健康向上、积极进取的精神。增强学校少先队组织的力量,促进我校红领巾事业的蓬勃发展。

对于刚刚离队、入团的八年级学生来说,庄严而正规的入团仪式活动能够起到提升他们团队归属感的作用,而团队归属感是教育他们自觉形成组织观念和团员纪律性的基础。通过集体宣誓入团、学生党支书或老团员给新团员授团徽、新老团员代表讲话等仪式活动,能够激发学生入团的自豪感;并有助于激励学生按照誓言和团员准则去严格要求自己;还能提高团组织在学生心目中的地位。而尊重团组织,能服从团组织的教导、管理,是学生能够在团组织生活中提高思想觉悟,养成良好品德行为,确立为共产主义事业而奋斗的基本保障。

学校一年级的小朋友们和八年级的哥哥姐姐们一起进行一年级入队、八年级离队入团仪式。学生们在中国共产党的指引下,努力成长为新时代中国特色社会主义的建设者,做共产主义事业的优秀接班人,为中华民族的伟大复兴汇聚力量!

2. 五年级和七年级的换巾建队仪式整合

五年级学生举行小红领巾换大红领巾活动,目的是通过"由小换大",提醒学生完成了过去的成长,现在要准备新的开始。从而可以教育小学生牢记少先队员的荣誉,并为新的成长、新的责任、新的目标而努力。同时能够使小学生认识到少先队员的成长和学习没有止境,从而敦促他们不断进步,始终依照社会主义的教育方针,坚持不懈,加强行为规范和思想品德学习。

七年级学生离开了原来的中队,进入了新的年级和环境,原来的组织也就不存在了。而重新建队仪式可以解决他们无组织、无引导的问题,使他们融入新的组织和集体。重温少先队章程和入队誓词,也能够帮助学生重新建立作为少先队员的荣誉感;并帮助学生形成明确的组织观念和集体观念,从而起到教育学生热爱集体、团结新同学、适应新环境的作用。

3.三年级的十岁成长典礼与九年级的毕业典礼整合

三年级的10岁成长典礼是对幼童时代的告别,是对少儿成长期的迎接。通过典礼的集体活动能够教育学生回味成长经历,感恩父母辛劳付出,老师殷切教导,同学关爱帮助,然后引导学生珍爱生命,珍惜亲情友情,从小确立用实际行动回报父母老师的心理。典礼活动可以分享成长的快乐与感动,为童年生活留下值得珍藏的美好记忆。

九年级的毕业典礼。一届又一届毕业生即将离校,迈入高级中学的大门。纵然不舍,却依旧不能停下脚步,带着各自酸甜苦辣的回忆,走向属于自己的那条希望之路。

毕业典礼可以营造浓厚的校园文化氛围,让学子毕业时对母校、对同学、对老师有一份浓浓的情意,也为了给毕业生三年的初中生活画上一个完美的句号,让美好的心情延续,让浓厚的感情升华,所以说,毕业典礼显得尤为重要。

把活动整合进行,对三年级学生来说能使他们因看到九年级"老大哥"毕业时的不舍和感怀而向往未来,并能因九年级学长叮嘱而知道学习的重要性,能够更加珍惜学习时间;对九年级学生来说,看到三年级10岁成长典礼能使他们回忆自己的成长经历,反思过去的不足,审视自己儿时的梦想还在不在,从而为今后的学习确立目标,对自己做出更实际的定位。

(二)社会实践活动

七彩志愿者队伍是学校建校不久后就成立的一支志愿队伍,七个色彩分别代表陪伴、交通、环保、礼仪等不同的志愿者服务内容。为了进一步传

承发挥志愿精神,打造学校品牌社会实践活动,学校充分发挥团队一体化的优势,以团带队,团员、队员组成项目组,共同策划活动并组织实施。

1. 活动目的

为了提高党员的先进性,培养团员和少先队员的社会责任感、时代感和国家主人翁意识,学校成立党团队一体化的七彩志愿者队伍,在自身条件许可的情况下,参加相关团体,在不谋求任何物质、金钱及相关利益回报的前提下,在非本职职责范围内,合理运用社会现有的资源,服务于社会公益事业,为帮助有一定需要的人士,开展力所能及的、切合实际的,具一定专业性、技能性、长期性的服务活动。

2. 活动内容

志愿者活动的内容由党员在《杭州市景成实验学校七彩志愿者服务菜单》中选择,也可根据自身条件自主策划。

3. 活动职责

党员教师是党团队七彩志愿者服务的组织者,在活动中承担辅导员的角色,负责招募团员和少先队员,指导团员计划、总结志愿者服务活动,带领团员和少先队员开展活动。

团员是党团队七彩志愿者服务的衔接者,在党员教师指导下计划、总结志愿者服务活动,在活动中发挥对少先队员的榜样示范作用。

少先队员是党团队七彩志愿者的参与者与学习者,认真学习和落实党员团员制订的志愿者服务计划和内容。

4. 活动组织

党员确定志愿者服务项目后,拟订有效的宣传方法,利用海报招募团员和少先队员。

学生处利用晨会、校红领巾广播站和班队活动课,宣传志愿者服务活动。

团员和少先队员填写报名表,投进星星邮局进行报名。

学生处、党员老师共同确定七彩志愿服务小队名单。

5.活动要求

党员依据社区、幼儿园、学校、敬老院等所需,有针对性地组织开展活动。

每个志愿服务小队党员1～2人,团员2～3人,少先队员3～5人。

参与志愿服务活动党团队员,要制订活动计划,明确活动内容、时间和方式。开展服务活动时佩戴党徽、团徽和红领巾以及景成七彩志愿者标识。

每个志愿服务小队要有活动总结和活动照片。

党员志愿者每年参加志愿服务活动不少于3次。

6.活动评价

学校完善评价和激励机制,促进志愿者服务活动规范化、长效化。每学年结束,对七彩志愿服务小队和个人进行评价,评出"志愿者服务先锋"等荣誉。

党总支制定"党员志愿服务积分手册",每参加一次活动在积分册上加分,作为评选优秀党员的重要指标。

(三)团队固定日活动

每星期确定一个中午开展团队固定日活动,让团队活动成为孩子们向往的重要时刻。少先队员将在特聘辅导员的指导下组成联合小组,利用"红领巾广播站"等平台开展形式多样的系列主题活动。这些主题活动既要彰显时代特征,又要贴近孩子们实际生活。例如,红领巾广播站,以栏目进行分组,共分为5组,一组一天。每星期广播的版块固定,时间固定,每周一、周四中午的15分钟时间为广播时间。主播们必须提前到广播室做好准备工作。

1.文学组

《美文欣赏》栏目:欣赏名家名篇、励志文章、名言警句、小说连载等。像蔷薇一样诱人,如泡沫一般可爱的美文将带给你最真最美的享受。哲理故事,寓言故事带给你人生的启迪。或者是好书推荐,向同学们推荐你心

目中的好书,文学简介内容既可以内容概括,也可以选取其中的精彩片段与同学们共享。只要说出值得推荐的理由即可。

2. 生活组

《健康之声》栏目:介绍一些卫生保健知识,让同学们增强自我防范的意识,提高自我保护能力,快乐成长。还可以介绍一些心理方面的知识,为同学们提出一些学习和生活中的建议。比如,人际交往课题、压力释放课题等,帮同学们营造一份轻松、和谐的学习氛围。

3. 音乐组

《点点温馨》温馨点歌台,让优美的乐曲传达师生之间的情谊。让朋友收到一份惊喜,让一个平凡的日子变得有意义,让师生通过电波送上祝福!点歌的同学先写好简洁、清晰的祝福语,提前交到广播站。广播站将对所点歌曲进行适当的选择然后播出。

4. 新闻组

《新闻袋袋酷》栏目:使师生在第一时间内了解国内外最新的时事新闻,并且向师生传达上级的重要指示精神及学校最新动态,重点报道上周及本周内学校的各项活动及在活动中反映出来的新鲜事和新闻。

5. 科学组

《知识窗》栏目:相当于百科知识介绍,可以开阔同学们的眼界,增长见识。要求:包含科技、自然、体育、生活常识等方面,可以从相关的书刊、网上摘录。

(四)丰富团队日活动

每星期确定一个中午开展团队日活动,要加入丰富的形式,一改之前的呆板印象,让团队日活动,成为孩子们向往的重要时刻。例如,"爱干净,勤整理"团队日活动,教师通过让孩子观看整理短片,引导孩子们以短片为榜样,动手整理自己的课桌面和抽屉。有视频所展示的整理效果的示范,再加上教师的生动解说和鼓励,孩子们整理得不亦乐乎,一丝不苟。整理结束后,教师还让学生自己填写"整理效果自我评分卡",并把整理前、整理后的情景以草图形式画下来进行对比、展示；同时，勉励孩子们"做一件好事并不难，难的是养成一种好的习惯"。本活动课既是一堂爱动手、勤动手的劳动课，又是一堂向往美好、用画笔记录生活场景的美育课。这次活动课不仅能让孩子通过观察、模仿，学会自立自强，体验到自己动手的乐趣，还锻炼了孩子们合理利用空间，有序放置物品的逻辑思维能力，可谓一举多得。

团队活动日活动是团队生命力之源泉，是团队风貌的最集中之体现。在以往的团队活动日中，往往存在着说教太多的缺点，如果可以在团队活动日中加入多种形式，不仅可以丰富活动课，更有利于同学们全身心参与，从而取得更好的效果。

三、开放制：团队一体的活动开展

团队一体活动内容与方案的丰富，能提高中小学生参与的热情与积极性。但是，在一些活动过程中我们也发现了这样一些问题，由于团队主力都在高年级，但高年级的学习任务较重，活动的开展在时间和人员上有一定难度。而低年级同学有很高的活动积极性，学习时间也比较宽松，但缺乏组织能力和经验。这样一来，我们可以扬长避短，让两个阶段，不同优势的集体结合起来开展活动，这样不仅解决了活动人数不足，人手不够和经验不足的缺陷，而且更加以开放的姿态进行了团队一体化的活动开展。这是进行开放式团队一体活动的原因，也是推行开放制的意义。群力群策，广开言路正是开放制的优越性。不受班级、年级限制，不受课堂、校园场地的拘束，让高低年龄段的、各具某方面优势的团员、队员紧密结合，通过理论学习活动、创建精神文明活动、社会实践活动等学与做的过程，达到完善学生人格、熔炼学生团队、增强组织向心力和凝聚力，促进团队协作精神的目的；同时，为培养队员、团员的集体观念、群众观念，增强他们的主人翁意识，为成为社会主义事业建设者打下坚实的基础。具体活动可参照以下模式开展。

（一）团队联合活动课，让团队一体更有活力

为团体活动加入开放元素，根据学生不同阶段的特点，在团队一体活动中更加积极有力地进行创新，组织多种形式的团队联合活动课、让团队活动更加精彩，学生们的参与度更加广泛。每个年级的学生的心智不同，年龄特点也不一样，引导学生按照各自年龄特点参加适合他们的活动，是非常有必要的。根据初中生的年龄特点和实际工作情况，坚持把团员、队员作为团队活动的主体，所有活动的开展都尽量贴近学生，分年级制订活动菜单，采取固定动作与自选动作相结合、集中活动与分散活动相结合的形式，形成团队活动"内容互补、形式分层、共同提高"的一体化教育模式。

比如，在不同年级的少先队员中联合开展"红领巾相约中国梦行动""红领巾爱心传递行动""红星少先队员进军营"等活动，增强团队组织意识，培养少先队员对党和社会主义祖国的朴素情感；八年级，在团员中开展"节假日社会实践""迈好青春第一步"，组建"志愿小分队"开展社会实践活动，增强学生的社会责任感。要把开展团队联合活动课作为对学生进行思政教育的重要途径。具体来说就是根据九年一贯制的办学特色，联动小学和初中共同授课，充分发挥全团带队，做好团队衔接工作，实现团队一体化的创新实践。如组织五年级少先队员与八年级队员两个不同年级的学生共同上好一堂团队联合活动课，通过学习《习近平致中国少年先锋队建队70周年的贺信》的精神，使学生们了解党和国家对少先队员的热切期望。辅导员在讲课时应注重联系生活实际，引导学生理解树立远大理想需要从身边小事做起。这样别开生面的联合活动课能使团队一体更有活力，能确保两个年级共同影响，互相帮助，提高学习实效。

（二）校园理事会校刊U+之声，让团队一体更有实力

安排理事会学生轮流编排、设计校刊U+之声，刊物和板报都属于校园精神文明建设活动，它对宣传、引领学风校风，充分发挥学校规章制度、教学理念、学校建筑物等物质文化的教化作用，促进学生成长等具有不可估量的价值。因此，支持理事会成员以开放的组织形式，联合创建校刊、设计

校园板报就很有必要了。

培养团员、队员构建校园理事会，带动团队创办校刊，并向全校师生征集办刊意见，共同确定校刊主题、主要栏目等。同时，引导学生自主确立校刊各项工作的负责人，如根据兴趣和能力，选出总编辑、稿件征集人、文字校对编辑、刊样设计。显然，这种活动需要很多人参与，只有打破班级限制，广泛邀请相关人员一同参加，让大家谏言献策，同心协力，才能创建好校刊，从而使团队一体更有实力。而团队一体活动创办的校刊要切实发挥可以帮助全体同学了解学校的总体状况，透视学校动态新闻的作用；其内容要贴近中小学生生活学习实际，能开阔学生眼界；要能促进学生、老师的交流沟通，活跃校园气氛；并有助于学生写作能力的提高。给同学以充分展示自己才艺的平台，让校报成为学生成长的"土壤"。

此外，借助校园宣传栏、文化角等建筑设计板报，进行多种方式的团队活动展示，密切与全国各学校团队互动，也是容易见效的团队一体活动之一。正所谓"他山之石，可以攻玉"，取人之长，补己之短，虚心学习，善于借鉴，是创新的基础，也是提高自己的重要方法。现在，全国各种小学先进团队集体很多，他们有大量优秀活动实践经验值得我们效仿，值得我们因地制宜、因人制宜地活学活用，灵活借鉴。因此，学校以老师为引导，以学生为主体，鼓励他们利用课外时间，在老师或家长的帮助下，搜索其他学校的团队活动信息，把好的活动记录下来，放到团队会议上进行讨论交流，并就可操作性及活动的意义发表看法。然后，以组织的名义把大家都认可的活动信息制成宣传文案，在学校"文化长廊"或"心愿墙"上展示出来。学校的"心愿墙"，对学生团队活动进行张贴、展示。如一年级入队感言、三年级10岁典礼感慨、八年级离队入团体会、九年级毕业感怀等。用这种方式记录历届学生的成长史，把美好瞬间、重要时刻作为成长路上的礼物，激励学生在未来继续奋斗，为建设社会主义祖国而前进。

(三)团队结对活动，让团队一体更有凝聚力

构建起传承红色基因教育链，探索"低段年级知先锋、中段年级学先

锋、高段年级做先锋"的阶梯式学习内容体系。

为了让小队员尽快适应少先队的组织生活，学校七、八年级的中队结对一、二年级中队，开展"两个带"活动：一是每学期一、二年级中队观摩一节七、八年级的少先队活动课，初步感受少先队活动课的组织形式，激发低年级中队参与少先队活动课的热情；二是委派七、八年级团员、入团积极分子到对应中队担任小辅导员，每学期为对应中队上一次队课，让低段少先队员心有榜样和目标。团员们带头，手把手教会队员们如何使用礼貌用语、如何劳动实践等，提高团员们责任担当意识，队员们以团员为榜样，真正在团队集体中找到榜样精神，提升自我的责任感。

为体现团队一体活动开放制的优势，我们还可以拟进行跨校团队联合结队活动。如由学校领导牵头与结对学校进行交流，策划组织少先队与共青团员结对共建活动。"城乡少先队结对手拉手—共进步活动"就是抽调各年级少先队员代表到结对学校，与那里的少先队互动交流，互帮互助，提升整个地区团队组织的凝聚力和向心力。具体活动内容可以包括列队共唱少先队队歌、互相交换队旗、分别选派代表进行致辞。然后，现场随机建立活动小组，让他们在一定时间内按照活动要求展开自由活动；即每一位学生都向新朋友敞开心怀，相互沟通学习和生活状况，畅谈少先队活动的新体会，用欢笑和快乐为这份感情刻下印记，加深对彼此的了解。然后，再集合全体人员开展互赠学习用品、读物等礼品；并在友好的氛围下，发起挑战赛，比比谁在未来的学习和生活中进步大、表现优。最后是才艺表演，团队新伙伴进行共读一首诗、共唱一首歌、共跳一支舞等表演。通过这次活动，让少先队员体验到人与人之间的平等、尊重，学会与人沟通，懂得宽容与友爱，掌握与他人团结互助的妙招；并积极开展才艺实践，以结对联欢锻炼学生的才艺能力，展示中小学生蓬勃向上、活泼开朗的精神面貌。

值得注意的是跨校少先队结对活动特别需要统一活动思想，明确结对交流的目的，达成共识，共同确定活动方案。这样才能有序地开展活动，达到提升学生各项能力的根本目的。同时，应该把活动的组织任务交给八年级团员,让他们发挥小辅导员的作用;而活动的主体则是四年级到七年级队员,是参与交流、结对互动的主力军;一年级到三年级队员主要是观摩学习。这样,中小学团队密切配合,有效结对,分工协作,更易对低年级队员起到示范和带动作用。

(四)党团队联合实践活动,让团队一体更有魅力

党团队联合实践活动能够丰富党员学习生活,锻炼党员组织基层活动的能力;能帮助广大共青团员、少先队员牢记习近平总书记的教导,践行队员、团员、党员誓言,把新时代的少年儿童培养成为可担当民族复兴大任的未来主人翁。所以,在确保安全的前提下,从学校和社区实际条件出发,让党团队共建联合项目,积极参加社会实践活动意义重大,势在必行。

比如,开展雏鹰小队活动,这是一个社会实践性特别强的小队,团队活动通常以"做贡献"为主。例如,开展廉洁清风进社区、爱科学反邪教、传统节日我宣传等活动。由党员领导,发挥队员团队主体作用,让学生在学中做,做中学。需要注意的是雏鹰小队也存在着,我们前文中所提到的高年级学习压力大,无法较多参与的问题,所以我们就要充分考虑开放型原则,在雏鹰小队的基础上,还建立了雏鹰小队党支部、团支部。利用各节日、假日组织党团队结合起来开展活动。这样解决了活动人数不足、人手不够和经验不足的缺陷。具体活动操作方式有以下两种。

1. 活动认领

低年级队员将近期要开展的活动计划递交到团支部,由团支部活动部组织讨论、选择适合的活动,与低年级队员一同开展。

2. 招兵买马

团员活动可以根据活动特性和需要吸收相关队员参加。在平时的团员校辅导员工作中团员已经能够发现一批具有工作能力的队员了,所以一个团队活动商议出来后,根据需要可以征求队员要求,请他们一同参加。

其具体活动可以有:组建红色文化志愿宣传队,由党员带头,以团员为骨干,引领队员广泛参与;通过组织共同制订宣传计划和目的,分派各小队

活动地点和任务;考虑中小学生年龄特点和知识水平,红色宣传活动的方式一般为唱红歌,朗诵红色诗歌,放映红色影片,介绍红色文化名言、格言警句,介绍英雄人物优秀事迹等。活动结束后,要求学生记录活动过程,交流心得体会,讨论遇到的问题,提出改进意见。这活动必然可以提高少年儿童对红色经典文化的认识和了解,促使他们学习革命先辈光辉事迹和革命精神。

(五)创新团队一体实践活动,让团队一体更有张力

为团体活动加入开放元素,根据中国传统节日、学生不同阶段的特点,在团队一体活动中更加有张力地进行创新,让团队活动更加精彩,学生们的参与度更加广泛。

根据中国传统节日的不同文化特点,确定活动的不同主题。中国是一个有些悠久历史和灿烂文化的多民族国家,民族节日能集中体现一个民族最普遍最流行的文化精神,了解民族节日,把民族节日引入团队一体的教育活动中来,能够使学生感受我国丰厚的精神文明遗产,有助于提升学生的民族情感和民族自豪感,也有利于从小就培养学生的民族团结意识,使他们建立民族自信,文化自信。因此,根据国家节日形式、内容、文化背景、历史演变、节日风俗等不同特点,确立不同的活动主题,引导各年级学生精心准备,积极参与,必能起到很好的教育效果。这是爱国主义的要求,也是促进学生孕育民族魂,打上中华烙印的必由之路。

如端午节前后,就可以根据端午节纪念爱国诗人屈原的文化特质,开展学习屈原生平与作品,延伸学习战国历史等活动;也可以从风俗入手,了解端午节的由来,历史沿袭,对朝鲜、韩国、日本、越南等国的影响等,增强学生的文化自信;中秋节是团圆主题,可以发起很多相关活动;清明节是祭祀主题,在清明节假期里,八年级的团员,带领五、六年级部分队员开展"追思先烈、继承传统、和谐清明"的活动,整个活动可以由五、六年级的队员们共同设计、制作宣传版面,撰写过一个文明的清明节倡议书,分发给居民。可以进行孝悌或缅怀先烈等宣传、学习。

少年儿童是祖国社会主义建设事业的继承人,促进他们的全面发展是我们教育工作者义不容辞的职责。习近平总书记一再强调少年儿童"要学习英雄人物、先进人物、美好事物,在学习中养成好的思想品德追求。""要比就比谁更有志气、谁更勤奋学习、谁更热爱劳动、谁更爱锻炼身体、谁更有爱心",只有广泛创新团队一体活动,才能使少年儿童在理论学习和社会实践活动中成长为具有社会主义核心价值体系的小模范,才能成为有共产主义崇高理想的人才!

"团队一体化"改革极大地激发了每位团、队员的主动性、社会性和实践性。他们更加自主地参与到活动中,在自主管理、自主学习中相互促进、共同成长;他们通过互相合作养成现代公民所必须遵守和履行的道德准则和行为规范,增强社会责任感;他们在实践中感受真实的生活,体会教育的无痕,发展核心素养中的责任担当、实践创新。团队一体:让每个孩子都能实现自己的理想。

第五章

五育并举：让学生品味成长的幸福

1999年，中共中央、国务院《关于深化教育改革，全面推进素质教育的决定》指出："实施素质教育，必须把德育、智育、体育、美育等有机地统一在教育活动的各个环节中。学校教育不仅要抓好智育，更要重视德育，还要加强体育、美育、劳动技术教育和社会实践，使诸方面教育相互渗透、协调发展，促进学生的全面发展和健康成长。"2019年，中共中央、国务院出台了《关于深化教育教学改革全面提高义务教育质量的意见》，提出坚持五育并举，全面发展素质教育。强调突出德育实效、提升智育水平、强化体育锻炼、增强美育熏陶、加强劳动教育。据此，学校在教育教学活动中努力践行五育并举。本章着重对学校在研学活动和班集体建设落实五育并举的举措进行阐述。

第一节 研学旅行：在行走中践行五育并举

研学旅行是中小学生有组织的集体性、探究性、实践性、综合性活动，是培养中小学生生活技能、集体观念、创新精神和实践能力的重要形式。学校秉持教育家陶行知"读行合一"生活教育理论，选择有目的、有计划、有主题地组织和安排研学活动，以丰富多彩、动态差异的行走活动为载体，落实五育并举，培养学生能力、发展学生个性、丰富学生经历、锤炼学生品格。

一、研学旅行活动的价值

差异教学是学校立足学生个体差异的应然选择，这种基于差异需要满足其充分发展，从而让每个学生都能获得成功的理念。同样，这一理念也贯穿于学校的研学旅行中。立足学校"为每个孩子提供机会，让每个孩子走向优秀"的办学理念，研学旅行基于学生的个体差异，在践行中发展学生的核心素养；尊重学生的个体差异，在集体中培养学生的合作意识；利用学生的个体差异，在实践中锤炼学生的意志品质。

（一）以学生个体为起点

学校的研学旅行秉承"有教无类"的教育思想，不因学生的先天因素、环境因素、教育因素、主观能动性不同而设置研学旅行的门槛，坚持以学生为主体、面向全体中小学生，保障每一个学生都能享有均等的参与机会。坚持研学旅行的公益性原则，绝不开展以针对学生营利为目的的经营性创收，对家庭经济困难的学生减免费用，对随班就读的学生因"材"施教。倡导尊重不同年段学生的身心特点、接受能力和实际需要，根据一到九年级各年段学生的发展愿景,选择适合各年段的研学场地,并设计相应的活动和学习内容,构建"读"与"行"、"行"与"研"的"双线双轮"同向前行,让学生在知识性、科学性和趣味性的多彩活动中自主学习、合作探究、发现问题、提出问题和解决问题。

(二)以能力发展为目标

中共中央、国务院《关于深化教育体制机制改革的意见》明确提出:"要注重培养支撑终身发展、适应时代要求的关键能力。在培养学生基础知识和基本技能的过程中,强化学生关键能力培养。"学校组织研学旅行活动的根本目的在于促使学生的基本能力可持续发展,包括认知能力、合作能力、创新能力和职业能力等。研学旅行既"读书"又"行路",其能力增长是在研学线路上的实际情景中得到应用后获得的,而研学线路上的各个节点"处处是课程",且两者的目标能在"既读且行"中得到融合。因而,研学旅行在真实的生活情境中,尊重不同学生的已有能力起点,基于学生原有的概念,让学生主动提出问题、主动探究、主动学习,促进学生科学思维方式和学习能力,培养学生良好思想品德和健全人格,实现素质教育的目标。

(三)以构建共同体为组织

学校在组织开展研学旅行过程中,采用自行开展和委托开展相结合、同辈研学和亲子研学相交互的形式,引入社会资源,吸纳父母参与,形成学生、家长、教师、研学基地成员和社会成员等多元主体共同构成的,以集体旅行、集中食宿方式开展的研究性学习和旅行体验相结合的校外项目式学习共同体。学生、家长、教师、研学基地成员和社会成员基于多元身份、多元站位、多元需求和多元能力的差异,在这样的项目式学习共同体中能够平等参与研学旅行中的各项事务,平等拥有协商研学旅行中各项事务的权益,平等行使为研学集体做出服务贡献的义务,实现家校社生态圈资源的优化配置和良性运转。根据《中小学生赴境外研学旅行活动指南》和《浙江省关于学生研学旅行的实施意见》的精神,学校、基地和第三方服务机构的"行前备案、活动方案、应急预案"都需要通过研学旅行共同体的集体表决。

(四)以多元协商为评价

研学旅行需要全面性的、全过程的、多主体的评价,兼顾过程性评价与结果性评价。学校的研学旅行评价贯穿于活动前期、中期和后期,在尊重个性差异、鼓励多元发展的前提下,充分引入家长、基地成员和社会成员,结合学生、教师进行协商评价,对学生参与研学旅行的情况和成效进行科学而多维的评价。在此过程中,学生既是评价的主体,也是被评价的对象,学生在协商中获得观察差异、反思贡献、回看成长的机会。而教师和家长既需要重视学生的研学旅行成果展示,更需要学会重视学生的综合素养在研学旅行中的过程性增值。学校将评价结果纳入综合素质评价体系和学校指向核心素养多元发展的评价载体"优宝卡",成为学校关注差异、分层评价、立足过程、多元协商的动态化评价体系中的重要组成部分。

二、落实五育并举的研学旅行顶层设计

五育并举是健全学校"优宝"人格培养的重要途径,以研学旅行作为切入点的五育并举校本化实施,坚持以培养德智体美劳全面发展的社会主义建设者和接班人为目标,以五育融合为研学旅行主题内容,以认识、体验、运用的综合实践项目式学习为主要实践形式,纳入学校年度教育教学计划,引领学校"内培外引"的育人模式变革。

学校的研学旅行在不同的学段,不同的年级,不同的地点,设计不同的主题,体验不一样的文化,感受不一样的精彩,学生离开了学校课堂,却能收获不一样的学习体验(见表5-1)。

表5-1 杭州市景成实验学校各年级学生研学旅行活动内容设计图

年级	秋游	春游	研学		主题
			研学实践	研学旅行	
一年级	动物园	植物园	八卦田研学旅行基地(一日)	—	亲近自然
	备选:低碳科技馆				

续表

年级	秋游	春游	研学实践	研学旅行	主题
二年级	嘟嘟城 备选:工艺美术馆	西泠印社	康师傅梦想探索乐园(一日)	—	职业体验
三年级	茶叶博物馆 备选:浙江自然博物馆	径山书院	万事利丝绸文化博物馆(一日)	—	热爱家乡
四年级	跨湖桥遗址 备选:花圃(都锦生故居、盖叫天故居)	机器人小镇	赛孚城国际安全体验中心(一日)	富文中心小学最美乡村小学	劳动安全
五年级	龙门古镇 备选:良渚文化村	南宋官窑	兰里研学大本营(两天一晚)	北京红色之旅	传统文化
六年级	气象科普体验馆 备选:六和塔(蔡永祥纪念馆)	西溪湿地	建德航空小镇(四天三晚)	澳大利亚营地	生存训练
七年级	革命历史纪念馆 备选:宋城	柳浪闻莺	洞桥基地学军(五天四晚)	英国	民族自强
八年级	传化大地 备选:杭州野生动物世界	云栖竹径	米果果小镇学农(五天四晚)	英国	生态文明
九年级	太子湾公园 备选:杭州乐园	千桃园	望宸阁毅行登高(半日)	—	理想教育

(一)五育并举的横向主题式设计

学校依据"基于个别、五育融合、素养立意"的价值指向,在横向内容设计上体现德育、智育、体育、美育和劳育的互相渗透、互相交织和互相协同的核心主题式呈现。在基地筛选、活动设置和师资配备上,凸显主题活动特色、明确研学旅行目标、形成研学旅行品牌。

1. 德育涵养使命担当

习近平总书记在全国教育大会上强调,"要把立德树人融入思想道德教育、文化知识教育、社会实践教育各环节",学校研学旅行坚持德育为先,立成"人"之德、立时代之德,设计"革命教育"和"理想教育"两项德育主题。

以"革命教育"主题为例,学校选择革命历史纪念馆作为一日研学旅行场馆、洞桥作为学军研学旅行基地。其中,革命历史纪念馆一日研学旅行活动包括学习革命斗争历史、宣讲革命烈士的事迹、制作先进人物宣传名片等;洞桥学军专项研学旅行活动包括基于"5S"理念(自学、自理、自护、自律、自强)的学习和锻炼、国防知识和军事理论、军事技能(军姿、队列、内务)演练和表演等。在师资配备上,该主题以学校道德与法治教师为主,优先选择思想素质过硬的党员教师,发挥党带团、团带队的一体化作用,培养中小学生新时代爱国主义、集体主义精神。

2. 智育促发多元表达

在课堂外的研学旅行中进行智育,丰富了智育的多向度空间,拉近了智育与生活的距离,增加了学生在智育中的卷入程度,成为课堂教学外的重要智育载体,学校设计"亲近自然"智育主题。

"亲近自然"主题中,学校选择动物园、植物园作为一日研学旅行场地、八卦田作为专项研学旅行基地。其中,动物园一日研学旅行活动包括追溯生命的起源博物馆课程、展演国内外珍稀动物竞猜等;植物园一日研学旅行活动包括植物园区当教室——植物对生态环境的影响性实验、自然生态当课堂——叶的标本制作、科考实践实训——多肉DIY种植等;八卦田专项研学旅行活动包括块根植物的生长历程之以红薯为例、蚱蜢观察记录小时志等。在师资配备上,该主题以学校科学教师为主,从学生的好奇心出发,充分立足实际生活、利用自然资源,激发学生的合作探究和主动学习。

3. 体育促进意志增长

体育在促进学生身心发育、激励精神方面有着重要作用,在研学旅行中引入体育,能够善用平行教育影响原则,通过在集体中的互相鼓励,形成学生和学生间、集体和学生间的正向鼓舞。学校设计"运动健康"和"生存训练"两项体育主题。

以"生存训练"主题为例,学校选择气象科普体验馆、西溪湿地作为一日研学旅行场地,赛孚城国际安全体验中心作为专项研学旅行基地,澳大利亚作为海外研学旅行国家。其中,西溪湿地一日研学旅行活动包括湿地探秘定向运动、湿地"龙舟"小组赛、湿地毅行打卡等;赛孚城国际安全体验中心专项研学旅行活动包括地震与地铁应急逃生、胸外按压与人工呼吸、安全和救援知识PK赛等;澳大利亚海外研学旅行活动包括Kings Park登高俯瞰城市、穿越Hillary's Boat Harbour水族馆、中澳帆船拉力赛等。在师资配备上,该主题以学校体育老师为主,提升体育的趣味性和生活化,不仅在耐力、力量、速度等体能指标有所提升,更在视力、肥胖等中小学生常见问题上起到正向影响,同时发挥其育人功能,强健学生的意志品质。

4. 美育生发文化自信

美育不仅能提升人的审美素养,还能潜移默化地影响人的情感、趣味、气质、胸襟,激励人的精神,温润人的心灵。在研学旅行中发挥美育的育人功能,根植中华优秀传统文化深厚土壤。学校设计"中西文化"和"热爱家乡"两项美育主题。

以"热爱家乡"主题为例,学校选择茶叶博物馆、径山书院作为一日研学旅行场地、万事利丝绸文化博物馆作为专项研学旅行基地。其中,茶叶博物馆一日研学旅行活动包括茶园写生、欣赏茶艺表演、参观茶具的历史变迁等;径山书院一日研学旅行活动包括仿宋汉服点茶体验、"书院茶寮"漫享宋朝十二时辰、双溪漂流徜徉绿野风烟等;万事利丝绸文化博物馆专项研学旅行活动包括丝绸艺术鉴赏、4D演绎厅学习蚕的生长历程、G20峰会"韵味杭州"体验等。在师资配备上,该主题以学校艺术老师为主,将培育和践行社会主义核心价值观融入研学旅行的美育全过程,引领学生树立正确的审美观念、培育深厚的民族情感、激发想象力和创新意识。

5.劳育推动技能成长

从单纯的谋生手段到让人生更有意义、更有创造性,劳动教育对健康价值观、对全面发展的人的意义,正处于前所未有的重要地位。在研学旅行中渗透劳育,让日常生活劳动、生产劳动和服务性劳动发挥激励、导向、自律和矫正等功能。学校设计"劳动教育"和"职业体验"两项劳育主题。

以"职业体验"为例,学校选择嘟嘟城、西泠印社作为一日研学旅行场地、康师傅梦想探索乐园作为专项研学旅行基地、英国作为海外研学旅行国家。其中,嘟嘟城一日研学旅行活动主要为体验理想中的各类职业等;西泠印社一日研学旅行活动包括工匠人物学习、篆刻活动体验、工匠人物卡片制作和宣讲等;康师傅梦想探索乐园专项研学旅行活动包括"梦想探索号"生产线参观、方便面口味现场试吃、卡通版方便面制作游戏等;英国海外研学旅行活动包括参观横跨Avon峡谷的布里斯托吊桥、白金汉宫皇家护卫队换岗观赏、丈量没有一颗钉子的剑桥"数学桥"等。在师资配备上,该主题以学校通用技术和信息技术老师为主,让学生在动手实践、出力流汗中,接受锻炼、磨炼意志,培养学生正确的劳动价值观和良好的劳动品质。

(二)自主发展的纵向梯度式设计

通过研学旅行的项目式实践学习,设计纵向梯度式的活动实践形式,初阶重视感性认识、中阶着重实践体验、高阶关注综合运用,实现学生的个体发展与集体和谐发展的相互促进,体现九年一贯制学校研学旅行活动的层次性、系统性和科学性。

1.初阶重在感性认识

随着网络以及新型网络产品的广泛普及,如QQ、微信、短视频、直播、网络游戏等,让中小学生的精神世界更加多元,却拉开了与自然环境之间的距离。学校在同一研学旅行主题下的初始阶段,利用每年春游和秋游活动时间,以短小精悍的一日研学旅行形式引领学生走出课堂,走进自然、人文的真实生活环境,侧重激发学生的情感认识,丰富学生与真实生活的联结。

结合春秋游的一日研学旅行,研学旅行时间选在每年的春游和秋游时段,时长多控制在半日到一日,基地选择以主题鲜明的场馆和自然生态园区为主,共同体组成成员以学生、班主任、相关学科组织导师和场馆师资为主,研学旅行内容聚焦分年级主题,行前研学旅行准备以年级为单位开展协商研讨,行后展示侧重学生基于真实体验的分享、感悟。

2. 中阶重在实践体验

初阶的一日研学旅行能够撬动学生的情感体验,但受困于时长问题,如果每学期仅仅只有春游或秋游这一天的一日研学旅行,容易呈现出时效短、一过性等问题。因而,学校在结合春秋游的一日研学旅行时间之外,善用中小学生春秋假时间,设计两天左右的研学旅行专题项目,侧重提供学生沉浸式的实践体验,在生馆互动、生生互动、师生互动、亲子互动的过程中,增进学生对研学主题的情境认识、提供在相应情境中的实践选择机会。

结合春秋假的研学旅行专题项目,研学旅行时间选在每年5月和10月的春假、秋假,时长多为1.5天至3天,基地选择以能够提供动手实践和亲身参与的场馆、基地为主,共同体组成成员以学生、班主任、相关学科导师、基地师资和家长为主,如有需要,可聘请专业能力突出的优秀社会人士,研学旅行内容聚焦分年段主题,行前研学旅行准备以年级为单位开展,协商后需通过多方会谈答辩会,行后展示侧重学生基于实践体验的成果和分享。

3. 高阶重在综合运用

经过初阶感性认识和中阶实践体验后,学生在主题培养方向的知、情、意、行有所增长,而探索寒暑假的省外、海外研学旅行,为学生的核心素养融容发展和实践能力综合性运用提供了试验田。学校利用寒暑假学生较长的休息时间,设计为期一周左右的省外、海外研学旅行项目式实践,通过研学旅行共同体协作,侧重汇聚集体力量完成具有挑战性的任务,促进学生综合能力的提升和迁移。

结合寒暑假的省外、海外研学旅行项目式实践,研学旅行实践选在每

年寒假或暑假,时长多为一周左右;目的地选择综合考虑是否贴合主题育人方向、有无丰富场馆或基地资源、有无一定文化氛围或环境基础等因素;共同体组成成员由学生、班主任、相关学科导师、基地师资和家长,具有省外、海外研学资质的委托机构组成;研学旅行内容根据实际情况,可构建项目实践总目标统领下的分解目标,分组合作完成,合作协商展示;行前研学旅行准备以年级为单位开展,协商后需通过多方会谈答辩会和论证会,设立监督小组全程监督项目设计、安全保障、费用收取等问题,行后展示侧重学生基于项目式实践的成果和收获。

三、助力卓越成长的研学旅行实施模式

为了让研学旅行呈现最佳效果,学校努力做到把控每一个环节,使每个环节都浸润着教育者辛勤的汗水、闪烁着教育智慧的光辉。学校尊重学生兴趣所需、素养所需和个性发展所需,关注学段特点,制订不同阶段的研学目标,设计不同能力层级的研学任务,依托研学旅行的基地和线路,形成了行前精致准备、行中躬行有益、行后品味成长的研学旅行有效实施模式,促进学生社会责任感、创新精神和实践能力的发展,提升学校核心竞争软实力。

(一)行前精心准备

1.精选征集研学基地

要实现研学旅行的有效性,研学基地的选择非常重要。首先,符合梯度上升需要。学生在校九年的学习,每一学期的学习内容都是循序渐进、螺旋上升的。研学旅行不能脱离学生的已有身心发展基础,要基于学生的差异化发展需要,做到根据年龄变化有梯度地逐渐深入。其次,符合学生心理期待。相比学校学习,外出的研学旅行本身就非常受学生欢迎,为了进一步增加学生的期待感,提升研学旅行共同体在研学全过程的参与治理意识,学校使用向教师、学生、家长进行地点征集的形式,时时更新"热点"备选基地,这种"动态更新"既唤醒了孩子的自主意识,又增加了研学旅行

在师生和家长心中的满意度。

2.协商制订研学方案

研学旅行活动方案作为研学旅行的实施蓝本,是研学旅行前期准备的重中之重,其本身的协商制订过程也是落实研学内容、培养学生核心素养的重要环节。研学旅行方案主要包括研学名称、研学主题、研学的目的与意义、共同体研学任务、研学的方式、研学的时间和地点、人员安排、研学旅行的前期准备、研学旅行后期安排、研学旅行成果展示以及评价。针对这些内容要求,在综合考虑年段学生的知识基础、认知水平以及研学场所资源情况等因素的基础上,研学旅行共同体要有针对性地开展方案的制订。首先,在平等对话中明确研学主题和任务。为了达成研学旅行的目标,研学主题和任务需要通过研学旅行共同体在平等对话中多次打磨,在此过程中,学校必须保持足够的耐心,做好沟通交流。其次,制订实施方案和备选方案。研学旅行的实施方案是研学旅行共同体依据研学主题和任务确定的最优设计与安排,但研学旅行毕竟是基于真实情境的活动,随着研学活动的开展,可能会有计划外的状况发生,因此学校还会做好紧急预案和安全教育。

3.合作设计研学手册

研学手册是研学旅行活动的行动指南,也是实现学生自我管理、自我教育的重要载体。学校设计的研学手册力求做到明确具体、操作性强,依据研学旅行实施模式,设计包含研学旅行全过程的三个基础部分——行前思、行中研和行后悟。行前的知识储备、行中的实践探究、行后的思考感悟都蕴含文化的汲取、知识的摄入和能力的培养。

(1)以资料收集为主的"行前思"。这个部分包含对研学主题的理解,对研学安排的学习和对研学旅行的准备。在这个阶段,让学生通过学习研学手册形成清晰的研学目标,了解研学的完整流程,有利于研学旅行的顺利实施,同时也令学生充满期待和遐想。例如,学校在"行前思"部分,会给学生提供研学旅行的基地、场馆或者目的地简介,同时设计导学任务单,引导学生补充研学手册上的留白,给学生资料收集、信息整理和筛选记录的

空间,让学生从研学旅行的始发点就成为研学实践的策划共治者。

(2)以记载反思为主的"行中研"。学校对"行中研"部分的设计充分体现了研学旅行的动态化、过程化和差异化。考虑到学生不同的研究型学习起始点,"行中研"部分分层设置选择性、探究性和合作性的活动内容,鼓励学生在研学旅行共同体中展现自己的擅长项,主动向同伴、师长学习,共享智慧果实,体会集体的强大力量在智慧型、创造型实践中的重要意义。

(3)以成果展示为主的"行后悟"。"行后悟"部分是研学旅行深化主题探究和体验的重要步骤。学校在研学手册中通过设计研学作业、展示研学成果、填写协商评价单等内容,引导学生进行内省和表达、分享和对话,使每个学生个体的经验进一步升华为集体的宝贵财富。

4. 分类开展行前培训

(1)"全段+分段"的实地行前教师培训。教师是整个研学旅行活动顺利实施的重要推动者,也是至关重要的成员。为了让研学旅行中每一个项目内容的带队教师都做到心中有数,学校在研学旅行前会有针对性地做好全学段集体培训和分年段实地培训。在集体培训中向全体带队教师做好研学基地的介绍、研学任务设计理念、家校沟通的注意事项和安全出行的相关培训。在分年段实地培训中,学校会根据具体的研学目标做好具体分工,并对研学旅行中可能出现的意外情况进行预设。各年段带队教师在明确研学旅行目标、知晓研学旅行基地后,必须要提前进行实地考察,想象自己是此次参加研学旅行的学生,按活动设计的主要流程,进行提前预演。在预演的过程中,教师要注意观察和思考基地的环境和地貌特征,设想研学旅行中可能发生的多种情况,思考如何进行应对。教师整理和收集研学旅行中可能发生意外的处理方法,将整理的资料加工后,转化为学生和家长能够理解的方式去讲解,由学生处负责对此次教育效果进行检查。

(2)"演练+谈话"的集体行前学生培训。在研学旅行中首先要保证的是学生与教师的安全,每一个生命都关系着一个家庭的幸福,所以在安全方面必须慎之又慎,确保万无一失。学校在公共交通安全、行走安全、饮食健康安全等方面采用"演练+谈话"的形式进行逐一培训和布置,让安全教育成为学生研学旅行行前培训的要点。由于研学旅行人数较多且学生主动思考安全的意识较为淡薄,因此,安全教育的方式和方法可采用丰富多元的形式。在研学旅行前学校通过晨会、集会、年级大会等多种途径对学生开展研学旅行安全教育,包括安全宣讲、集体演练等,形成通用的研学旅行安全规则并让学生学会遵守,比如,研学旅行的目的地往往需坐车前往,在行程过程中要求学生不掉队、不乱跑;学生统一穿着校服以便管理等。带队教师利用班会课和午间谈话课时间,通过平等尊重的谈话形式,加强对学生的教育和管理,在研学旅行过程中做好监督提醒,比如,商定饮食由学校统一安排,尽量为学生提供干净可口的餐食。

(二)行中躬行有益

学校研学旅行在实施中期倡导基于学生当下生活,基于学生真实体验,让行走过程有主线,学习过程有焦点,素养形成有脉络,形成了角色扮演类研学旅行、合作竞争类研学旅行、技能拓展类研学旅行、仪式教育类研学旅行等多种研学旅行形式。通过精心设计和组织的研学旅行让教育空间更开阔,让学校教育在与时俱进中更显价值和意义。

1.角色扮演类研学旅行

一、二年级的学生正处于好奇心强,好玩好动的年龄,所以在研学地点和环境的选择上,学校特别考虑到童趣好玩这个要素。选择康师傅梦想探索乐园作为"职业体验"主题的研学旅行专题项目场馆。一碗方便面从一堆面粉到成为超市货架上的成品到底要经过哪些工序,其中又有哪些职业的存在,学生带着问题,通过聆听工作人员细致全面的介绍,角色扮演各个职业的工作人员,一起探索美味的秘密,感受现代科技的魅力。学生们搭乘"梦想探索号"穿过梦想森林来到工厂,"生产线上的工人"负责监督方便面从一袋面粉被生产出来,"仓库工作人员"负责将千百份新鲜出炉的方便面在监督中装箱入库,"市场调研人员"负责寻找最受顾客

喜爱的方便面口味,"产品研发人员"负责实验最科学的方便面配比,等等。学生在制作、品尝方便面的过程中,通过角色扮演真实体验了各类工作的专业性。

2.合作竞争类研学旅行

根据三、四年级学生探索欲强,行动能力也明显增强的特点,学校选择赛孚城——国际安全体验中心作为"生存训练"主题的研学旅行专题项目基地。活动中,学生根据学习内容自由分组进行组间竞争和组间合作,在基地安全教练员的耐心讲解下,懂得了地震、火灾、电梯、雷电、交通等十种安全体验方面的应急预案和措施。小组间的对抗竞争和协同合作增强了实战演练过程中的趣味性,让自救技能的学习成效有了更直观的体现。学生们在国际应急安全中心见识到了很多"救援武器",包括隔着厚重墙面就能发现内部发热物体的红外热像仪、自带高清摄像头能在废墟中通过狭小细缝进入内部探测生命迹象的生命探测仪、在洪灾中所向披靡冲锋陷阵的水陆两栖车、收藏在一个箱子里可以在发生火灾时从五楼瞬间逃生的布滑道等。

3.技能拓展类研学旅行

五、六年级的学生动手能力较强,劳动意识也有所增强。学校选择自在村农耕研学基地作为"劳动教育"主题的一日研学旅行基地。研学活动中学生们在田间地头、在厨房灶头,分工合作,完成从田里的水稻到碗里的米饭的劳动全过程。田间地头的学生们小心翼翼地割下一把沉甸甸的水稻,打下一粒粒稻谷,用打完的稻谷秆捆扎成稻草人,各组同学纷纷发挥自己的才能,克服重重困难,齐心协力成就了一件件非凡的"艺术品"。厨房灶头的学生们,主厨和帮厨分工明确,一派忙碌但能合作解决时不时出现的小插曲。当终于坐下来吃口热乎饭时,所有人脸上都洋溢着幸福和满足,做顿饭太不容易了。无须言语评述,学生深切体会了"一粥一饭"的来之不易,通过田间课堂的劳动实践,学生不仅收获了知识,还培养了吃苦耐劳的精神,真正懂得了尊重劳动和珍惜食物的真谛。

4.仪式教育类研学旅行

七到九年级的学生精神世界更加丰富,思辨能力也有了大幅度提升。学校选择在电影院观看影片《夺冠》作为"理想教育"主题的一日研学旅行观影仪式教育。七到九年级全体学生在老师的带领、家长的共同参与下,到学校附近的电影院观看《夺冠》,向女排精神致敬。观影过程中,学生跟随剧情的发展或激动鼓掌或沉浸感动。女排姑娘们顽强拼搏的精神深深吸引了学生的目光,女排的胜利不是偶然,是什么支撑女排笑到最后,是一种不畏惧、不服输、百折不挠的中国精神,尤其在最困难的时刻,表现得最顽强,"燃""热血""振奋人心"是不少学生看完电影后最直观的感受。学生在"研后悟"中,对演员、剧情、女排精神和时代精神表达了自己的看法——"像女排们一样,把她们当作自己的榜样,努力学习。""面对困难勇敢无畏,才能努力赢取属于自己的夺冠时刻。"

(三)行后品味成长

为了促进学生在研学旅行中真正收获、有所成长,学校要求各年段根据各自的研学主题做好研学评价。研学旅行评价贯穿于行前、行中和行后,在研学旅行结束后作为学生研学体悟的载体,有其重要价值。在尊重个性差异,鼓励多元发展的前提下,研学旅行共同体对学生参与研学旅行的情况和成效进行综合评价,并将评价结果通过学校"山海汇"平台,纳入综合素质评价和"优宝卡"评价体系。

1.创新的个人评价

学校根据研学的创新性、动态性、开放性特点,让学生通过自评和反思,不断提高自己的反思能力和评价能力。个人评价的形式有很多,包括写研学收获小作文、画研学收获连环画、参加小小演说家、完成研学问卷等。

2.动态的他人评价

他人评价主要包括教师的评价、同学的评价、家长的评价等。例如,教师评价学生时,可以对学生的研学表现、研学态度如协作性、积极性、责任感、纪律性等进行评价。他评的呈现形式有奖励贴纸、分发研学评语卡、填

写互评表等。

3. 开放的集体评价

研学旅行结束后，要以班级或者年级为单位进行集体性评价。这种评价既是研学旅行的总结，又是榜样性学习与教育。主要呈现形式有研学分享会、研学故事演绎、研学知识辩论比赛、研学先进个人评比、研学成果展等。

生活即教育，社会即学校。"读万卷书，行万里路"，研学旅行的"行万里路"就是让学生的眼、耳、鼻、手、脚、脑等充分自主地"动"起来，让学生走出校园，走进大自然，走进生活，走进社会，一起活动，一起动手、动脑、动口，一起学习、生活，共同体验，相互研讨，培养其观察、探究、合作以及发现、分析、解决问题的能力，从而使学生在"润物细无声"中对自然与社会有一个全方面、立体式的直观了解。

第二节　美丽班级：五育在集体生活中彰显

世界上没有两片相同的树叶,世界上也没有两个相同的人,每一个生命体都是独一无二的。每一个班级也是不同的。在集体教育的实施中,我们始终秉持一个理念:基于五育彰显,建设各具特色的班集体。只有各具特色,各自呈现自身的生命特点,才能表现班级的生命特征,才符合美好教育的本质。

一、班级文化:培育集体精神

班级文化是集体教育的窗口,以班级文化为着力点的集体教育,归根到底,是生命教育,人本教育。

(一)打造班级文化标识

1.班级名称

学校提倡"班班有特色,班班有风格",挖掘班级特点,为每个班级命名。命名不做统一要求,鼓励班主任们自由发挥,树立自己的班级品牌,比如,有的班要体现生命的独一无二,名为"不二";有的班要体现生命的追求,名为"快乐";有的班要体现生命的过程,名为"追风"……一个名称代表一个班的特点,一个名称承载一种班级文化。

2.班歌

班歌在班级管理中有着不可估量的作用,班歌能激发学生为班级奋进之心,能够通过声音的力量传递班级文化,能够将文化的力量艺术化。学校推动每个班级唱班歌,就是通过歌曲鼓舞学生,通过所选歌曲挖掘德育元素,塑造班级文化。

3. 班徽

班徽是班级文化的缩影。一枚小小的班徽,能够体现班级的精神凝聚。每一枚班徽都能体现一个班级的特色,是班级育人主题的展示。学校号召每个班级设计班徽,推动班级文化形成。

4. 班级建设目标

在推进素质教育的过程中,每个班级要有自己的建设目标,目标就是方向。在充分了解学生的基础上,班主任要着手确立班级的建设目标,这个目标是在学校的整体目标框架下构建,既是班级的总体建设目标,也包括班级个人的成长目标。目标形成,促进班级文化体系的构建。

5. 班级宣言

班级宣言可以增强班级的士气,振奋班级的精神。创建班级宣言,有助于形成班级发展的整体氛围。班级宣言是班级文化的整体显现,能为学生注入班级精神。

6. 班牌

班牌是每个班的标志引导物,能够非常醒目地表现班级特色。每个班根据自己的特点设计班牌,同时使用学校的统一LOGO。

学校在整体部署的情况下,尊重每个班级的个性化,使班级成为协同发展又个性鲜明的集体。

(二)做好教室布置

教室布置是显性的文化名片,做好教室布置,就是让学生看见自己班级的文化。在日积月累的文化熏陶中,学生的气质一定会在潜移默化中改变。

1. 定制共性区

学校在新学期伊始都会对教室布置有所要求,比如,教室里一定要有"绿植角""公告栏""卫生角""阅读角""展示角"。学校对这些专栏产品会进行统一定制,附上学校的LOGO,让班级文化彰显学校文化特色。除了产品定制,学校会派出美术老师进行教室设计指导,使每个班级的文化布置都能"讲好自己班的故事"。

2. 鼓励个性区

在教室布置上,学校也给班级个性化留足空间。个性区是每个班彰显自己班级特色的重要区域,学校既要整齐美,也不能缺少个性美。有个性的班级文化才是鲜活的生命教育。这样的共性和个性相结合的教室布置,也体现了学校集体教育的统一指导和个性成长。

3. 评选推广优秀

学校对班级文化非常重视,通过评比来提升布置水平。开学伊始是重头戏,之后每月进行一次检查评比,评比后获得优胜的班级在班主任大会上介绍经验,并开放教室观摩。

(三)搭建班级文化展示平台

班级文化是班级发展的金名片,学校开展不同的活动来搭建班级展示的平台。微平台——学校微信公众号,小平台——校园文化长廊,大平台——运动会,常规平台——黑板报。

学校微信公众号开辟专栏,进行班级的整体展示。展示班级自行投稿,提供图片和事迹,经学校审核后发布。这个渠道受众广泛,能起到舆论宣传的作用,促进各个班级的文化提升。

美丽班级评比展示。每学期,评比一次"美丽班级"。美丽班级在教室布置、个性培养、比赛成绩、综合水平方面都名列前茅,经过层层评选之后,在学校的文化长廊区域进行展示,呈现其独特的班级文化。美丽班级展示时图文并茂,是班级文化的直观呈现。

运动会入场式。一个班级的入场式就是这个班级的文化。学校会设定一个大主题,比如"传统节日",学校开出节日清单,55个班级各自认领一个节日,围绕这个节日进行服装、口号、队形等训练。入场式上,各个班级尽显神通,在队列展示中插入唱歌、跳舞、轮滑等表演,精彩纷呈,表现出各个班级蓬勃的生命能量。

黑板报。黑板报能体现班级的墙体文化,是班级文化的重要载体,蕴

含着丰富的德育元素。学校在黑板报管理上坚持"每月一主题,每月一验收",敦促每个班级做好黑板报管理。

班级文化是集体教育的载体,丰富的班级文化彰显了集体教育成果。学校将大力开展班级文化建设活动,在集体教育的架构下,关注每个学生的个体成长,为学生的生命注入学校文化的色彩。

二、劳动教育:凝聚班级精神

马克思说:"劳动创造了整个世界。"恩格斯赞颂"手"的完善,说它"仿佛凭着魔力似的产生了拉斐尔的绘画、托尔瓦德森的雕刻以及帕格尼尼的音乐"。党的十八大以来,习近平总书记立足新时代历史方位,对劳动和劳动教育做出重要论述。2018年全国教育大会上,习近平总书记要求把劳动教育纳入培养社会主义建设者和接班人的总体要求之中,明确提出构建德智体美劳全面培养的教育体系。

2020年3月,中共中央、国务院印发了《关于全面加强新时代大中小学劳动教育的意见》,就全面贯彻党的教育方针,加强大中小学劳动教育进行了系统设计和全面部署。劳动教育是中国特色社会主义教育制度的重要内容,对于培养社会主义建设者和接班人具有重要战略意义。

(一)像学科课程一样设计劳动教育课程

劳动教育不能停留在口号上,还是要有课程设计,帮助学生掌握劳动本领,体会劳动的意义,传承劳动精神。整套课程涵盖技能培养、发展能力、培养习惯等,分为四季。第一季为"春·技能",第二季为"夏·竞赛",第三月季为"秋·节日",第四季为"冬·研究"。除了课程安排,还有科学的评价体系。在劳动课程实施过程中,关注学生劳动态度和情感,注重加强家庭间亲子间沟通交流,加强和发挥劳动的育人功能,以劳动促进劳动者世界观、人生观、价值观的培养。

第一季:春·技能

通过这一季课程的实施,能够让学生学会几种劳动技能。在课程里列举多种劳动技能,实行学分制,给出评价标准,包括作业难度、作业单位、态度、质量、过程等参考系数,态度又分出认真型和主动型,过程又分出帮扶型和独立型,在每个系数里按照等级设置不同给分。最后,以60分为及格标准,80分为良好,90分为优秀,对技能予以等级评定,并颁发证书。

技能分为内务类、厨房类、洒扫类、整理类,按难易程度分出星级,一星级的有扫地、洗内衣、叠被子、洗菜、择菜、整理书桌等,二星级的有晾衣服、西红柿炒蛋、煎牛排、整理床铺等,三星级的有做汤羹、做饼干、做比萨等,为了发挥同学们的创造性,还鼓励大家开发劳动技能,自定星级。这一阶段的课程,孩子们能够学会一些基本的劳动技能,体现"能劳动"。

第二季:夏·竞赛

让学生学会一些劳动技能,开展一些有趣的劳动竞赛,能让学生更加体会到劳动之趣,感受速度之美,品味劳动智慧。主要的竞赛项目有:

(1)内务小达人。进行内务评选,房间整理得当,没有杂物,被子叠规整,床单无褶皱。枕头和被子放平,床头柜物品整齐。

(2)美食比拼。做一盘美食,视频解说自己的制作过程,呈现成品,并为其美食做广告。

(3)整理高手。对自己书桌进行整理,使物品整齐有序,分类清楚,大小摆放合理,形状规整,并能表现一定的美感。

(4)手工达人。做手工,缝制一个物品,针脚整齐美观,物品有设计感,色彩搭配和谐。

(5)拖地小达人。保证房间面积相同的情况下,地上拖得干净,无头发及尘土屑,角落无遗留污渍,用时最短者取胜。

通过这一阶段的课程学习,使孩子们能够在劳动的速度和能力上加以提升,从而体现出"会劳动"。

第三季:秋·节日

在某些特殊的节日,进行相应的劳动来让学生感受节日氛围,体验仪式感,感受劳动的快乐。劳动让每一个日子鲜亮起来,劳动赋予每个日子

特殊的意义，劳动让每个日子值得被铭记。

（1）春节，扫除、贴春联。寒假作业中有一项专门的劳动，就是扫除、贴春联。这是除旧迎新充满仪式感的劳动。孩子们和父母一起为迎接新年而扫除，是中国传统文化中打扫的仪式感体现，扫去尘土，扫去霉运，迎接幸运，迎接新生活。孩子们在贴春联的过程中，可以懂得春联的相关知识，可以体会中国的春联文化，产生对新年的热爱和亲近。

（2）元宵节，煮汤圆。正月十五，团团圆圆闹元宵，煮汤圆，吃汤圆，圆圆的汤圆里饱含着对"家"的期待和向往，增强家的凝聚力，丰富对传统文化节日的认识。

（3）妇女节，母亲节，给家中女性长辈做个菜。这样的特殊节日，一家人聚集在一起，通过一盘菜表达节日的问候，表达对长辈的亲近，是很有意义的。美食和节日关联起来，传递爱的问候，对增进家人之间的情感格外有意义。

（4）植树节，植树。绿水青山，就是金山银山。种一棵树，功在当下，利在千秋。在植树节到来的时候，让孩子亲手种植一棵树或者一家人认领一棵树，是劳动，也是播种希望。小树苗生长的过程，也是对孩子生命教育的过程。

（5）劳动节，代言。劳动的节日里，一切都充满了红色，最伟大、最崇高、最美丽、最光荣，都是劳动的颂词。让孩子们在劳动中度过，是对这个节日最好的注解。让孩子们对自己从事的劳动代言，让他们爱上这个节日，感受劳动的快乐，成为一个幸福的劳动者。

（6）父亲节，给父亲洗脚。父爱如山，但父亲总不太会表达自己的爱。孩子呢，有时候，也会感觉不到爱。父亲节的时候，通过孩子给父亲洗脚，亲密接触父亲，能够产生一些话题，增进彼此间的了解。

（7）七夕，做女红。现在的女孩基本不会使用针线了，传统的手工活眼看就要消逝了。借助七夕的"乞巧节"，让女孩儿们认识古代对女孩的要求，让她们穿着汉服，学习做针线活，有一种很美好的意境。

(8)冬至,包饺子。饺子是冬至的食物,这一天让孩子们一起围炉包饺子,是别有一番风味的。有的地方还会去扫墓、祭祖,家人会相聚一起话话家常。冬日里,一起吃着亲手包的饺子,谈论着一年到头的家事国事天下事,是特别温情的相处氛围。

通过这一阶段的课程学习,帮助孩子们将日常的劳动跟生活相连接,感受劳动乐趣,体现"享劳动"。

第四季:冬·研究

为了让学生能够更好地体会劳动的创造性,认识劳动不分贵贱,热爱劳动,尊重劳动,培养劳动精神,开展劳动拓展研究课程,让学生在劳动中研究,在劳动中思考,把体力劳动和智力劳动结合起来。在劳动中发现劳动与智育、美育、德育的关系,能够产生学习的迁移能力,全面提升个人核心素养。

课程安排时间为一周。学生从学校提供的选题中选定自己的研究方向,开展团队合作,撰写研究报告。选题有:

(1)劳动与智育

具体的选题内容包括:劳动提升了我的动手能力;劳动让我掌握了新技能;劳动让我学会了思考;劳动使我学会了统筹管理;劳动激发了我的灵感等。

(2)劳动与德育

具体的选题内容包括:劳动使我懂得了感恩;劳动让我懂得了体谅家人;劳动让我懂得珍惜劳动成果;劳动让我更有责任心;劳动让我热爱劳动人民等。

(3)劳动与美育

具体的选题内容包括:劳动创造了美的事物;劳动使我更懂得欣赏生活;劳动让我看到了合作之美;劳动让我体会到亲子关系之美;劳动使家庭生活向美而生等。

(4)劳动与生命

具体的选题内容包括:劳动让我更懂得管理时间;劳动让我学会了吃

苦;劳动让我的个性转变了;劳动让我学会了自理;劳动提高了我的生存能力等。

学生在撰写研究报告时,要求学生用户自己的亲身经历来说明,进行小调查,并查阅资料,寻找名言故事做理论支撑,最终得出自己的结论。

通过这一阶段的课程学习,让孩子们去寻找劳动的意义,连接体力劳动和脑力劳动,体现"慧劳动"。

通过这整套劳动教育课程,学生既可以习得本领,又可以个性化地展现才能,还可以体会到劳动与其他学科的融合,就像一个人走过繁花似锦的春天,到了热火朝天的夏天,然后抵达美丽丰收的秋天,到达冷峻的冬天,将四季的劳动成果收藏,将生命的馈赠珍藏。人生因劳动而富于创造,因劳动而美丽,因劳动而光荣,因劳动而伟大。

(二)多元的劳动教育评价体系

在劳动课程的实施过程中,一定要有系统的评价体系。这既是保障劳动课程的实施,也是为了让劳动课程的效果更显性,彰显劳动的意义和精神。

1.评价方式的多元化

(1)量化评价。在技能学习阶段,学生对自己的劳动没有概念,不知道怎么做才是好,那就需要量化的评价,对每一个劳动技能都用具体的分数来标注,对劳动的过程和劳动的质量也划分出多个维度,进行量化。对整体达到的水平进行合格、良好、优秀的划分,让学生知晓自己的学习情况。

(2)质性评价。对劳动成果的评价,除了用量化的方式来表明层级外,还需要有一些质性评价来体现其成果的价值。用描述的方式去评价,有利于体现劳动过程中的构思和创意,有利于彰显劳动态度的真诚和付出,有利于提升对劳动的尊重和认可。

(3)即时性评价和过程性评价。劳动中,做出即时性评价和过程性评价也是有必要的。即时性评价是在当时进行的评价,有鲜明的时刻特点,可以是对其态度,也可以是对其能力,还可以是对其阶段成果;过程性评价是针对过程而言,在劳动过程中所发生的情况进行整体评价。这两种评价方式都有利于劳动过程的改进,都能大大提升劳动的质量。

2. 评价主体的多元化

(1)个人评价。每次的劳动都需要有自评,这是提升自我对劳动认识的重要方式。自己尊重自己的劳动,自己看到自己的优点和不足,自己能有改进的动力和方向。因此,个人评价不能少,这是自我教育的重要手段。

(2)家长评价。许多的劳动会由家长教授,在技能培养中,家长是从旁协助的,因此,家长的评价必不可少。家长评价既是看见孩子的劳动,能够对其劳动态度、劳动过程、劳动成果有全程的了解,同时也是建立亲子关联的重要桥梁,没有了解便没有理解,在劳动中家长了解了孩子的情况,也会理解孩子遇到的困难,感受孩子在劳动中的努力,有利于亲子良好沟通关系的建立。

(3)他人评价除了自我评价和家长评价,还需要有旁观者视角——他人评价。尤其是竞赛单元,他人评价能够起到公正客观的作用。这也在一定程度上扩展劳动的功能,不仅是愉悦自己和家人,还有与他人分享快乐。分享的人越多,劳动的功能便越强大,劳动的成就感便越强。因此,他人评价是起到了扩展劳动的社会功能的作用。无论是以家庭为单位的亲友团聚,还是以班级为单位的春秋游,或是以学校为单位的劳动比拼,都是需要他人评价的。

(4)小组评价。除了单个的评价外,还采用小组评价的方式。将劳动者分成不同小组,进行组内的互评;组与组之间进行对小组劳动成果的总体评价,进行组与组的互评。纳入小组评价,有助于劳动者的集体主义意识培养,有助于劳动水平的整体提高。

3. 评价结果的趣味性

我们在劳动教育评价中,对学生的劳动结果采用一些有趣的名称,增加劳动的趣味性,提升劳动的愉悦感。

(1)对劳动者的评价结果。仿照电视综艺节目中的"小达人""最出彩"

等名称,为其冠以"内务小达人""蛋炒饭达人""扫地达人"等。

(2)对劳动对象的评价结果。劳动的对象是什么,就为其冠以相应的评价,比如,"最美的一盘菜""最亮的一块地""最整齐的被子"。

(3)对劳动过程的评价。劳动过程中,会看到劳动者的创意和智慧,看到其解决问题的能力,为其冠以相应的名称,比如,"创意大脑""智慧大脑""鲁班奖""最强巧思"等。

4.奖品的趣味性

给学生的奖品充满趣味,能增加孩子们对劳动的热爱,提高劳动的积极性。比如,电视剧《庆余年》里著名的"鸡腿",学生拿到时一定惊讶万分,是可以现场吃的;比如,"一斤猪肉",用红绳子挂着拎回家,颇有劳动者风范;再比如,"二维码提货券",学生可以直接在店家凭券领取。充满趣味的奖品还能够给学生许多美好的回忆。

三、健康教育:助力生命成长

世界卫生组织对"健康"的定义是:"不仅仅是没有疾病,而且是身体上、心理上和社会上的完好状态或完全安宁。"健康教育就是要通过有计划、有组织、有系统的教育活动,来帮助学生树立健康意识、改变不健康的行为生活方式,养成良好的健康习惯,预防疾病,提高生活质量,让学生成长为身体健康、人格健全、心理健康的完整社会人,成长为全面发展的劳动者。

(一)维护学生身体健康

按照《学校卫生工作条例》要求及相关规定,学校开展多种形式的健康教育活动,加强健康行为养成教育,维护学生的身体健康。

1.培养锻炼习惯

第一,开好体育课。体育课是培养学生锻炼技能的重要阵地,通过教师系统引领,让学生掌握多种运动技能,为培养运动习惯、发展运动能力打下良好基础。

第二，做好眼保健操和课间操。学校在上、下午的课间各安排一次眼保健操，有效缓解学生眼睛疲劳，防止近视。疫情期间，为防止感染，开发出了"防接触眼球操"，制作成视频，在全校推广。这一眼保健操为减少手部接触、缓解眼睛疲劳起到了很好的作用。

为保证课间操时间，学校设置了25分钟。全校9个年级分批开展，在操场上展开活动。课间操活动分为广播操和个性训练两部分。每天先完成广播操，后进行个性训练。小学低段跳绳，中段绕操场来回跑，高段和初中一起跑圈。疫情期间，学校开发了原地跑、室内操等运动，让学生在居家空间和返校后都能得到有效的锻炼。

第三，寒暑假体育作业。为了保证学生的假日运动时长，督促学生进行锻炼，实行寒暑假体育作业制度，并对每天的运动量加以明确的指导，提倡亲子运动，进行作业打卡，评比运动达人。

2.加强预防

第一，定期体检。每学期学校都会联系卫生系统开展一次体检，体检项目包括身高、体重、肺活量、视力和口腔等，发现问题及时通知家长，协同家长做好复查及预防工作。

第二，开展疫苗接种。学校医务室联络社区卫生机构，按照国家标准通知疫苗接种，及时反馈接种信息，做好学生的疾病预防工作。

第三，实行传染病零报告制度。每天由各班主任通过工作平台对学生情况进行汇报，一旦有学生请假，医务室高度关注并跟踪反馈，直到学生康复返校。对于突发高烧等情况，医务室也会第一时间安排就医。对于确诊传染病，对所有班级学生进行严格追踪，减少交叉感染。

第四，季节性流感爆发期或突发的公共卫生事件，学校会对所有班级进行每日消毒，做好预防工作。对当事班级，进行人员追踪，锁定传染源，防止交叉感染。

(二)帮助学生认识和尊重生命

生命是丰富多彩的，生命是个性化的，多彩的生命需要丰富的活动。

因此,学校积极开展了生命教育,帮助学生认识和尊重生命。

1. 通过班会课引导学生关注个体生命

生命从哪里来?生命到哪里去?我的生命是有意义的吗?为什么会有"我"的存在?这些带着哲学色彩的生命话题,是每个学生认识生命的开始,一定不能忽视了。每学期,各班要举行两次与生命教育相关的主题班会,通过班会课引导学生去追问并思考这些问题,才能让学生关注自我生命,关注他人生命,关注整个世界。

2. 通过社会活动引导学生关注他人生命

学生的世界往往只有自己,要引导他们走向广阔的社会生活,关注他人生命才能丰富他们对生命的认识。开展与聋哑学校结对活动,定期让学生走进聋哑学生,开展交流互助。开展捐赠活动,为贫困的乡村学校送图书和文具用品。开展福利院送温暖活动,让学生们关爱老人,真切感受自己的价值。以小队形式开展社区服务活动,关怀社区孤独老人,了解他们的生命需求。比如,有位90多岁的老爷爷想学英语,孩子们就上门送书,加以辅导。

3. 通过实践活动丰富学生的生命阅历

撰写家族史书。学生对自己家长的调查采访,收集家族故事,搜撰写家族史书,有助于学生增长见闻,认识生命的延续性,增强家族荣誉感。

调查父母爱情。学生对父母爱情故事进行调查,追溯生命的缘起,感受生命的偶然和必然,既加强了对生命的认识,也会提升对生命的珍视感。

制作头盔。在国家颁布电动车必须戴头盔的文件后,学校开展了"制作头盔"的主题实践活动。孩子们周一进校园时,将自己制作的头盔戴在头上,形状、色彩、设计都精彩纷呈。这样的活动寓教于乐,让孩子们在实践中知晓戴头盔的意义和乐趣,有效地开展了安全教育和生命教育。

(三)护航学生心理健康

在学生的心理健康方面,学校挖掘一切可利用的资源,调动一切可利用的力量，开展心理活动，促进学生心理建设，护航学生心理健康。

1. 入校建档

作为九年一贯学校，在一年级新生入学后，学校都会邀请专家来对感统失调学生进行诊断，并为学生建心理档案。以班主任和心理辅导老师为主，对这些学生进行定期跟踪，会同家长，为学生成长出谋划策。

2. 每日轮值

学校在心理健康方面有一支专业的心理教师队伍，获得心理健康B证的教师有10多人，轮流在心理辅导室接待来访学生。心理辅导室门口悬挂心理信箱，学生可以将自己的烦恼和困惑以信件的形式上交，或直接前往心理辅导室。

3. 设立"心理月"

每年的5月和11月，学校设立心理月，进行心理剧编排，开展心理讲座，印制心理健康手册，为学生提供情绪宣泄和合理表达的方法，呼吁学生们进行互助辅导，帮助学生建设稳固的心理防线。

4. 建立"心理宣泄室"

学生如果有困惑了，有情绪了，可以到这个场所来宣泄，里面有沙包、木偶人等设施，还有"心理树洞"，可以让学生倾诉，引导学生合理表达情绪，掌握情绪处理方法。

5. 开展心理健康量表筛查

学校定期或不定期对班级学生或个体进行心理健康量表筛查工作。借助量表，有助于发现潜在的心理特殊人群，能够更好地关注到个体的心理建设。做到预防为先，诊断跟进，辅导善后。

(四) 特殊时期心理建设

2020年伊始，新冠肺炎肆虐，学校停课，学生在家上网课。这一特殊的学习方式对所有人都是一种考验和挑战。为应对疫情期间及开学前后可能引发的中小学生心理危机事件，我校结合实际开展了学生全员心理危机筛查活动并迅速制定和实施缓解心理问题的相应举措。

1. 全面摸底,细致排查

第一,应时而生:改变策略,不用心理学量表。作为浙江省中小学校心理健康教育示范点,我们具备精良的软硬件。以往每一个学期,我们都要用学校机房分年级分班级登录我校的心理测评系统开展网上问卷调查活动,进而对全体学生进行心理危机筛查。可是,今年开学后,疫情仍没有解除,现实情况不允许我们使用机房这样的专用教室轮流测评。加上刚开学复课,学校各种事务繁杂,如果把网上心理学量表转变成纸质的形式给全校2000多名学生进行测评,这无疑又加重了学校的负担。心理学量表的题目比较多,完成的时间要求90分钟,如果让学生各自回家上网完成,也是会造成有些学生为节省时间随意提交问卷,从而造成量表数据不够准确,没有参考价值。另外,一部分学生看到学校要求填写心理问卷,无形中会产生误解,觉得学校认为他们有心理问题,从而形成一定的心理压力。

第二,顺势而为:开动脑筋,编制谈心谈话表。疫情下,学生心理筛查迫在眉睫。如何快速有效地开展呢?我校学生处开动脑筋,编制了《学生谈心谈话记录表》。谈话内容主要包括近一个月学生与同学、与老师、与家长的关系,学生对新冠病毒肺炎的态度,学生在学习、身体、心理方面的特殊情况。班主任需要参照表格对学生进行一对一的谈心谈话,对学生的心理状态从四个等级中做出综合评定:基本正常、继续观察、需要关注、需要专家指导。在全员谈心谈话的基础上,学校还要求班主任结合平时教学过程中跟学生的接触和了解,进一步地观察学生的心理动态,从而筛选出心理异常的学生。

除了班主任的全员谈心法、观察法,学生自我心理评价法,学校还特意制定《关于筛查学生特异体质和心理异常告家长书》,请家长从家庭的角度观察是否有心理异常的孩子,并及时上报学校。这样家庭、学校、老师、学生和家长全方位多角度的筛查,旨在不错过任何一个可以筛查出心理问题的可能性。

2.缓解情绪,化解危机

其一,规定动作,迅速开展心理辅导。经过排查,我校查出存在心理危机的学生共24人,其中属一般心理危机的19人,严重心理危机的5人。我们立即对有心理危机的学生开展规定动作——设计心理危机干预方案。

第一,辅导团队介入。我们的心理辅导团队由8名老师组成,这些老师中6人持心理B证,1人持心理A证,1人擅长沙盘游戏辅导。在约谈学生之前,我们的团队先展开专门的教研会,对相关学生案例做了事先的研讨。第二,科任教师密切配合班主任关注学生情况,做好一对一结对帮扶工作。第三,班主任和心理老师保持与家长的联系,及时沟通孩子的心理状况。第四,成立学生心理互助社,让同学们间的交流更有助于情绪的释放。第五,对于超出学校心理老师能力范围的案例,转介相关医疗机构。

其二,课程辅导,尽快适应线下学习。经历了两个多月的居家在线学习,学生们终于迎来了复学。时隔九十多天再次回到学校,学生们会有各种"假期综合征",带来各种情绪上的起伏。有的学生见到朝思暮想的小伙伴和老师特别容易激动,以至于坐不住;有的学生看到学校因为防疫带来的变化,感到惴惴不安。这些复学后的情绪变化容易带来行为上的不适感,影响学生的学业水平。情绪不稳定将是学生复学后可能出现的典型心理问题。

一般认为,高学业水平学生和低学业水平学生形成的主要原因是智力或能力上的差别。目前研究显示,除上述因素外,两者之间的重要差别可能还来自两者在面对相同情绪背景下的学习情境或学习问题时,采用了不同的情绪调节策略所至。

为此,学校设计了有关学生情绪调节策略的系列课程《我的情绪我做主》。本系列课程旨在调整学生对情绪的认知和元认知,引导学生"说出来""写出来""画出来""唱/喊出来",从而发展情绪调节策略,减少负面情绪对学生的影响,充分发挥积极情绪管理在解决小学生情绪问题中的指导作用。

在教学设计时，学校根据学生的思维特点对各个年级的课程内容做了区分，比如，小学生仍具有很大成分的具体形象性，抽象概念思维需要具象经验支持，因此课堂需运用直观材料激发学习兴趣，设计多样化任务增进学生对情绪的理解。通过认一认、看一看、写一写、画一画等活动，学生能够认识人的四种基本情绪，感知自己的情绪变化，提高对情绪的认知；可以运用四个"出来"疏导令学生感到不舒服的负面情绪，适应复学后的学校生活。

其三，问卷调查，适时减轻学业负担。自复课以来，学校一方面井然有序地开展教育教学，做好线上线下教学的衔接融合；另一方面也很关注学生的学习状态：他们是否已经逐渐适应了学校的学习生活？他们的学业负担如何？他们的身心健康状况怎样？5月初，我校教导处展开了学生作业负担调查。

本次调查旨在全面了解我校学生在家学习和完成回家作业的基本情况，掌握学生在家学习的状态，了解学生负荷的学业压力，从作业负担的角度关注学生的身心状态，以此作为教师科学布置作业的参考依据，守护学生的身心健康。

我们精心设计了面向一至九年级学生家长的问卷，七至九年级问卷包含10道选择题，一至六年级问卷包含9道选择题，主要调查内容包括学生所在的年级和班级，学生完成语文、数学、科学、英语、思政等各科作业的时间及完成作业的时间总量、学生在家完成作业的基本状态。本次调查以网络问卷的形式开展，请家长以不记名的方式在"问卷星"软件中填写问卷并提交，所有的调查数据均保密处理。

本次调查共回收有效问卷2086份，虽各年级之间情况各不相同，但从反馈数据的分布来看仍有共通点：首先是因学科特质的差异，文科作业的完成时间相对比较长，在作业完成总量中占比也较大；其次是各年级学生完成作业的自觉性均较强，积极性也高，超过9成的孩子能在合理的时间内完成作业；最后是父母对孩子的学习状态大多较为关注，超过9成的低中年级学生家长亲自管理孩子的学习。

3.减轻负担,舒缓压力

一系列的数据反馈不仅让学校对学生的学习状态和作业负荷有了综合掌握,也为今后心理健康工作的开展提供了借鉴参考。

首先,保证睡眠时间,保障健康情绪。充足的睡眠时间是促进学生健康成长的必要条件之一,也是令学生拥有健康情绪的必要保障。从调查反馈来看,虽然大部分学生能在合理的时间内完成各科作业,但也有个别学生完成作业的时间较晚,睡眠时间较为短缺。因此在今后的教育教学中学科教师要互相协调与平衡,掌控好每一天的作业总量,科学设计作业内容,也可以尝试多门学科作业统整,从而保证学生都能及时完成作业,按时睡觉休息,为新一天的学习提供充沛的精力和优质的情绪。

其次,放慢教学进度,舒缓心理压力。影响学生作业负担的因素有很多,而其中教师的教学进度和强度是影响力比较大的一种因素。本学期受疫情影响,前半学期的课程以线上网课的形式开展。因此在恢复线下教学以后师生都面临着学习进度追赶、新旧知识交替等方面的压力,这些压力也会导致学生回家作业完成时间过长或是完成得较为艰难。所以在后半学期的教学中教师还是要适当放慢教学进度,在教学节奏上张弛有度,既要保证教学的质量,更要关注学生在学习过程中承受的强度和难度,多给学生搭建学习支架,提供学习指导和帮助,尤其是对后三分之一学生要加强个别辅导,从而舒缓自己和学生的心理压力,以乐观积极的心态面对教与学。

最后,加强精准教学,落实减负提质。综观本次调查的数据反馈,有一个隐形的问题值得我们特别关注:学生每天所做的回家作业在帮助他们巩固提升、发展思维等方面是否起到了最优化的作用？我们的学科作业要结合学科特质和年段特点进行精准设计,不仅要有指向记忆、理解、运用的基础思维练习,也要有指向分析、比较、评价的高阶思维练习;不仅要有满足不同能力水平学生的分层作业,也要有适应不同学科的多种形式的作业,

如书面作业、口头作业、综合实践作业、亲子作业等,设计精准作业也是实现精准教学的重要环节之一,也是实现轻负高质的基石。学生的作业负担轻了,他们的心理压力才会得到缓解,在轻松愉悦的心理氛围中发展核心素养,成为更好的自己。

学生是活生生的人,人的变化是丰富的。学校将始终坚持一切以生命成长为出发点,关注学生心理健康,因地制宜地开展心理健康工作,因材施教,为学生个体的终身发展奠基。

四、以自我教育为归宿的美丽班会

班会在班级管理中承担着重要的功能,是班主任工作中重要的育人阵地,它是学生成长、发展、提升的重要阵地。要花功夫花气力去打造。班会课不同于学科课,不是纯知识逻辑,而是生活逻辑,也就是在每一堂课中,让学生培养生活中需要的能力。因此,班会课在发扬文化精神上,在发挥心育功能上,在发展学生能力上,在丰富学生生活上,能够产生不可或缺的作用。

(一)班会的功能

发扬文化精神。班会课是有思政课的功能的,对于习近平总书记提出的"培养什么人""为谁培养人""怎样培养人",都要好好思考,通过班会课,挖掘传统文化元素,发扬传统文化精神,为祖国的未来培养凝心聚力的优秀人才、国之栋梁。

发展学生能力。学生不断成长,需要培养解决问题的多种能力。班会课是一节实实在在的课,要通过精心的课堂设计,通过活动体验,让学生在体验中发展能力。学生在一堂课中,得到了有如真实生活中出现的情境,就能学会迁移,在实践中运用。学生在实际生活的人际交往、情绪管理、自我调节等方面发展社会情感能力,适应未来生活所需。

发挥心育功能。每个学生在成长中一定会遇到许多事情,有一些学生能够顺利地渡过难关,有的则不能。班会课就要发挥心育功能,从学生的生活实际出发,帮助其剖析心理原因,寻找突破的方法。班会课要让学生汲取养分,获得生命能量,培养生命的韧性,促成生命的自我成长。

拓展活动功能。班会课组织文体活动,有利于学生开阔视野,拓展体育、美育,在智育之外实践"五育并举"。学生活动越丰富,学生的发展越迅速,学生的成长越全面。文体活动让学生增强集体荣誉感,让学生有展现能力的舞台,让班级特色得以凸显,让班级文化得以积淀。

(二)班会的组织

1.**班会的组织者**。可以是老师,也可以是学生。老师组织的班会,一般用于重要的价值澄清,给学生价值观的引领,使之明辨是非,有正确的人生观和处世方法;还可以有大型的文体活动,从宏观上布局,帮助学生统筹。学生组织的班会,是从学生角度来对班会课的材料进行组合、加工、呈现,这有利于学生亲近并产生共鸣,有利于发展学生的组织能力,给学生以锻炼机会。

2.**班会的组织原则**。学生视角是很重要的班会视角,班会课就是促进学生发展的课。因此,班会的组织要始终以学生为主体,围绕学生的生活实际进行,为学生解决问题而准备。学生现在碰到的问题,将来可能要碰到的问题,都是学生发展中的问题,都是班会课的选材视角。

3.**班会的组织形式**。可以有讲座式、活动式、体验式等。让一个学生就一个问题来阐述自己的见解,这个见解可以是关于自己所学的知识,也可以关于某个社会问题的观点,是为讲座式;组织小游戏、拓展活动,让学生在活动中得到启发,是为活动式;让学生在深呼吸、冥想等体验活动去感受自己,感受世界,是为体验式。

(三)班会的内容

着眼于学生发展,我们开展了丰富多样的班会活动。既有传承文化精神的价值观引领,SEL(Social Emotional Learning)社会情感技能课程,让学生训练"围圈""致谢""致歉"等;又有青春期心理辅导,教学生直面青春期的困扰,让学生学习正确处理青春期情绪、情感;还有活动式课程,让学生学习认识自己、尊重自己,学会正确评价自己和别人;还有与"学习"本身有

关的课程,让学生提高元认知能力,增加自己的学能。

1. 文化精神课程

社会主义核心价值观进课堂,让学生能够自觉传承中华民族优秀文化传统,能够不断地用优秀文化武装自己。适逢2020年新冠疫情,产生了大量的班会素材,用好这些素材,对于激励学生的民族自信心和自豪感,提升我们的文化自信很有意义。比如,"英雄在我们身边"的班会,从历史上的民族英雄岳飞、戚继光谈起,说到"抗疫英雄"钟南山、陈薇等,再说到"快递小哥"疫情中送药、送饭,再谈到双手接住坠落孩子的吴菊萍,让学生们总结英雄身上的闪光点,认识到英雄的本质就是"勇于担当,把他人利益置于个人之上",让学生寻找身边的榜样,寻找生活中的无名英雄。通过这样的班会,学生把自己代入,在脑海中植入优秀文化基因,从而培养未来人才特质。

2. SEL社会情感课程

越来越多的学生在人际交往、与人合作方面存在短板,因此,在班会课开展社会情感课程,有助于让学生认识到人际交往、与人合作的重要性,也从中学习到人际交往中的技巧和合作方法。比如"围圈",学生需要有领导者,需要有明确的目标,需要每个人都动起来,需要在短时间内完成分工合作。在"围圈"班会中,先让学生头脑风暴:要完成这个任务,可以怎么做;然后让学生们在多种方案中选出一种最为省时省力的,来尝试进行,进行时老师负责计时。学生们操作完之后,老师反馈计时,学生们对操作结果进行评价,并讨论改进方案。在新的改进方案遴选好后,再进行实际操作,老师计时,反馈结果,学生谈感受。在这堂课里,看似简单的"围圈",却让所有学生能够从中获得合作、沟通、评价、反馈等方面的技能。整堂课,以学生为中心,让学生在活动中思考、顿悟、改进、实践;教师负责调控、计时、反馈、启发。一堂班会课,学生收获多多。除了围圈,还有"致谢""道歉"等,开拓八项技能,用八个课时完成。

3. 青春期教育课程

学生生命的不断发展,在青春期将获得较大的飞跃。而学生们内心的困惑也越来越多,关于生理、心理、人际、异性等,多样矛盾结集,给青春期孩子造成了巨大的压力。青春期教育课程就显得尤为重要。班会课根据孩子的不同特点,在每个年段开展适宜的教育,形成青春期序列(见表5-2)。

表5-2　青春期教育安排

时间	内容	课时数
五年级	青春期身体的发育、异性身体界限	2
六年级	青春期生理健康、友谊	2
初一	青春期生殖健康、异性交往中流言应对、交往原则	4
初二	青春期异性情感处理、预防性侵害	4
初三	青春期的人际关系、理性对待爱情	4

4. 生命教育课程

认识生命,珍惜生命,发展生命,是生命教育的题中之义。当下,学生在面对学业、人际、亲子等关系时因处理不当,常常发生极端事件,造成生命悲剧。因此,在班会课上开展生命教育课程,引导学生获得对生命的全新认识、理解、感悟,有助于提升学生的生命质量。课程安排有:认识生命的起源、种苜蓿、生命的韧性、一分钟的生命等。比如,"一分钟的生命",从观看视频《苍蝇的一生》开始,让学生在观看苍蝇的生命清单时,自己来整理一份生命清单,在整理中规划自己的清单时间,并具体到生活实践中。比如,"种苜蓿",在课堂上给学生发放苜蓿种子,让学生用矿泉水瓶来种植,每天给它"洗澡",和它"说话",一周后来比较生长态势,回顾生长过程,书写生长感受。学生们会在这样的活动中得到关于自己生命的启迪。

5. 心理辅导课程

随着学生成长问题的增加,解决学生的困惑,发展其心理抗压能力,促进其心理成熟,提高其心理素质,越来越重要。班会课上,开展团体心理辅导,

很有必要。考试前,教学生如何克服考试焦虑;烦恼时,教学生如何摆脱情绪困扰;抑郁时,教学生如何减压求助……团体心理辅导也开展认识自己的活动,画自画像,交流各自看法,相互评价。在多样化的活动中,给学生提供一些深呼吸、正念减压的方法,让学生能够更好地认识自己、自我帮助。

6. 文体活动课程

每个学期都有固定的文体活动,比如,迎新歌唱比赛、文艺表演、拔河比赛、篮球比赛、足球比赛等。在活动中,学生们能够有机会一展才艺和个性,获得"华丽转身"的体验。活动注重仪式感,活动前动员,活动后发奖,都使学生能够在精心准备中,得到触动内心的体验。每一种活动,都是智育的补充,都能够让参与者和观众得到不同视角的感受,都能在活动中获得成长。每一次活动都成为班级的美丽展示,成为凝聚力的舞台,成为班级精神的体现。

班班有歌声。确定主题后,各班自行选择歌曲,进行排练,做好服装、道具,先在年级里选拔,每个年级选一个,再在全校范围内选拔,最终9个年级一起比拼。经过层层选拔,班级风采得以展示,班级文化得以彰显,班级凝聚力得以增强。

趣味体育活动。活动包括跳长绳、拔河、摸石过河等,活动形式均为协作式,每个项目参加人数至少10人。团队协作使同学们得到锻炼,增进彼此间沟通;多个项目推进使学生的特长得以发挥,呈现教育的多样化。

吉尼斯挑战赛。这个项目是针对全校每个学生设置的,学生以个人名义进行项目挑战,项目最高纪录的同学被授予"吉尼斯奖",颁发奖状,为其制作个人展示牌。挑战赛是持续进行的,学生可以不断挑战,这就激发起该项目的"永动力"。

节日应景活动。每到五一劳动节、六一儿童节、元旦,学校会举行大型活动,如五一劳动节的"我为劳动代言"活动,六一儿童节的"跳蚤市场",每个班级设计自己的海报,张罗自己的教室布置,摆出自己班级的摊位,孩子们忙得快乐,忙出班级特色。

7. 学能课程

学生虽然每天都身处学习中，但未必会学习，未必有好的学习方法。学能课程是通过一系列的班会课设计，让学生学会预习、复习、考试，增加学生学习的能力。比如，在"我会预习和复习"一课中，让学生通过古人的名言"凡事预则立，不预则废""学而时习之，不亦说乎"等，了解到预习、复习的重要意义，再通过几组数字、单词听写训练，让学生亲身体会预习、复习的作用。还有"做笔记"，通过优秀笔记展示，学生分享做笔记的方法，评选最佳笔记，总结做笔记经验等，让学生能够认识到做笔记的重要性，学会做笔记。在未来社会中，学习能力也是一种很重要的能力。

孩子们总是很期待上班会，他们发现了班会的丰富性和实用性。学生既可以在班会课堂上获得知识、情感、体验和价值观，又可以实际修炼多种技能。在系统的班会设计和实施中，学生能够获得发展的方法和技能，能够产生发展的勇气和力量，能够不断地促进生命成长。

第六章

综合评价:激发学生的成长动力

  学校开始创办的第一个十年,为了"站稳脚跟",把学业评价作为学校核心的学生评价内容。但随着时代的发展,仅仅以"学业评价"为核心评价内容的弊端越来越显现出来,也成了制约学校新一轮发展的一个重要因素。在这样的背景下,学校进行评价改革,引导全校师生进一步转变育人观念,真正践行办学理念,更好地实现育人目标。

第一节 "优宝卡"：用数据指导学生成长

"优宝卡"学生评价体系应运而生，用数据全方位指导学生成长。九年一贯的模式又使得学生能通过数据清晰看到自己的成长轨迹，学生成长规划能真正落到实处。

一、"优宝卡"评价的价值指向

"优宝卡"是学校针对现行对学生的评价制度的不足而设计的一项改革措施，为了达成这一目标，我们对"优宝卡"的价值指向进行了明确的定位。

（一）创新学生综合素质评价

改革之前，学校对学生的评价主要依靠于期中、期末两次的学业成绩，虽然小学、初中都有《成长记录册》，但《成长记录册》存在评价内容不够全面、档案材料保存麻烦、操作容易流于形式等突出问题。现在利用"优宝卡"评价的电子化平台不但可以随时积累学生成长的素材，而且可以有积分的直观体现，为学生多元评价创立了新样式。

（二）引领教师转变育人观念

"优宝卡"评价从积分录入统计到结果趋势分析、建议，都充分利用了网络和点击技术完成，减轻了教师的评价负担，极大地提高了便利性，同时提高了评价的完整性和材料的丰富性，受到教师的欢迎。通过参与"优宝卡"评价过程，老师们切实看到了学生多元发展的可能性，从而在思想认识和工作思路上都发生了明显的改变，教育教学行为从单一重视学生的学科成绩转变为面向学生多元发展。作为一线教师，积累了许多学生多元发展评价的案例，老师们将培养学生全面多元发展的切身感悟与系统思考梳理出来，撰写成案例或论文。

（三）指导学生全面多元发展

"优宝卡"评价电子化平台积累大量真实的数据，并以雷达图、柱状图、成长树等形式呈现出个人、班级、年级在六个维度关键素养的发展水平，动态追踪发展过程，对学生多元发展具有指导作用。通过"优宝卡"评价的运用，学生更加明确自己的优势，顺势发展，也可以认识到自己的短板，有意识地"补短"，由此加强对成长的规划。另外，"优宝卡"评价载体充分考虑了评价的趣味性，积分能累计，也能兑奖，结果以"成长树"的形式出现，既直观又有趣，吸引学生更加积极主动参加学校的各项活动。

（四）完善学校育人体系

"优宝卡"评价不仅仅是对学生个体的评价，还可以了解到班级、年级和学校的总体情况，这对于学校工作改进具有指导意义。学校可以从班级均分和年级均分了解班级和整个年级的孩子的优势和劣势，随着各个年级的数据以及历年数据趋于完整，更可以有纵向的比较，发现不同年龄段的发展特点，有助于学校构建九年一贯的育人体系。

从目前积累的数据我们可以明显观察到一个学期活动设计的缺失，这对下学期活动的设计有"预警"作用，使得活动的设计更趋于完整性。例如，第一学期一、二两个年级，"会合作会参与"和"会劳动会应用"方面的积分录入比其他方面要少得多，于是在寒假和第二学期学校就有意识地设计并开展了这方面的活动，从而使得学校活动的设计利于学生综合素质的全面提升。

二、"优宝卡"的设计

"优宝卡"是指向学生关键素养多元发展的评价载体，由学校自主研究设计并实施。学校基于核心素养培养，创设多种活动或课程，教师从"三目标、六维度、四途径"对学生参加活动或课程的情况进行评价，学生由此获得成长积分，积分累积贯穿小学和初中，反映学生各个阶段关键素养多元发展的水平，并及时客观地反馈给家长。

"优宝卡"分为线上和线下两个部分。学生通过线下参加班级、学校或上级部门组织的各类活动和课程(包括主题活动、社团活动、优宝课程、争章活动四大类),对应获得线上"会阅读会表达、会提问会探究、会思考会坚持、会锻炼会自理、会劳动会应用、会合作会参与"六个方面相应类别的积分(见图6-1)。

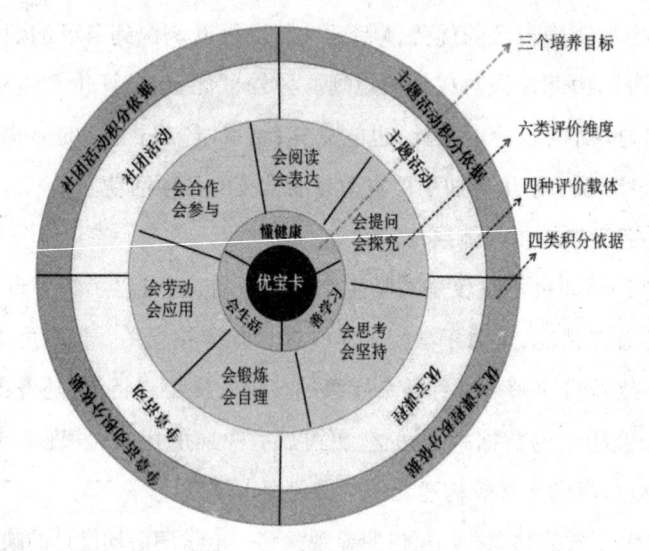

图6-1 "优宝卡"结构示意

(一)"优宝卡"的设计原则

"优宝卡"是对学生进行综合评价的载体,如何使"优宝卡"真正能够发挥评价促进学生健康成长的作用,是我们在设计时必须考虑的问题。为此,我们确定了四条基本原则。

1.鼓励性原则

充分挖掘学生的成功之处,对学生进行赏识教育,对学生的优秀表现给予奖励与鼓励,而不是对学生表现进行等级分类。

2.整体性原则

根据学校育人目标和学生成长规律,统筹设计学校各类比赛和活动,有计划、有组织地运用"优宝卡"评价。

3.趣味性原则

"优宝卡"评价的设计和运用要兼顾不同年级学生不同年龄段的身心特点,以现实感、时代感等特点吸引学生积极参与。

4.简便性原则

"优宝卡"评价为积分式的评价方式,在设计与运用过程中要充分考虑操作的简便性,让学生和教师都易于参与,让各方易于监督。

(二)"优宝卡"的设计过程

为了做好"优宝卡"的设计,学校专门成立了由相关部门人员参加的项目组。整个过程大致可以分成四个阶段。

1.前期调研准备

首先,通过师生问卷,了解当前学生综合素质评价的现状,发现问题,确定研究突破口。其次,对国内外学生素质评价相关的文献进行研究,找到理论基础,制订研究方案。最后,项目组成员对学生多元发展评价的内容、方法、途径以及"优宝卡"的外观等进行研究设计。

2.广泛征求意见

通过学校微信平台、信息公告栏、晨会、教师大会等平台,宣传学生多元发展评价的内涵、方法和意义,征集教师、学生、家长对开展多元发展评价的意见和建议,提高教师、学生、家长对多元发展评价的了解与认可。

3.分工协同推进

校长是评价改革的第一责任人,具体的设计与实施由教科室牵头,教导处、学生处、办公室协同完成。例如,办公室主要负责"优宝卡"外形的设计,教导处、学生处主要完成评价途径的设计与实施,教科室主要完成评价方法的指导等。各个环节虽有主要负责部门,但整个评价的实施是在各部门配合下协同推进。

4.试点总结调整

多元发展评价首先在一、二年级中试点推行。试行过程中重点关注评价内容、途径、方法的合理性、可行性,以及评价结果对学生多元发展的指

导意义和价值。通过设计、行动、反思、修正四个过程的不断循环,最终确立具有校本特点的学生多元发展评价体系,使得学生多元发展成长轨迹可保留、可分析、可借鉴。

(三)"优宝卡"的主要特点

学校是一所九年一贯制的学校,学生年龄跨度大,"优宝卡"既要起到激励的作用,又要具有一定的特色。因此,我们在设计过程中,力图突出三个主要特点。

1. 评价内容富有个性

有些学校制订的综合素质测评方案,内容互相交叉,表述模棱两可,这些都会使评价者与被评价者在实施过程中,因为不清楚评价的标准和要点,产生评价结果混乱的后果。综合素质评价改革首先要解决评价指标与学生综合素养发展内容相对应的问题,优秀的综合素质评价方案,往往能体现出学校的特色,即富有个性。通常以国家、地方教育方针政策为指引,结合学校办学理念,以培养目标为导向,就可以制订富有个性的方案。

2. 评价过程便于操作

早些年较为常见的"成长手册""档案袋"等评价方式,虽然也保留了一些学生成长的原始材料和数据,但材料收集、整理、归档比较烦琐,还容易流失,也很难进行分析和比较。当今,现代技术发展极大地拓展了评价改革的空间,学校可以将校园网与移动终端APP进行对接,评价者只要进入APP相应界面,使用登录账号和密码,就可以随时随地对学生进行评价。同时,利用网络巨大的存储空间,建立学生综合素质发展的大数据库,形成学生个性化的多元发展报告,以图文并茂的形式进行评价反馈。

3. 评价结果更加客观

以往对学生综合素质评价除了学业水平有客观数据,其他方面往往还是依靠教师的经验和感受做定性的评价,评价结果受教师个人素养影响很大,如果出现更换教师的情况,评价结果更加难以客观反映学生发展情况。学校将学生的综合素养发展过程中的行为表现,予以积分式的评价,并且通过现代技术自动积累,不但可以持续还原学生多元发展的轨迹,使学生多元发展的过程可见,也使评价结果的记录、分析、运用更加直观和客观。

(四)"优宝卡"的基本架构

"优宝",是学校的吉祥物,灵感来源于校名首字母缩写。脑袋正面"J"形,背面"C"形,还似两个手指做出的"U"的姿势,身体是个"大"字形,敦实而圆润。"优宝"有各种深受学校师生欢迎的样式,如下图6-2所示。

图6-2 优宝的形态

借助学校各类活动和课程,"优宝"这个名字和形象在师生间已有广泛的影响,几乎已经成为景成学子的代号。在这样的背景下,将学校的多元评价载体称为"优宝卡",有利于调动学生参与评价的积极性,而且其内涵也符合评价改革的最终目的:引领每个孩子都努力追求做最优秀的自己。

我们借用了"优宝"的形态,参考中国学生发展核心素养框架,与学校的校情、学情结合,将"优宝卡"分为六个类别,分别指向六个维度的评价标准。

1.会阅读会表达

会阅读会表达主要是评价学生在学习、理解、运用人文领域知识和技能等方面所形成的基本能力、情感态度和价值取向。其具体包括人文积淀、人文情怀和审美情趣等基本要点。具体细化为:用普通话正确、流利地朗读课文;写字的姿势正确,书写整洁;坚持每日读课外书20分钟以上;对艺术感兴趣,通过唱唱、看看、画画、做做等方法大胆表现;参加艺术活动获得奖项等。

2.会提问会探究

会提问会探究主要是评价学生在学习、理解、运用科学知识和技能

等方面所形成的价值标准、思维方式和行为表现。其具体包括理性思维、批判质疑、勇于探究等基本要点。具体细化为：对周围的事物有好奇心；能够提出有意义的问题；熟练地进行20以内的计算；会用数学解决问题等。

3. 会思考会坚持

会思考会坚持主要是评价学生在学习意识形成、学习方式方法选择、学习进程评估调控等方面的综合表现。其具体包括乐学善学、勤于反思、信息意识等基本要点。具体细化为：及时早读，懂得复习；会安静地上课；做好课前准备；按时完成作业，及时订正；学科成绩优秀，或进步明显等。

4. 会锻炼会自理

会锻炼会自理主要是评价学生在认识自我、发展身心、规划人生等方面的综合表现。其具体包括珍爱生命、健全人格、自我管理等基本要点。具体细化为：早睡早起，按时吃饭；早晚刷牙、饭前便后洗手；对运动感兴趣，坚持每天1小时以上体育锻炼；会做眼保健操；爱护花草、树木、小动物；愿意与人交流；课间安全玩耍；体质测试成绩优秀，参加体育活动获得奖项等。

5. 会合作会参与

会合作会参与主要是评价学生在处理与社会、国家、国际等关系方面所形成的情感态度、价值取向和行为方式。其具体包括社会责任、国家认同、国际理解等基本要点。具体细化为：认识国旗，会唱国歌，晨会时认真严肃；主动问好，礼貌用语；爱惜书本和学习用品，不损坏公物；不挑食，珍惜粮食；不乱扔垃圾；公共场合保持安静；做错事情承认错误；班级小岗位工作认真负责等。

6. 会劳动会应用

会劳动会应用主要是评价学生在日常活动、问题解决、适应挑战等方面所形成的实践能力、创新意识和行为表现。其具体包括劳动意识、问题解决、技术应用等基本要点。具体细化为：自己穿衣服，系鞋带；自己整理书包、课桌；主动认真地值日；不乱扔垃圾；能独立思考问题；参加相关竞赛活动，取得奖项等。

三、"优宝卡"的运用

"优宝卡"的运用，是通过数据的积累和分析，学校和教师不断改进和完善育人体系，学生和家长不断进行扬长避短的自我调整，从而促进学生全面、多元、主动、协调发展。

（一）运用流程

首先是线下，学校根据评价标准，统筹设计和组织活动或开设课程，并引导学生积极参加。接着是线上，学生参加活动或课程后，对照《杭州市景成实验学校学生多元发展积分依据》，由组织活动或者负责课程的老师根据"积分依据"给予评价，即在移动终端的应用中，找到相应的板块录入学生的积分，导入相应的档案材料。具体流程如图6-3。

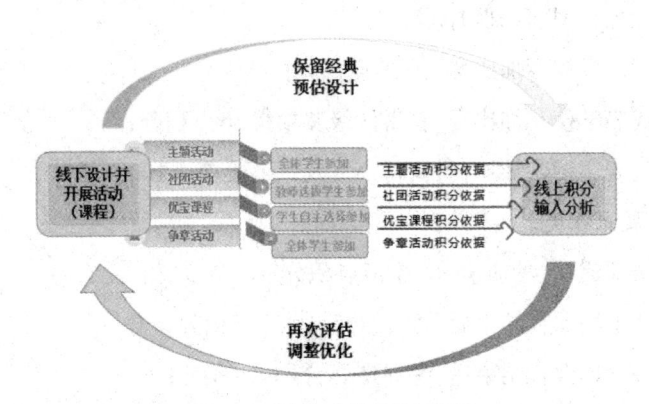

图6-3 "优宝卡"运用流程图

1.线下参加活动（课程）

学校按照"主题活动、社团活动、优宝课程、争章活动"四条途径整体设计活动和开发课程，供学生自主选择参加。比如，2018学年一年级学生在"会锻炼会自理"维度可选择参加的活动和课程有：素质运动会、秋季运动

会、体育小打卡活动、"自理章"争章活动等。2018学年二年级学生在"会阅读会表达"维度可选择参加的活动和课程有："诵读章"争章活动、"一笔好字"写字比赛、优宝课程——小古文、老底子杭州、历史小故事、儿童英语绘本、小小演说家等。

2. 线上积分录入

学生参加活动后,根据"积分依据",教师在"优宝卡"电子化平台上录入相应积分。

3. 后台数据整理

"优宝卡"电子积分系统根据教师的积分输入,对学生的积分进行汇总、分类、分析,然后以表格和雷达图的方式进行呈现。

(二)积分规则

为了便于操作和数据整理、分析,学校明确了四条评价的途径,即主题活动、社团活动、拓展课程和争章活动,具体积分规则如下。

1. 社团活动类

(1)参加社团活动得10点积分;

(2)代表学校参加比赛,得20点积分;

(3)代表学校参加比赛,获得区级奖项得50点积分;

(4)代表学校参加比赛,获得市级及以上奖项得100点积分。

2. 拓展课程类

(1)选课成功,参加学习,得10点积分;

(2)一学期课程结束后,考评合格,得20点积分;

(3)一学期课程结束后,考评良好,得50点积分;

(4)一学期课程结束后,考评优秀,得100点积分。

3. 主题活动类

(1)参加主题活动得10点积分;

(2)参加活动,在班级层面获奖,得20点积分;

(3)参加活动,在年级层面获奖,得50点积分;

(4)参加活动,在学校层面获奖,得100点积分。

4.争章活动类

在争章活动,争得一枚校本章,得20点积分;

各个类别的活动积分,最终由老师汇集。社团活动按社团类别,由社团负责老师在活动结束后在相应的评价维度给予积分;拓展课程按课程类别,由课程负责老师在学期课程结束后在相应的评价维度给予积分;主题活动按照活动类别,由学校相应部门制定积分标准,在完成相应的主题活动后由组织活动的老师在相应的评价维度给予积分。

例如,"健康生活"类主题活动"学生体能素质运动会"。由学校教导处牵头,制定积分标准,运动会结束后,体育老师在学生的"健康生活"类按照"积分依据"录入积分。争章活动类由学生处牵头,结合学生实际设计校本章。中队辅导员组织引导学生参加争章活动,活动结束后负责录入积分。

(三)奖励办法

"优宝卡"积分在录入后,电子化平台后台自动累积,学生可在每学期期末用积分兑换奖品,兑换后学生总积分继续累加计算,可兑换积分相应减少。

奖励兑换分为物质与精神两种形式:物质类奖励按照10点折合1元,可等价交换物质类奖品;精神类奖励主要是以满足学生的愿望为主,按愿望满足的难易度对应折合成不同的点数。比如,国旗下讲话一次100点。

学校设置奖品陈列柜,将对应点数的实物奖品陈列在学校的团队活动室,方便学生自己选择。

为鼓励学生全面发展,学生若能集齐六种类别的"优宝卡"一起兑换,则奖励的点数是实际点数的两倍。

(四)结果运用

电子化平台以"雷达图""成长树"的形式呈现学生个人多元发展六个维度的发展变化,以柱状图、雷达图、表格等形式呈现个人、班级、年级学生的发展变化比较,学生、家长、教师可以随时通过登录账号查看。学生所得的"优宝卡"积分情况作为评优评先、入团、初三综合素质评定等依据;根据每个年级(或班级)学生"优宝卡"积分数量及获卡人数比例,对年级组(或班级)实施奖励,在优秀年级组(或优秀班级)评比中予以适当加分。

(五)保障措施

为了保障"优宝卡"的顺利实施,对学生的综合评价能够真正做到客观、公正,发挥促进学生全面发展的激励作用,学校还制定了相关的保障措施。

1. 制度保障

制订学期实施方案和校本评价方案,完善自我评估和自我调控功能。将各项目标分解落实到各个部门,各部门按照方案制订相应的工作计划。建立工作小组微信群,并在实施过程中定期召开碰头会议,及时协商、调整实施方案。

2. 舆论保障

为提高"优宝卡"评价的知晓度和认同度,促进评价目标的有效达成,学校将多方评价的理论学习和研讨纳入校本培训计划,学校通过教工大会、校园网站、微信公众号等加大宣传,统一认识,形成合力,有效实施。

3. 技术保障

学校是杭州市智慧校园示范校,教育新技术的投入与应用有着良好的基础。为保障"优宝卡"评价的运用,学校投入20余万元,与教育技术公司合作开发"优宝卡"评价电子化平台,充分利用网络点击的技术,积分录入、材料收集、数据分析等均可在电子化平台上操作完成。教师在电脑端和手机等移动终端登录后即可完成操作和查看结果。

四、"优宝卡"在不同类型活动中的运用

学校开展的活动是多种多样的,因此,"优宝卡"在不同类型活动中的具体运用也是各有特点,以下分别予以介绍。

(一)"优宝卡"在主题活动类中的运用

主题活动一般是全校性的活动。活动主题由学生处或教导处牵头设计,具体内容和形式由各个年级组设计,通常所有学生都要参加。在活动中或结束后,以生生互评、教师评价等方式对学生参加活动的情况予以评价,再由班主任在"优宝卡"电子化平台上录入积分和导入档案材料。后台对录入的数据进入汇总和统计分析,学校和教师再对结果进行分析,并对下一轮活动进行调整、优化。

【案例6-1】主题活动之"阅读节"活动

四月是春光明媚、草长莺飞的季节,也是一年级孩子读书的美好时光。为了培养一年级学生的阅读兴趣,打下人生"悦读"的基础,结合学校阅读节的活动,一年级开展了导读、共读、读后系列活动,并利用"优宝卡"对学生进行了过程性评价。

4月初,阅读节紧锣密鼓地进行。在准备阶段,一年级成立了教学经验丰富、热爱童书阅读的语文任课老师导读团。导读团在浩如烟海的童书中精挑细选了两本情节跌宕起伏、富有想象力的故事书《小猪阿蛮》《奶奶的魔法椅子》。导读团的每位老师为这两本书写了推荐留言——"作者以一种巧妙的方式把自然知识编织进故事中。小朋友可以在享受阅读趣味的同时学习到自然知识。""《小猪阿蛮》贪吃、贪玩,像极了一年级的小朋友,他们一定能在这本书里找到共鸣,爱上这只贪吃、淘气又天真善良的小猪。""《奶奶的魔法椅子》充满了神奇的想象,又弥漫着温馨的亲情,小朋友一定可以在这本书里惊叹想象的神奇、找到心理的慰藉。"

4月8日,一年级的学生走进充满书香的阅览室,聆听导读团老师声情并茂地朗读《小猪阿蛮》《奶奶的魔法椅子》。"小猪为什么叫阿蛮?妈妈本来叫他小胖,因为他身材矮胖。后来发现他打呼噜一点也不含糊。七个孩子中,阿蛮胃口最大,呼噜声最响。关于名字,他一点也不在乎,只要给他一点儿热牛奶作交换,就是一天改十个名字,他也愿意。""很久很久以前,有一位老奶奶,她有一把椅子,它有魔法,非常神奇,不仅会带你飞到你想去的任何地方,还会讲故事,每一个故事都让人着迷。下面这些故事就是这把魔法椅子讲的。"单是这两个童趣的开头,就吊足了小朋友的胃口。

接下来的阅读课和午休时间,随处可见小朋友们手捧故事书,津津有味阅读的情景。学生与老师共读一本书,老师的导读点燃了学生阅读的火花,用诗意的语言带领学生走进童话,感受阅读的美好。

4月底,在阅读节的尾声,一年级各班在导读团老师的组织下,开展了阅读交流活动。"你喜欢阿蛮吗?说说喜欢的理由?""你觉得《奶奶的魔法椅子》里哪个故事最吸引你,说说你印象最深的情节。"在老师的带领下,小朋友们各抒己见,畅所欲言。最后,老师还手把手地教他们如何制作读书卡,如何填写阅读书目、阅读时间、阅读感受等。

活动结束,语文教师按班级进行积分输入。以103班为例,本次阅读活动全班43人全员参加,包雨桐、柴雨萌、陈晓希等16位同学获得50积分,并荣获"阅读小达人"称号。方紫萱、付海洋、高文杰等24位同学获得20积分。其余3人获得10积分。

(二)"优宝卡"在社团活动类中的运用

社团活动一般由教师设计,由学生处审核,一般是在某个方面学有余力的学生参加。在活动中或结束后,以生生互评、教师评价等方式对学生参加活动的情况予以评价,再由社团负责老师在"优宝卡"电子化平台上录入积分和导入档案材料。后台对录入的数据进入汇总和统计分析,学校和教师再对结果进行分析,并对下一轮活动进行调整和优化。

【案例6-2】社团活动之"种子俱乐部"

种子俱乐部于2007年成立,在一至五年级100多名孩子和家长的共同参与下,现在拥有了22支小队。自成立以来,俱乐部已经开展了种植观察、收获义卖、种子贴画等多项活动。

春天,是万物复苏的季节,小草唱歌、花儿跳舞、柳树抽出枝芽的季节……

3月21日,恰逢春分,种子俱乐部迎来了2019年春播仪式,招募了新的一批社员,共同踏着春天的脚步,沐浴着和煦的春风,开启了新的播种之旅。社员们以小队为单位，自主报名组队，家长和孩子共同为自己的菜地做规划。各小队根据植物的特性和自己小队的特长，计划好不同季节在菜地播种不同的果蔬，使得菜地保持良好的利用率。每届种子俱乐部为期一年，我们都会结合"优宝卡"对各小队进行过程性评价。

各小队分工合作，在每周末的规定时间去自己的责任菜地进行日常养护，包括浇水、施肥、除虫，护理菜地的及时程度将计入"优宝卡"的考评。蔬果成熟的时间不一，加上菜地是开放式的，因此家长和孩子要勤照顾菜地，及时收取成熟的果实。为了便于管理，每次有社员需要进校园照顾菜地时，还需在"种子俱乐部进校登记册"上记录，记录的次数将被记作出勤率，进行"优宝卡"考评。

在采摘果蔬之后，各小队将根据自己的计划开展各种活动，比如，六一节的义卖活动，又或者是班级、年级开展的各种果蔬分享活动。活动内容丰富有意义，各小队还会将活动记录下来，包括日常的养护、采摘等，制作成"美篇""word小报"等不同形式的小队月刊，学校也将择优推送至公众号。

种子俱乐部活动是对孩子进行德育和美育的重要途径，是科学课堂教学的补充和延伸，是培养学生科学素养的重要阵地。通过形式多样的活动，孩子们进行个性化、创造性的学习，使科学实践得到更好的发展，科学知识得到了更多的拓展，观察能力和创新思维能力得到了更多的提升。种子俱乐部成立的初衷不是培养专业种植员，而是把种植观察作为素质教育的一种有效手段，在潜移默化中培养孩子的责任意识，提高他们的动手能力，激发他们对大自然的热情。

（三）"优宝卡"在拓展课程类中的运用

拓展课程主要由学校教师自主开发和实施，小部分由家长或社会专业机构开发和实施，由学校教科室负责审核。每个学年的第一学期，由教科室统筹安排，向学生公布课程，然后学生在移动终端进行线上选课。学生可以根据自己的兴趣爱好，在相应的学段课程中自由选择一至两门课程参

加。课程一般持续两个学期,每个学期结束后由课程负责老师按照"积分依据"要求在电子化平台上录入相应的积分,后台对录入的数据进入汇总和统计分析,学校和教师再对结果进行分析,并对下一轮课程进行调整和优化。

【案例6-3】拓展课程之"小古文"课程

中华优秀传统文化博大精深、源远流长,是中华民族的精神命脉,其中蕴含的思想观念、人文精神、道德规范等文化精髓至今依然历久弥新,闪耀着恒久的思想光芒。如何让优秀的中华传统文化进入小学课堂,使学生从小就受到传统文化的熏染,这是"小古文"这一拓展课程开设的初衷。为了更好地达成课程目标,我们设置了以下学习目标。

1.通过跟读、齐读、领读等多种形式的诵读方式,学会断句,增强初步的文言语感,读出小古文的韵律之美。

2.借助联系上下文、查字典、小古文下面的注释,能初步了解小古文的内容,积累常见的古汉语重点语汇以及典故、风俗等古代文化知识。

3.通过对小古文的诵读,初步感受文字背后的中国情趣、审美、智慧等,逐步培养热爱传统文化的感情。

该课程招生年级为二、三年级同学,通过平台选课,进入"小古文"学习的同学有6名二年级同学和5名三年级同学。

2018学年第二学期共学习了12个学时,学习的"小古文"有《芦花》《荷》《菊》等优美植物类小古文,《猫捕鱼》《猫斗》等趣味动物类小古文,《称象》《道边苦李》等智慧少年类小古文,《学而时习之》《合抱之木》等智慧教言类小古文。小古文的诵读很重要,要诵读,重要语句要懂得断句,要断句,需懂得重点词汇的意思,由于有了第一学期的基础,第二学期的课堂上,学生往往能根据字典、注释或把单音节词语组成多音节词语,甚至多读几遍的方法读懂文章的大致意思,较之第一学期有明显进步。著名特级教师于永正说,小古文怎么学?粗知大意,背下来再说!每篇小古文老师都要求学生背诵，可以选择在下一个课时背诵，也可以当堂背诵，如果能够当堂背诵的同学在课堂表现评分册上，可以额外加分。以上为第一课时的主要内容，第二课时通过文配画、合作表演、合作朗诵、交流心得等方式对所学内容进行内化。

期末课程结束，老师根据学生课堂表现评分册的得分以及期末汇报两个方面的表现对学生予以评价。考评合格，得20点积分；考评良好，得50点积分；考评优秀，得100点积分。

（四）"优宝卡"在争章活动类中的运用

争章活动是指学校学生处根据市少工委、团委的要求，结合学校的实际情况面对全体学生设计开展的活动。争章活动分为两类：一类是学校根据上级部门要求在全校范围开展的学校争章活动；另一类是各个年级根据学情特点开展的年级争章活动。活动由学生处统筹，各个年级组自主分阶段指导所有学生参与。在活动中或结束后，以生生互评、师生评价等方式将学生参加活动的情况予以评价，再由中队辅导员老师在"优宝卡"电子化平台上录入积分和导入档案材料。后台对录入的数据进入汇总和统计分析，学校和教师再对结果进行分析，并对下一轮活动进行调整和优化。

【案例6-4】主题争章之自理章

2019年6月，一年级组针对学生自理能力弱、依赖心强的特点，结合少先队活动课开展了"学做生活小主人，自理自护小达人"的自理章争章活动，以期培养学生的生活自理能力，安全自护、防骗自护的技能。自理章争章活动分为四部分：争章启动、争章实践、争章展示、争章评价。一年级组的老师设计了精彩有趣的活动，循序渐进地培养学生树立自主劳动、自我保护的意识，扎实稳步地开展培养生活技能、自我防护能力的训练，并给学生创设展示生活技能的平台，最后结合"优宝卡"进行争章评价。

一、争章启动课

在歌曲《我有一双勤劳的手》的悠扬乐声中,争章启动课开始了。辅导员提问学生:"歌曲里的小小手如此能干,你的小小手,都能干哪些活呀?"学生们七嘴八舌回答,个个都想把自己最棒的一面展示出来。

紧接着,辅导员话锋一转:在生活中,我们的小小手能帮助我们做很多的事情。若是在生活中遇到意外,可千万不能慌张,要想尽办法求救哦!比如,游泳时溺水该怎么办?发生火灾该怎么办?有陌生人让你带路该怎么处理?一个人独自在家,该不该给陌生人开门?这些问题,难倒了大部分的学生,这正是本次争章课的意义所在,让学生培养安全自护、防骗自护的意识,培养相应的生存技能,让学生健康快乐地成长。

于是,辅导员说明争章要求:"自理章"的要求是学会自己的事情自己做,如整理生活用品和学习用具;还要学会安全自护、防骗自护的技能,做个能自理、会自护的好孩子。

最后,辅导员组织全班学生按照小组合作讨论,制订切合自身实际的争章计划。

四人小组讨论,制订争章计划。

争章启动课点燃了学生培养自理技能的兴趣,增加自护能力的意识,紧接着,"自理章"争章实践在班级里、家庭里如火如荼地开展。

二、争章实践

自己的事情自己做,从争章启动课开始,班级里洋溢着一股争做"生活小达人"之风。扣扣子、戴红领巾、系鞋带、整理书包,平常让一年级小朋友面露难色的任务,现在个个都跃跃欲试。其中,不乏高手把衣服穿得又快又整齐,把鞋带系得又快又牢。高手来分享小技能,其他小伙伴听得可仔细了。不仅在学校里,这股争章之风还刮到了小朋友们的家里。家长们纷纷反馈,自从争章启动课以来,小家伙们在家里表现大不相同了,以前是衣来伸手、饭来张口,现在可抢着要分碗筷、洗碗、扫地、洗衣服呢!

自理章还有更重要的内涵——"学会自护",这在生活中虽不常用,但一旦需要这项能力,便是生死存亡时刻。辅导员高度重视技能的传授,通过读童谣,牢记安全电话号码:"110——我是110,遇到坏人报告我,除害公正没得说。120——我是120,生病急救报告我,救死扶伤没得说。119——我是119,遇到火灾报告我,灭火救人没得说。"辅导员创设了大量的情境模拟,让学生尝试着在不同情境下如何自救。

三、争章展示

在将近两个星期的争章实践活动后,学生们迎来了激动的争章展示时刻。展示内容有:赛自理技能(叠被子、穿衣服、系鞋带)、比戴红领巾、正确报警等。

四、争章评价

本次争章活动的最后,采用评价表打分,获得30颗☆及以上可以申请颁发"自理章",并在"优宝卡""会劳动会应用"一栏中获得20分的成长积分。

"自理章"评价表

	基本生活技能	整理书包	求助电话	自我保护常识
自己评				
小队评				
中队评				
辅导员审核			审核时间	

优秀:☆☆☆　　　良好:☆☆　　　合格:☆

活动结束后,班主任以班级为单位输入积分。以103班为例,全班43个孩子,共有41个孩子获得"自理章",并获得20分的主题积分。

"优宝卡"在各类活动中的运用,更好地调动了学生参加活动的积极性。为了能够获得更多的"优宝卡"积分,学生们热情高涨,不仅积极参与,而且还开动脑筋,从而使活动取得了更高的效率。

第二节　三节·两会:搭建学生展示平台

从学生层面来说,一年级到九年级,学生的年龄跨度大,不同年龄段的学生,对于成长的需求、评价的需求各不相同;而且学生中新杭州人的占比较大,学生的生活背景、家庭环境等差异较大,"一刀切"的评价模式不利于全方位地评价每一个学生,借助多元化的展示平台,有利于学生展示自己的长处和优点,在成长中获得强劲的动力。

一、多元展示平台的搭建

根据学生发展的需要,同时结合区、市的各项活动,学校在每学年分别安排了"三节·两会"来激发学生参与活动的热情,体验成功的感受。

(一)三节·两会的含义

三节是指阅读节、科技节和艺术节;两会是指素质运动会和田径运动会。三节·两会是由学校设立的,有关部门组织实施的校园活动。

1. 三节

(1)阅读节。阅读节由学校教导处发起,语文教研组牵头组织,各年级的语文备课组设计本年级的阅读书目、阅读主题和展示活动,一般安排在每年的4月——世界读书日前后,同时也会配合读书日的相关主题和活动。

(2)科技节。科技节由学生处发起,科学教研组牵头组织,一般会结合近期科学课上学习的内容,安排一些有趣的、需要学生动手制作的科学作品比赛,来让学生尝试和实践课堂知识。这既需要学生内化学习内容,又需要通过作品外显学习成果,真正达到动手又动脑的目的。

(3)艺术节。艺术节由学生处发起,音乐教研组与美术教研组牵头组织,一般安排在每年的区艺术节和市艺术节之前举行,除了为学生们提供展示艺术才华的舞台之外,也为学校参加区、市的艺术节进行相应的选拔,为学校增光,为自己添彩。

2.两会

(1)素质运动会由教导处牵头发起,结合体能测试,要求全体学生都要参加。运动会开始前一到两个月,学校会先通过微信公众号"卓越景成"进行宣传,让学生了解自己需要参赛的项目,方便每天练习;运动会比赛以班级为单位参加,年级组为单位开展"小达人"评比,每个项目取前六名颁发奖牌,首次取得最佳成绩者,或打破之前的最高纪录者,会授予"景成吉尼斯"称号。

(2)田径运动会由学生处牵头发起,主要分为入场式和比赛两大部分。入场式每年都会制订一定的展示主题,以年级为大单位,班级为小单位进行展示活动;田径比赛,参赛学生相对较少,一般每个项目每班派3名运动员参赛,获奖取前八名计分,前三名授予金银铜牌,打破校纪录双倍计分,最后在年级中评选前三名为团体总分优胜。

(二)三节·两会的设计原则

三节·两会的活动设计总体上首先遵循教育性原则。学校举办各类活动的目的最终都是以育人为目标,要让各项活动的内容真正"内化"到学生心里。其次,三节·两会设计遵循多样性原则。丰富多样的活动能够充分调动学生参与的积极性,给学生更广泛的选择空间。最后,三节·两会设计遵循自主性原则。学生是学校活动的主体,当学生具有了主人翁的使命感和责任感,就能全身心地投入活动之中,发挥自己更大的潜能。

1.阅读节以内容组织的关联性为设计原则

阅读节设计的主体和内容与学生现阶段学习的相关课程内容具有一定的关联性,以学生已有的知识技能、阅读经验为起点,拓宽学生的阅读视野,积淀思想深度。

2. 科技节以能力训练的阶段性为设计原则

科技节的设计以各年级学生能力发展的序列为线索,在设计各年段活动时,遵循由低到高、由易到难的顺序进行,循序渐进地提升学生在科学技术方面的动手能力。

3. 艺术节以实施方式的生动性为设计原则

艺术节的设计通过生动活泼、灵活多样的活动组织形式,让学生在艺术活动中以最直观、最形象的方式展示各方面特长,获得全方位、多元化的评价。

4. 田径运动会的设计遵循集体教育与个人展示相协调的原则

田径运动会的入场式活动以班级为单位进行,旨在培养学生树立正确的集体意识和良好的团队行为;运动项目彰显个人运动素养,展示个人运动能力。

5. 素质运动会的设计遵循体验运动乐趣原则

素质运动会的运动项目要求每一位学生都能积极参加,在学生充分得到运动的同时,通过平时的训练,赛时的奖励,成绩的提升,让学生享受到运动带来的乐趣。

(三)三节·两会的基本框架

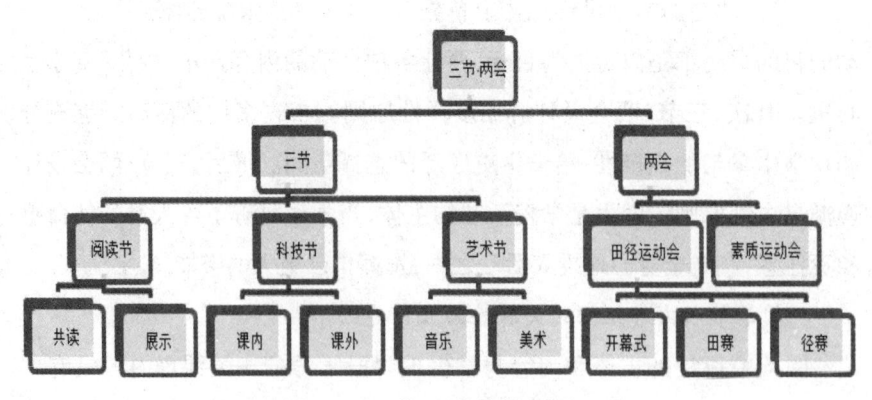

图6-4 三节·两会的基本框架

(四)三节·两会的运作流程

以"三节·两会"为依托,为学生搭建多元的展示平台,能够充分调动学生参与活动的积极性,让学生自主选择参与活动的角度,明确自己可以努力的方向。

1. 阅读节

阅读节以年级为单位来开展活动,符合学生不同学龄段的阅读特点。在阅读节活动的开展中,各年级各班通过丰富多样的阅读书目和阅读主题,能够有效地拓宽学生的知识面,提升阅读兴趣;通过共读、展示等活动,能够形成一种你追我赶的读书氛围,促进学生养成良好的阅读习惯。

2. 科技节

科技节活动以课本知识为依托,结合课外内容,这种课内课外的联动,能够为学生提供更多的展示机会和展示平台,除了展示课本上学到的内容外,也可以展示个性化的课外知识,让更多的老师和同学看到、了解自己的知识容量。

3. 艺术节

艺术节的展示面更加广泛,从大方面上分为音乐和美术,在这两个门类下又可以细分,音乐下的演唱、乐器、舞蹈等,如美术下的绘画、书法、篆刻、手工等,分得越细致,越能让不同特长的学生都拥有更多的展示机会。

4. 田径运动会

田径运动会着重开发学生的运动天赋,通过竞赛颁奖和班级积分制,既鼓励个人的成就,又培养学生的集体荣誉感,尤其是集体项目的双倍积分,能更好地调动学生参与运动会和比赛的积极性。

5. 素质运动会

素质运动会的侧重点在全员健身,通过评选"小达人"来鼓励每一个学生每天坚持做运动,通过自己的努力可以达到一定的成就。

二、三节的实施

阅读节、科技节、艺术节为学生搭建多方面的展示平台,因三节的开展方式、内容不同,实施的形式也是多种多样的。

(一)阅读节的实施

让阅读成为一种习惯,让书香飘逸校园。学校通过举办一年一度的阅读节,激发学生的阅读兴趣,丰富学生的阅读体验,展示阅读中的丰厚收获。

1.阅读节的主题确定

每年的世界阅读日到来前,学校都会举行"阅读节",来推广阅读,培养学生的阅读习惯,让"读好书,好读书"成为一种日常状态。学校还为阅读节定制专项主题,如2017年阅读节的主题"悦读阅美",就是通过阅读来让学生们感受文字、语言、内容的美;如2019年阅读节的主题是"美好春天Yi起阅读",通过"Yi"的这个谐音,既鼓励全体学生一起参与到阅读中来,也号召巴东、兰溪等结对学校一起参加阅读公益活动。

阅读节的举办不仅要使学生意识到阅读的重要性,还要让更多的学生,尤其是阅读习惯偏弱的学生体验到符合个性需求的自由阅读能给人带来极大的趣味,意识到课本里的知识比起广阔的课外书来,只是九牛一毛;知道为了完成作业或应对测试而进行的乏味甚至是痛苦的阅读远远不是学生时代阅读生活的全部,从而爱上阅读,充分利用课外时间阅读。

2.阅读节的开展方式

以2019年的阅读节活动为例,学校举行"美好春天Yi起阅读"的活动。此次活动从读前、读中、读后三个阶段出发,基于不同学段的学生特点,创设丰富而有特色的阅读载体。通过师生间"一"起阅读,提升学生的阅读能力,营造师生共读的阅读氛围;通过生生间"一"起阅读,激发学生阅读兴趣,培养阅读习惯,助力"阅读型"美好学校的建设;通过对接结对学校,与巴东、兰溪结对学校"益"起阅读,形成两地教师、学生的阅读成长共同体。

活动从2019年3月29日开始,持续到4月30日,历时一个多月,面向全校学生开展,每个年级有不同的推荐书目,不同学段有不同的落实方法。

(1)第一阶段是"读前"阶段,语文教研组设计的是导读活动,分年级开展,活动安排见表6-1所示。

表6-1 阅读节第一阶段活动安排

年级	书目	载体
一	《奶奶的魔法椅子》《小猪阿蛮》	教师导读团:各年级组准备一节导读课,内容分别为两本推荐书目,以及如何选书、读书。各年级三位语文教师利用阅读课进行导读推荐
二	《小猪飞上天》《神奇草原大冒险》	
三	《莫过奇遇》《神奇的鸟》	
四	《最后一头战象》《海盗谜团》	选书留言板:各班教室开辟一块留言板,放上推荐书目。学生可利用课间自行翻阅,并在便利贴上留言想选哪本书,以及选书理由
五	《荒野奇缘》《宝藏迷踪》	
六	《勇敢的船长》《灰熊王》	

教师导读团的具体安排:一到三年级语文备课组集体备一节导读活动课,内容包含两本书的导读,及选书、读书的方法,形式多样;将年级组语文教师分为两个导读团,三人一组,协同开展导读活动;同年级每两个班为一批,在阅读教室参加导读活动,提前排好三个年级的导读课表。

选书留言板活动具体安排:四到六年级各教室选一处地方(如读书角)布置成选书留言板,放上便利贴、图书海报、推荐书籍等。

两项活动均在4月4日前完成。

(2)第二阶段是"共读"阶段,语文教研组设计了生生共读、师生共读等活动,还邀请著名作家进校园来为同学们分享阅读和写作的经验,具体安排活动见表6-2所示。

表6-2　阅读节第二阶段活动安排

年级	载体	特色活动
一	为你朗读：阅读节期间，一、二年级语文教师利用两个中午班为学生朗读推荐书目20分钟（要求投影朗读书籍）。三年级则由学生来当朗读者	走近作家：4月12日上午，著名以色列国宝级作家亚纳兹·利维走进校园，全体二年级学生参加本次活动。地点：研学厅 图书捐赠：认真书店图书捐赠
二		
三		
四	共读时光：阅读节期间，四至六年级学生每周一天利用午间休整时间或放学前作业整理时间持续阅读30分钟	
五		
六		

在老师的导读指导、学生的留言推荐活动结束后，阅读节正式进入读书阶段，活动的时间是4月8日到4月19日。

"为你朗读"活动确定好每日读书的篇目和章节，朗读时全班同学安静地聆听；"共读时光"要求学生利用整块的时间持续阅读，阅读时学生不做作业，老师不讲评作业。

这次阅读节，二年级的学生还有幸参加了"走近作家"活动，与以色列国宝级作家亚纳兹·利维面对面交流。利维为学生们带来了《想象创造世界，阅读开启未来》的精彩导读，与大家分享了一系列利奥叔叔的冒险故事：四根头发救命，倒立国的奇特遭遇，给爱哭鬼巨人讲故事，臭汗被做成香水，为了打败怪兽变成一半男人一半女人，和蟑螂女士结婚住在下水道里……还分享了自己的写作动机：是为了哄哥哥家的7个孩子。大作家的现身说法，让学生们感受到有趣的阅读就是来自生活，来自身边，丰富的想象力可以成为每个学生创作的动力，留心生活中的故事，就有可能写出吸引人的童话。

(3)第三阶段是"读后"阶段，重在让学生交流、体会读书的感受，拓宽视野、开阔心胸，同时积极参加阅读公益活动，从小就能有社会责任担当。具体活动安排见表6-3所示。

表6-3 阅读节第三阶段活动安排

年级	载体	特色活动
一	阅读交流圈：各班级选择同一本书的学生组成小组，形成阅读交流圈。交流时，可采用创编故事、朗读片段、画人物关系图、写读后感、演出书中情节等方式。各班利用阅读课，进行展示，并评选出"阅读之星"	"益"起读书：由四年级两个班分别向巴东、兰溪结对学校同年级某班寄送推荐书籍，以及读后感。年级组教师共享导读设计
二		
三		
四		
五		
六		

4月22日到30日，在完成书目的阅读后，各年级各班根据学生自主选择的阅读书目和完成材料，分组建立阅读交流圈，展示自己的阅读成果，同时根据阅读的心得、数量、制作的材料等多方面综合评价，每班评选出10名阅读之星。

"益"起读书活动以四年级学生为代表参加。在四年级选择一个班级，同时联系巴东结对学校，选好对应班级；打包寄送班级的阅读交流单，并附赠相关书籍，邀请巴东的四年级同学共同阅读，一起交流，同时与当地教师联系，线上分享学校的阅读节的开展方式，共享导读课教案。

学校通过阅读节的阅读主题，各年级的推荐书目，具体开展的各项活动，给学生提供了一个方向上的引领，选定的阅读范围，搭建的阅读平台，提供的阅读引擎，都为学生提供读书的动力，体会阅读的乐趣。

3.阅读节的精彩展示

阅读节中，还涌现出一批阅读小达人，不仅积极阅读，还读有所思，读有所得，读有所感。如倪嘉杭同学的读后感就在杭州市"品味书香，诵读经典"的读后感比赛中获得二等奖。

【案例6-5】不甘平凡与不忘初心——读《到你心里躲一躲》有感

倪嘉杭

这本书共收录了17个小故事。虽然很少,篇幅也不算很长,但是里面的故事情节和里面描写的大大小小、单纯可爱的鬼却引人深思。

1. 鬼的年

有一个故事很好玩,叫作"鬼的年"。晚啼和风落是鬼堡里面最最特殊的两个鬼,第一个原因是因为他们很帅,第二个也是最重要的原因——他们给自己取了一个浪漫的名字——晚啼和风落,其他的鬼都不明白"浪漫"是什么意思,一听到他们的名字就笑得满地打滚。它们羡慕人类能过年,于是过了鬼河,到人类的村子里去拜年,但却屡屡受挫。人类的冷淡和其他鬼的冷嘲热讽让晚啼大病不起,鬼王很担心,于是让众鬼一起到晚啼家去拜年,晚啼的病马上就好了……从此以后,所有的鬼都明白了浪漫不是什么坏事儿,都给自己取了新的名字。而且,众鬼认为过年是一件很有趣的事情,从那以后,鬼堡的鬼们每年都要像人类一样过年。

这个故事让我想起了另一本书《外婆的道歉信》里面的一句话:"如果很多人都与众不同,那么就没有人需要变得普通了。"晚啼和风落因为追求浪漫,和其他鬼堡里的鬼不一样,被鬼堡里的鬼看不起,因为"浪漫"是人拥有的东西。但是在拜年之后,所有的鬼都发现,其实"浪漫",是一件非常美好的事情。

在生活中,每一个人都很不平凡,但是偏偏有一些不追求卓越的人,要求身边的人和他一样沉沦。如果每一个人都像那些人梦想的那样,中规中矩,朝九晚五,从不做出格的事情,畏畏缩缩不敢大胆尝试,那么整个世界就会停止运行,他们不敢尝试,不敢迈出新的一步,却不知没有新发现新事件,没有大起大落只是风平浪静的根本不是生活。不要以为这就是平凡,那只是有人在你背后默默地帮你坚守,等到那些人不在了,你已经无法改变你身上根深蒂固的"平凡"。

生活不是一部早就被导演规划好了每分每秒的电影,而是一部临时出演的话剧,每个人都扮演着独一无二的角色,就算你没有华丽的戏服和艳丽的妆容。每个人也有翩翩起舞的权利,而那不追求卓越的人,只好在黑暗的角落里独自黯然神伤,只能自我安慰,虽然自己也知道那是在骗自己:"嗯,我过得非常平凡,没有大起大落。"

平凡不是风平浪静,每一个细节都规划得完完整整,迟早有一天生活的波澜会摧毁这艘只在小河里航行过的小木筏,而那些真正在大海中也能平稳航行的大船,早就接受了自己的"不平凡",他们不掩盖自己的不平凡,而是尽力把不平凡变成卓越。李小龙由于两腿长度不同,所以从咏春拳开始练习,成了一代武功大师;汶川地震中的一位舞蹈老师,因为地震失去了双腿,经过艰苦的练习重拾舞蹈,在鼓面上翩翩起舞……

生活中有那么多不平凡,为什么一定要让他们变得平凡呢?

2.妖精的丰厚酬谢

还有一个小故事叫作"妖精的丰厚酬谢"。在一个小阁楼上,住着一个小小的妖精。有一天,她贴出了一张告示。谁能帮助她,就在阁楼的门上敲六下。人们无动于衷。又有一天,她又贴出了一张告示,谁能帮助她,就送那人五十锭金元宝,一百匹上好的丝绸,三十八颗夜明珠和九十九个愿望。谁都想要这么多的酬谢,可是就是没有一个人愿意上阁楼去帮助妖精。有一天,一阵风把第一张告示吹到了一个少年的窗前。少年来到阁楼上,敲了六下门,发现妖精的脸五颜六色。原来,妖精每一百年要下阁楼洗一次澡,但是这次,江水被霓虹灯染得五颜六色,妖精的脸也被染得五颜六色。她想要一个人帮她打一盆水来洗洗脸。少年帮助了妖精之后,妖精把五十锭金元宝,一百匹上好的丝绸,三十八颗夜明珠送到了少年家里。妖精要少年许愿,少年让妖精把所有的酬谢全部收回去,还说剩下的九十八个愿望,现在还没有想好,就回去了。从那以后,人们翘首盼望妖精再贴出一张告示,但是再也没有了。

这个故事中,有一个小细节:古桥上的算命先生却,敲了六下门之后,

妖精会把你抓进阁楼吃掉。这体现出了人们千百年来对别的物种的偏见：在外国童话中，大灰狼永远都是坏的；在中国故事中，老虎永远都是吃人的，所有的英雄都是打死过老虎的……至今，我才看过一篇没有一个坏人的童话。

人们很久以来就有一个根深蒂固的偏见：所有和自己不一样的都是邪恶的，坏的。就像当时欧洲贵族从非洲买卖奴隶，就是因为他们的肤色是"肮脏的黑色"，所以就理所应当去当奴隶。德国纳粹在迫害犹太人的时候，有没有想过，他们也是人？《哈利·波特与死亡圣器》中，有一群人认为不会魔法的人（麻瓜）都是残害巫师的人，用魔法变本加厉地屠杀他们，还将麻瓜出身的巫师进行审问，投入巫师监狱阿兹卡班。但是凤凰社的成员金斯莱说："我们都是人，不是吗？每个人的生命都一样宝贵，都值得保护。"

文章中还有一个小细节：听了算命先生的话后，人们仍然围在告示旁，读着告示，好像多读几遍那些报酬就能归自己所有似的。人们既不想送出小命，又想要妖精的丰厚报酬。而那个少年跑上阁楼，所有的人都以为他是为了丰厚的报酬而去的，因为在他们看来，如果有人去敲阁楼的门，那一定是为了钱财而去的，谁会帮助一个不给报酬的人，抑或是妖精呢？再说，既然有这么丰厚的报酬，那妖精要求的事岂不是难以完成？

被钱财蒙蔽住双眼的人们何止这些，像少年那样，记得自己的初心，又是多么难得啊！

阅读节的最终目的是培养学生终身阅读的习惯：唯有爱上阅读，永不停止地读，才有可能不断地适应日新月异的社会生活；只有可持续发展的阅读理念，才能让人终身受用。学校通过阅读节，营造出一种热闹、欢乐的气氛，以有目的、有计划、有组织的方式引导学生阅读，让他们以积极愉悦的心情汲取书中的养分，学生会在感受到阅读的快乐之后继续快乐地阅读，这样的良性循环，最终能够让他们养成终身阅读的习惯。

(二)科技节的实施

科技节是学生之间相互交流,学习提高的重要时机,是提高学生创新能力,发展、开拓学生科学思维的重要手段和途径。学校举办科技节,以多种形式的科普活动和实践活动,来增强学生对科学的兴趣和爱好,培养科学思维,初步认识科学的本质以及科学技术与社会的关系,培养社会责任感以及交流合作、综合运用知识解决问题的能力。

1.科技节的主题确定

学校科技节主题的确定主要结合平时的学科教学以及学生们的课外生活,结合生活中的实际问题,从各门与科学技术有关的学科中生成活动主题——与信息技术学科有关的"创客""智造"主题,与数学有关的逻辑思维主题,与科学有关的观察实验主题,与劳技有关的动手制作主题,与校本STEAM课程有关的综合运用主题等。

学校通过举办科技节,针对不同年龄段学生的特点,通过多种形式、多种方式教育、引导学生了解科学人物、科学知识、科学现象,提高他们爱科学、学科学的兴趣,主动参与科技节,融入科技节,不断提高科学素养。

2.科技节的开展方式

以2019年学校举办的科技节为例,主题为"创新科技,创想童年"。科技节活动分为两个部分,"创新科技"部分以科技制作比赛为主,"创想童年"则是各班创设主题科技馆,为同年级同学开展科普活动。

(1)在"创新科技"活动中,根据各年级学生的特点与掌握的知识,开展符合学生年龄特点的科技比赛。

一、二年级开展投掷纸飞机距离赛。在课外午休时间,由班主任带领学生到体育馆内进行统一投掷纸飞机比赛,纸飞机由学生提前准备好,每个学生三架飞机,三次投掷机会。在制作纸飞机的过程中,学生不仅要动手折纸,注意对称等,还要研究怎么制作纸飞机才能让它飞得更远,飞得更稳定,怎么制作才能保证三架纸飞机具有差不多的稳定性。学生通过亲自动手制作,亲手放飞感受,知道了保持飞机稳定大概需要的方法。

三、四年级举行造纸比赛。学生们在三年级的科学课堂上已经接触到了造纸的方法和工艺,安排三、四年级的学生根据课本上学到的知识,在家实践,发挥自己的巧手,自己来造一张纸,这是对内化知识的外显实践。每个学生在造纸活动结束后,需要上交一份造纸过程报告(类似科学实验报告)或者一个拍摄的造纸VCR,来完整地呈现自己有趣的造纸过程,最后上交造好的成品纸张,作为比赛评判依据。

五、六年级进行搭建纸建筑比赛。五、六年级的学生已经有了一定的学科知识储备,开始进行空间以及结构的学习,对于制作有较强的动手能力。比赛需要五、六年级的学生利用课余时间独立完成一件纸质建筑的模型,可以是自己设计的新型建筑,也可以是学习模仿见过的建筑。要求学生制作的作品反映他们的创造力,并且牢固实用。届时,由学校统一下发各班一块50mm×50mm的带有学校LOGO的比赛标准KT板,各班学生的作品经过班内角逐,选出最优的黏合在本班的比赛标准KT板上,代表各自班级参赛。裁判会根据参赛作品创新性、实用性、稳固性等特性进行评判。

(2)"创想童年"结合的是六一节的主题活动,通过创设以班级为单位的科技主题展馆,让学生了解更多科技知识,培养学生的想象力和创造力,大胆构思未来的世界,通过科技展览与介绍,让学生们初步感受科技魅力,增强团队合作能力,培养学生动手制作及交流能力。活动前,班主任老师利用班会课的时间,根据各自创设的科技主题展馆需要向学生讲解具体安排与分工;活动前一周,以班级为单位从电磁科技、医学科技、化学科技、生物科技、航空科技、海洋科技这6个年代主题中选择将要布置的科技展馆主题,活动前两天做好设计与布置——包括展馆简介、互动方式等;活动当天安排学生对来参观的同学进行讲解与互动,让进入不同展馆的同学都能了解到一些不同方向科技小知识,通过互动更好地感知科技的魅力。

一次科技节,通过两项不同侧重的活动,既培养学生的独立创新意识,同时也培养了他们的合作精神。科技制作比赛中，要求学生首先在思想上不能依赖别人，要有一股自强自信的劲头；其次是要进行自主思考，躬身实践，还要不怕困难，敢于面对挑战和失败。通过一次一次的科技节活动，学生们开始具备强烈的独立自主意识，很多学生都能尝试独立完成一项比较复杂的研究任务，从制订计划，到逐项操作，再到数据的记载和分析，直至最后完成，能够做到目标明确，思路清晰，措施有力，显示出了一定的科学素质。科技展馆的布置活动要求学生在科学实践中与人为善、友好相处、相互取长补短、同舟共济，这是当今社会做任何一项工作都应该具备的基本素质。所以，我们在强调独立自主意识的同时，我们更强调，学生在科学探究活动中，要善于与同伴沟通、交流和研讨，在相互合作中遇到摩擦和碰撞时，同伴之间要能够相互理解，互谅互让，顾全大局，服从大局，培养同伴之间相互信任、相互友爱，双赢共赢的思想和胸怀。

3.科技节的精彩展示

2020年的寒假遇上疫情，科学教研组将科技节的活动提前到寒假里进行，号召全体同学都来当小小"宅"家科学家。利用生活中常见的用品，不同年级的学生可以动手实践不同的科学小实验，考虑到有些实验是课堂上没有讲解过的，老师们还利用学校微信公众号的推送为实验配上了讲解的图示，方便学生们照着图片动手操作。

科技节活动为一、二年级准备的是"张开的五角星"和"漂浮的金属"两个实验。实验主要利用水的浮力，来让牙签和回形针漂浮在水面上，并且改变形状，这两个小实验的材料都是学生在家中容易找到的，实验难度也比较低，只要用心按照要求操作，一定能够成功，符合低龄段学生的特点。

三、四年级的实验是"吞鸡蛋的瓶子"和"医用药水瓶模拟实验"，从生活中常用的物品取材，让学生们利用气压的原理来完成实验操作，对于三、四年级的学生，接触科学实践已经有两三年，所以在实验后还要求他们完成简易的实验报告，来巩固实验成果。

五、六年级学生的科学实验更加开放，利用家中现有资源，完成一次科学实验活动（实验内容自选），要求运用各种方式方法（数据、统计图、示意图、照片等），记录实验的过程、体会和心得，最终以实验报告、实践活动报告等形式呈现参加科技节的评选、展示和交流，报告后需附有原始数据、活动过程照片等材料。

对于七、八年级的学生，参加的科技节活动则有更高的要求，需要他们根据此次疫情的一些网络资料与数据，以及一些新闻中社会上出现的现象，利用自己的科学知识与社会观察，完成一份有关新冠肺炎疫情的建议报告。学生也可以根据自己的能力，自制一些科技小制作。

学校通过"卓越景成"微信公众号，用视频和图片的形式推送学生们的科技节成果，让更多的学生欣赏到身边同龄人的科技作品，具象地体会"科学不仅仅是拓展确证无误的知识，其更为重要的目标是为人类及其环境谋取更大的福利"，让"科学研究的真正目的是让人们享受更加美好的生活，科技应为人类造福"这样的理念更加深入人心。

在学校科技节的微信推送中，401班的孙潇寒同学用一个可乐瓶、一个电池盒、两片塑料板、一颗电池、一双竹筷子、一个马达、一个扇叶和一个过滤网做出了一台简易的吸尘器，他还给吸尘器装上了手柄，方便使用。从视频上看，孙潇寒做好的吸尘器真的可以将桌面上的泡沫颗粒全部吸走，吸力还不小呢。

405班的史易同学制作的是简易的空气净化器。他利用的是旧电脑的CPU风扇、电源开关、电源适配器、LED灯、电动牙刷包装盒、自制活性炭滤网等，组装出了迷你版的空气净化器，在开启时，还会有LED灯的闪烁效果，既能净化空气，又能营造氛围，设计十分时尚。

此外，同学们还利用生活中一些常见的物品，通过巧妙地重新组合，制作出了小车、小台灯、小天平、小风扇等，变废为宝，使它们发挥出更多的功能，也不断提升学生的创造能力。以下为部分学生的作品展示。

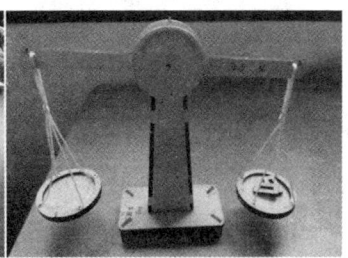

图6-5 科技节学生作品展示

通过科技节活动，引导学生观察生活、关注社会，针对社会环境及生活现实中所感知的各类问题现象，能提出质疑及见解，在充分调查研究的基础上，利用科学的思维和真实有效的理论及数据，提出合理化的建议和观点，推进学生知识运用的能力和社会参与的责任感，培养他们的责任心，也是一种有价值的积极实践。

(三)艺术节的实施

艺术，使人生更加精彩。艺术节的举办，是对学生艺术素养的提升，是学校校园文化的浓缩，更是全体师生魅力展示的平台，最能充分发挥学生的才能和天赋。

1. 艺术节的主题确定

学校的艺术节活动内容丰富多彩，课堂活动与课外活动相互联动，以课内知识辐射课外特长，通过丰富多彩的活动，发展学生的艺术修养。

艺术节的主题主要来源于音乐和美术两个方面。学校的美术组和音乐组根据一些特定的时间、内容来制订艺术节的主题。如2019年是中华

人民共和国成立70周年,学校美术组结合国庆气氛,举办"国庆70周年主题绘画比赛";音乐组以学校艺术节为平台,为九年级和三年级的学生举办毕业礼和成长礼,为学生展示音乐才能提供了空间,2019年的主题是"梦开始的地方",2020年的主题是"同心逐梦",都是为学生打造一个实现梦想的舞台。

2.艺术节的开展方式

2019年是中华人民共和国成立70周年,学校美术组结合国庆气氛,举办"国庆70周年主题绘画比赛",让学生在感受传统文化魅力的同时,增强大家热爱祖国、弘扬国学、学习书画的热情,在提高绘画水平和文化艺术审美情趣的同时,营造校园浓厚节日氛围和青少年对于中华民族的文化自信以及民族认同感。活动分年级开展,一、二年级的形式是"蒙·观"系列绘画比赛,主要是刚开始学习绘画的小朋友的作品,取"启蒙、观摩"之意,通过作品的评比和展览,旨在发现儿童艺术方面的真性情,用最质朴的方式展现儿童艺术的特点。三年级举行"中国结"设计制作,四年级举行剪纸展示,都是通过动手设计制作,在提高审美能力的同时,感受祖国传统文化艺术的魅力,手工劳动与艺术创造相结合,可以发掘出一批动手能力强、艺术审美高的学生。五、七年级开展纹样设计活动,在各种常见的生活用品上设计出与众不同的纹样,如在鞋子上设计纹样,在书包上设计纹样,赋予寻常物件不寻常的特色,纹样设计展示的是学生对于线条、颜色的艺术敏感度,通过夸张、变形的纹样,发现生活中与众不同的美感;六、八年级开展的是"画景成"活动,高年级的学生用多彩的画笔,描绘出他们眼中缤纷的校园,表达的是对母校深深的依恋之情。学生作品完成后,学校提供环形走廊为展览场地,老师们会对优秀作品进行展览展出,全校师生都可以欣赏到这些优秀的艺术作品。

在音乐方面,每年三、九年级的成长礼和毕业礼是学校艺术节最直接的开展方式。为学生搭建舞台,以汇报演出的形式呈现出一台台精彩的晚会。除了盛大的毕业礼、成长礼外,学校每年都会积极开展各类的艺术比赛活动。如"十佳歌手"大赛,"班班有歌声""我爱记歌词""小主持人"大赛等,让每个孩子都能够根据自身兴趣爱好自愿选择参加,并形成校学生艺术活动的特色和传统。为孩子们的童年增添出绚烂光彩。

艺术节不仅为学生提供发展特长的舞台,还为他们创造了许多团结协作的机会。合唱、合奏、诵读、群舞表演等群体艺术活动,有助于养成学生共同参与的群体意识和相互尊重的合作精神。每一个完整的舞蹈,每一次悦耳的演唱,每一段精彩的合奏都是学生们团结协作的成果,参与者体验成功,欣赏者获得享受。

艺术节中的合唱、诗文诵读等,讲究声音控制,强调音准,要"求大同、存小异",学生们个人无论唱得再好,为了作品的完整性,也要收敛甚至掩盖自己的特色,服从整个作品的表现方式。群舞排练中,个人具备和掌握的技巧功底不同,表现效果也不同,但为了舞蹈的整齐划一的美,就要求相互理解、团结互助。器乐合奏中,能力水平有高有低,为了呈现流畅优美的乐曲,更是要相互学习,取长补短。同学们在集体节目排练中相互帮助和信任,时时关心集体的利益,为了艺术而相互团结,共同营造良好的艺术氛围,提高学生艺术修养,使学生体会到,只有通过集体的团结协作才能展示一个集体的精神风貌。

艺术实践给学生提供了锻炼自我、展示艺术才华的广阔天地,学生在艺术作品中通过对艺术的想象和处理,不断学习变通,逐步提高表现力,充分发挥自己的主观能动性与创造性,建立对艺术的自信。他们在表达美的过程中张扬了个性,形成了自己独特的风格。

3.艺术节的精彩展示

艺术节的活动能对学生树立正确的人生观和世界观起到积极的引导作用。从培养学生爱国情感来看,在艺术实践活动中,很多美术作品、音乐节目都充满着浓厚的时代信息和强烈的爱国主义情感,如"庆华诞70周年,给祖国献礼"的"班班有歌声"歌咏比赛,不仅唤起同学们的爱国之心,而且激发了他们发愤学习、立志成才的报国之志。每个年级都推选出一个班,参加学校举办的"班班有歌声"的红歌决赛。除了优秀学生代表可以在比赛现场观看，未能到现场的学生也可以在班级里同步收看现场直播。各个班级的学生们换上精心搭配的服装，精神抖擞地走上舞台，用最嘹亮甜美的歌声表达对祖国最真挚的热爱。206班的小朋友们用天籁般的童声带来一首《祖国祖国》，一举拿下本次比赛的特等奖。

图6-6 学生在艺术节上的演出

一曲曲红歌动人心弦，感染了在场的每一位观众；一首首红歌催人奋进，在学生们的心中播下了一颗颗爱国的种子。

每年暑假前，学校为九年级和三年级的学生举办毕业礼和成长礼，也为学生展示音乐才能提供了广阔的舞台。2019年的主题是"梦开始的地方"，2020年的主题是"同心逐梦"，都是为学生打造一个实现梦想的舞台。无论是舞蹈《童年在奔跑》《青春畅想》、街舞《请你跟我来》，还是歌舞《仰望星空》《给老师的信》《听我说谢谢你》，抑或是诗朗诵《感恩有你》、越剧《梁祝·回十八》都是由学生自主独立完成表演。

图6-7 学生在毕业礼和成长礼上的演出

艺术节主题绘画比赛中也发掘出众多美术创作能力优秀的学生。在他们的眼中，校园的每一角都有独特的风景，四季的每一天都充满缤纷的色彩，身边的平凡事物都有属于自身的独特魅力，都值得用画笔记录下来。以下是艺术节中学生创作的优秀美术作品。

图6-8 学生在艺术节上展示的绘画

艺术节活动对学生的智育发展也有着深远的影响。艺术节中生动的艺术形象和节目能让学生的视野更为开阔，思维更加敏捷，想象更为丰富，精力更加集中。如音乐作品中，学生通过歌曲演唱和音乐演奏、歌舞等活泼的表演形式，各种器官都能活跃起来，在提高兴趣和注意力的同时，也促

进了学生记忆力的提高。再如，美术作品中大胆的想象和绝妙的造型无疑对视野和能力都是一种创新，使学生的想象力得到淋漓尽致地发挥。

艺术节作为学校为学生搭建的展示平台，它对于创新型人才的培养，对于学生个性的发展和完善人格的形成，具有举足轻重的作用。通过艺术节，学校也能选拔出拥有艺术特长和艺术能力的学生参加下城区和杭州市的艺术节比赛。

三、两会的实施

田径运动会和素质运动会开展的根本目的都是为了强健学生的体魄，丰富他们的校园生活，为学生创造体育竞技的平台。田径运动会与素质运动会的侧重面不同，实施方式也不尽相同。

（一）田径运动会的实施

学校的田径运动会是校园文化的重要组成部分，田径运动不仅仅是学生锻炼身体的手段，更是塑造心灵和品质的方法，是达到卓越的必要途径。

1. 田径运动会的主题确定

运动会的主题始终都与强身健体有关。每届的田径运动会，能够变化的是田径运动会开幕式的主题。学校会根据传统文化、时事新闻、运动项目等来设计运动会开幕式的主题，达到寓教于乐的目的，同时也为学生从不同方面展示自身才华提供了另一个舞台。

如2018年第十二届田径运动会的开幕式主题是"展最炫民族风，做最优景成人"，就是根据传统的节日来确定的主题，每个年级展现一种传统节日的风俗；2019年第十三届田径运动会的开幕式，主题为"绽放灿烂文明，共创美好未来"，是模仿杭州即将举办的亚运会形式，以一个班级代表一个亚洲国家，展现亚洲各国的国旗和特色运动。

2. 田径运动会的开展方式

田径运动会积极营造运动的氛围，鼓励更多的学生参与体育竞技，体验体育运动带来的乐趣。根据学生年级的差异，学校田径运动会的项目安排也有所不同。

从竞赛项目看,一、二年级个人项目安排的是60米跑和垒球,集体项目安排的是30米迎面接力,考虑到一、二年级的学生运动能力偏弱,安排的三个项目运动量适合低年级的学生;三年级在一、二年级运动项目的基础上增加了100米和跳远两个个人项目;四年级开始个人项目再增加400米、800米、跳高三项,集体项目由迎面接力改为4×100米接力;五、六年级再增加铅球项目;七、八、九年级的运动项目是100米、200米、400米、800米、1500米、跳远、跳高、铅球和4×100米接力,运动强度循序渐进,符合学生身体成长和运动能力发展的规律。

各单项录取前六名,按7、5、4、3、2、1计分,迎面接力、4×100米接力决出名次按单项得分2倍计入总分,在比赛中破校纪录加7分,破区纪录加14分,破市纪录加21分,最后根据班级得分总和,取前三名给予奖励。

让更多的学生参加到田径运动会的体育竞技中来是学校召开田径运动会的目的之一,所以在报名时,要求一名运动员最多只能报名三个项目,将机会留给更多的同学,而低年级的迎面接力项目要求10男10女参加,几乎囊括班级一半的人数,在学生刚进入学校,就调动了他们积极参与运动会、参加体育竞技的意识。

除了积极参赛的运动员外,学校为其他所有没有竞技项目的同学提供良好的观赛场地,积极鼓励没有比赛项目的学生或是组成激情的啦啦队,为场上的运动员加油助威;或是积极撰写运动会的通讯稿,实时播报运动会的盛况。同时,运动会期间学校也关注学生文明观念的教育,会在每个年级评选"精神文明奖",要求学生保持观赛场地的清洁、观赛过程中不随意走动等,展现景成学生良好的精神面貌与文明习惯。

3. 田径运动会的精彩展示

田径运动会上,运动健儿你追我赶的拼搏场面固然精彩,而盛大的开幕式,更是学生们大显身手的舞台。2018年第十二届田径运动会开幕式主题是"展最炫民族风,做最优景成人",以中国传统节日为依托,每个年级分

到一个节日,以班级为单位的方阵展现这个节日的具体特点。传统节日从"春节"开始,四年级方阵打头阵,展现了祭祀祖神、除旧布新、迎喜接福、祈求丰年等内容,通过具体的贴春联、贴倒福、贴年画和迎门神、放爆竹、挂灯笼等活动来表现(见图6-9)。

图6-9 四年级学生在运动会上的方阵

五年级方阵展现的是"元宵节"赏花灯、猜灯谜、吃元宵的热闹场景,学生们身着传统的汉服,提着灯笼,喜气洋洋地用情景剧的方式展现上元节"东风夜放花千树,一夜鱼龙舞"的热闹场景。在巨幅的《清明上河图》画幅前,三年级的学生展现出的是除了传统扫墓祭祖外的踏青、荡秋千、放风筝、蹴鞠、插柳等一系列风俗体育活动。

展示端午节的是六年级方阵,最前排的学生们峨冠博带,来展现诗人屈原的爱国精神,后排的学生身着汉服,腰佩香囊,手持菖蒲艾叶,腕缠五色丝线,来体现端午节的民俗文化。组成七夕节方阵的是二年级学生,除了扮成牛郎织女和喜鹊来象征七夕文化外,不少学生还手持刺绣的扇面,向大家展示女红的魅力。七年级方阵展示的是中秋节,海上生明月,天涯共此时,七年级的学生打出"人月两团圆"的手书标语,象征着"但愿人长久,千里共婵娟"的美好愿望。重阳节的风俗展示是由一年级的学生带来的，一年级的小朋友用童言童语为大家展示重阳节敬老、登高、赏菊、饮菊花酒、吃重阳糕、插茱萸的风俗。"冬至大如年"的冬至节，由八年级的学生展示，包括冬至的节令食文化，如馄饨、饺子、汤圆、赤豆粥、黏米糕等，还展示了冬至当天开始画的《九九消寒图》等。

各年级各班用别致的方式演绎传统节日，不仅展示的是校园文化，也展示出景成学子的风采与风貌。2019年第十三届田径运动会的开幕式，主题为"绽放灿烂文明，共创美好未来"，开幕式上，学生们展现风采，共迎亚运会。开幕式上，一到六年级37个班级方阵分别代表37个亚洲国家，学生们通过服装、舞蹈、音乐、传统体育运动等元素展示亚洲各国的风土人情；七、八年级的12个方阵则分别体现不同的中国元素（见图6-10）。

图6-10 2019田径运动会上学生展示的亚洲各国文化

正如曹纺平校长在本次开幕式致辞中所说："49个班级用智慧和激情演绎了中国和37个亚洲国家的灿烂文明，表达了对祖国繁荣和未来生活的美好憧憬……希望同学们不仅能够展现风采，更能够体会到运动带来的成长与收获。"

（二）素质运动会的实施

学校一年一度的素质运动会与田径运动会相比，既有相似点，又有不同之处。相同点是采用运动会组织形式，以多项身体素质项目为竞赛内容，以班级为单位，面向全体学生开展体育竞赛活动。与田径运动会不同的是除了竞赛项目外，参赛对象不再是班级少数体育拔尖的学生，而是包括连身体素质较弱的所有学生。素质运动会不仅成为所有学生获得展示和荣誉的舞台，而且让更多体育"困难生"承担起为班级争光，不拖班级后腿的责任。

1. 素质运动会主题的确定

相比于体能测试，学校通过开展素质运动会，更能调动学生积极参与的程度，调动学生对运动健身的兴趣，增强学生的锻炼意识，进一步提高学生的身体素质。每年学校素质运动会都会围绕"勇夺校园吉尼斯，争做运动小达人"来制定主题。如2018年是"全员运动"主题，2019年是"校园吉尼斯等你来挑战"，2020年则是"运动与快乐"。

2. 素质运动会的开展方式

根据不同年段的要求，各年级素质运动会的测试项目也不尽相同：一、二年级测试坐位体前屈、肺活量、1分钟跳绳和50米，三、四年级在此基础上增加1分钟仰卧起坐，五年级再增加50米×8往返跑，六年级增加足球绕杆，总的测试项目达到七项。七、八、九年级的测试项目相对固定，除了坐位体前屈、肺活量、50米和立定跳远这四项男生女生共同参加的项目外，男生还要测试引体向上和1000米，女生则是测试1分钟仰卧起坐和800米。

为了营造全员健身的氛围，发掘更多的锻炼小达人，学校会在素质运动会开始前一个月，通过微信公众号、校园广播等向学生们宣传即将到来的素质运动会，呼吁大家早准备，坚持每天锻炼；班主任和体育老师也会通过每天布置体育作业的形式，号召学生们打卡运动，突破自我，取得好成绩；学校还特意定制了奖牌、奖杯、锦旗等，奖励在素质运动会上表现突出的运动小达人——单项获得年级成绩前六名的学生可以获得"运动小达人"奖牌一枚,第一名的学生可以获得"校园吉尼斯"水晶奖杯一座,而之后打破这项纪录的学生,则可以获得"景成吉尼斯"锦旗一面。

通过前期营造的运动气氛和竞争氛围,学生化被动测试为主动参与,增强学生对自身身体素质的责任感,同时也是为所有学生提供一次展示自己锻炼成果的机会。相比于田径运动会更多的是考验运动员的运动天赋,素质运动会的所有运动项目通过后天坚持不懈地训练,很多都能达到满分,只要学生愿意长期坚持锻炼下去,像跳绳一类的项目甚至可以突破100分,达到120分的分值,能够弥补一些学生其他项目上的弱势与不足。

3. 素质运动会的精彩展示

素质运动会进行时,学校会邀请家长志愿者参与运动会的裁判和统计,家长的参与不仅能够在赛时起到激励学生的作用,也是让家长知道,在平时的锻炼中需要为孩子提供哪些支持和帮助,学生平时在家的锻炼能够更加有效。

图6-11 学生在素质运动会上的展示

运动小达人和校园吉尼斯的奖项设置更是起到极好的激励作用,鼓励学生不断努力,不断争先。以一年级各项运动为例,最早的男子一分钟跳绳纪录是2018级4班的赵智泉创造的184个,女子纪录是1班何张嫣的171个,在2019年双双被2019级的学弟学妹打破,2019级6班的陈俊鸣创造了男子1分钟跳绳198个的纪录,比赵智泉足足多了14个,而4班的女生木冠淳则以175个打破了何张嫣171个的纪录;此外,2019级6班女生张文婷25厘米的坐位体前屈成绩也刷新了之前2019级4班刘子熠保持的24.2厘米的纪录。

图6-12 学生在素质运动会上的获奖展示

无独有偶，其他各年级的最高纪录也屡屡被学弟学妹们刷新，从2018年到2019年，全校8个年级就有37项纪录被刷新，未来，一定会有更多的运动小达人通过自己的不懈锻炼和努力，成为校园吉尼斯纪录的挑战者和保持者。

第七章

美丽教师:推动学校的持续发展

纵观古今中外教育发展的历史,可以发现,教师,始终是教育领域中最受到关注的一个话题。大而言之,教师的师德和专业素养,影响着一代又一代人的身心发展,影响着民族的振兴与国家未来的竞争力;小而言之,教师的专业水平与能力,决定着一所学校的办学水平。也正因如此,在国家新一轮基础教育课程改革中,把促进教师的专业成长作为一项重要的内容,对传统的教师培训进行改革,力图用新的教师培训理念和培训方式,以提升教师的专业水平。基于这一思考,我校通过纵向、横向两个维度搭建三个层次的学习圈,纵向是按照入职年份或者个人发展阶段梯级培养,横向是按照教师兴趣特长和学校发展需要分类培养。我们试图编制一张纵横交错的校本研修网络,让每一位教师获得成长,努力实现教师素养提升从"割裂叠加"到"系统分层"的突破。

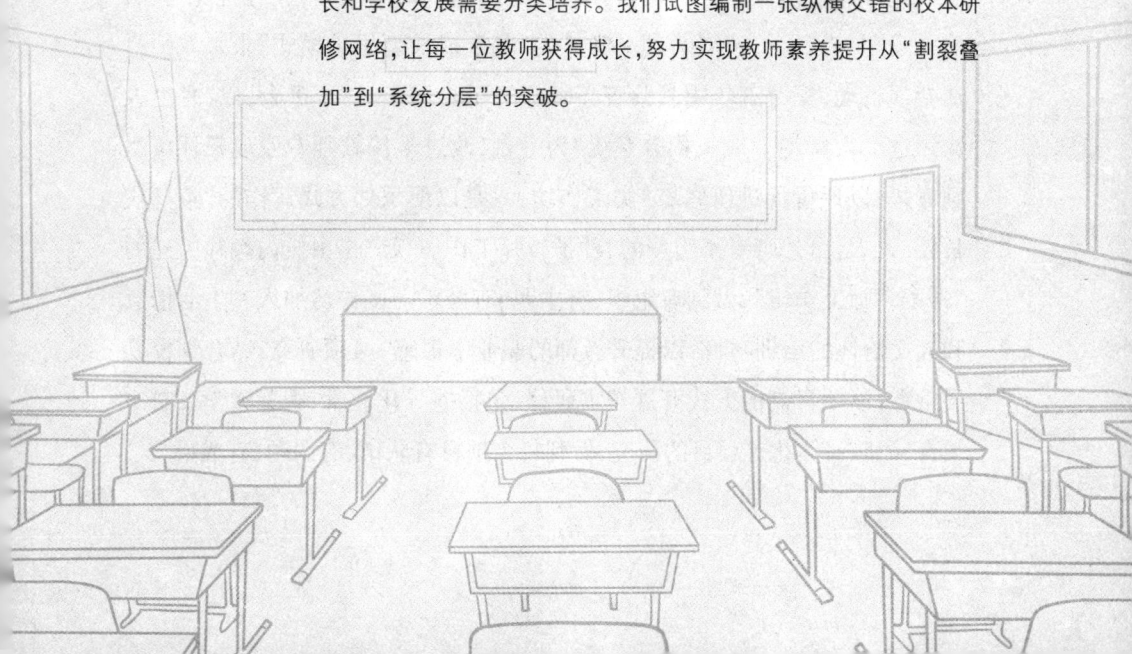

第一节　梯级培养：助力教师自觉成长

基于成长型思维模式，学校坚持"为每个孩子提供机会，让每个孩子走向优秀"的教育理念。面对学校教师队伍实际情况，学校在发展规划中明确了校本研修的目标任务：根据"新手教师、成熟教师、骨干教师"不同发展阶段的学习培训需求，完善教师梯度培养机制，激发教师学习研究的自主性和成长的自觉性，努力打造一支师德高尚、业务精湛的"双馨"教师队伍。

如何实现目标任务？学校借鉴了学习圈理论。学习圈理论是基于合作学习的方法，完成人与人之间共同学习的需要，最早于1902年由瑞典人提出。该理论认为，学习从来都不是个人闭门造车，而是在个体之间、个体与环境之间主动、反复地交互中进行的。成人学习的整个过程存在三个相互联系的"学习圈"，即个体学习圈、群体学习圈和社会学习圈。对应校本研修的基本模式，也就是"自我反思+同伴互助+专家引领"。具体而言，可以概括为"1234工程"。即1项行动：以"教学常规细化、德育工作优化、科研能力强化"为目标，开展为期一学年的"基于成长型思维模式"未来教师打造专项行动，提升五年内教龄青年教师的职业素养。2个平台：以"月度人物评选""教师专业成长积分系统"为平台，改进学校教师专业成长评价激励方式，以评价促进研修。3类工作坊：一是以俱乐部方式运作的"菜鸟成长社"，二是由外聘专家引领的"种子教师工作坊"，三是由校内教师组建的"种子教师工作坊"，做到有组织、有主题、有展示。工作坊加入有生活情意和人文情怀的培训项目，以提升教师的职业幸福感。4项研究：结合学校发展重点，以项目制的方式开展校本研修，包括差异化教学、智慧教学、STEM教育、团队一体化等项目的研究，做到每个项目有队伍、有课题、有成果。

一、菜鸟成长社：职初教师成长的摇篮

"菜鸟成长社"创办于2017年，主要以两年以内教龄的新进教师为主，培养周期为一年，以俱乐部运作方式，侧重在新教师中创设积极学习、勇于挑战的氛围，唤醒新教师职后学习热情，引导他们从自身做起，从身边学起，通过同伴互助、榜样示范，多形式、多渠道地探索新生代教师快速成长模式。

"菜鸟成长社"的创设主要基于校情。学校教师队伍平均年龄不到36岁。近年来，每年都有十几名新老师加盟。新教师入职第一年是他们困惑最多的一年，也是极具有可塑性的一年。在这一年里，新教师要确立基本教学规范，需要独立面对课堂教学和班级管理中的挑战，要应对班班都有的特殊学生。在这个磨合过程中，新教师难免会对这些困难产生困惑甚至焦虑。基于这些实际情况，2017年学校在梯级培训的体系下，创新开设"菜鸟成长社"，助力新手教师蜕变。

（一）"菜鸟成长社"的基本架构

以素养提升—理论学习—方法掌握—实践体验—经验分享为思路设计培训模块。通过理论引领、师生互动、案例分析等形式，学习理论，更新观念，辨别优劣，请一线优秀教师现身说法，帮助学员领会精神，学习方法，最后通过名师示范、课堂实践、小组研讨、个人反思、经验分享等方式，提升学员综合能力与职业幸福感。

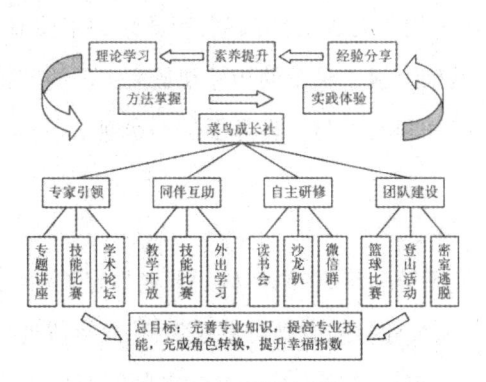

图7-1 "菜鸟成长社"的培训框架示意图

从图7-1可以看出,"菜鸟成长社"的培训包括四个模块:专家引领、同伴互助、自主学习、团建活动。四个模式之间的相互关系:以目标为导向,以理论为前提,以新型技术为辅助手段,以实践活动为能力历练,互为渗透,达到培训效果。

(二)"菜鸟成长社"的运作策略

学校新生代教师培训原本有"师徒结对"项目,为何后来创新组织了"菜鸟成长社"?"菜鸟成长社"缘起"微信群"。2017年9月,为了方便交流教育教学中的困惑和感受,新教师组建了一个微信群,这便是菜鸟成长社的前身。随着成员的不断扩增,新教师向学校申请成立"菜鸟成长社"。学校当即同意并给予帮助和指导。2017年10月,"菜鸟成长社"成立了!相比传统的"师徒结对","菜鸟成长社"作为新生代教师成长的研训组织,遵循四条基本的运作策略。

1. 组织灵活

"菜鸟成长社"采用俱乐部运作方式,相对松散。新教师自主入社,民主选举产生社长,选设组织部部长、财政部部长、外联部部长等。全社一起共同讨论制定社规、社团章程,设计社标,商量合适的活动时间。若经过一段时间学习,发现不合适自己,可以申请退社。不过四年来,还没有一位"菜鸟"主动退社。

"菜鸟成长社"针对性很明确。培训的形式内容等都是新老师自己提出的,是他们自己迫切想要解决的问题,因此培训指向非常有针对性和实效性。学校在此基础上给予必要的指导和最大力度的支持,因此培训受到新教师的大力支持和积极参与。教师不是不欢迎培训,是不欢迎不适合自己的培训。

2. 目标融合

"菜鸟成长社"不分学科,各个学科的新老师有了一个跨学科交流的平台。而且在"菜鸟成长社",新老师可以跨学科、跨年段选择导师,导师不固定,甚至可以不止一位。这使得成长社的老师们能加快角色转换,迅速提高业务技能。

新教师初入职场,身份的转变也会带来多种困惑。新教师培训也要注重在心理上的疏导,加快新老教师融合以及个人与学校的融合。"菜鸟成长社"因此也成为新老师抱团取暖的一个好载体。

菜鸟社成员来自各个学科,在各自交流中发现都有类似的困惑或困难,就减少了新老师"孤军奋战"的孤寂感,从而以更健康的心态投入自己的工作和学习中。这样,在年轻教师层面营造了更多积极向上的个人与团体,助推学校文化建设的同时,提高了教师的道德修养,更是对年轻老师为人处世的指导。

3. 形式多样

现在的新生代教师是非常有个性的一代。他们有想法,愿意参与自己感兴趣的活动。传统的"师徒结对"有"官方指定"的味道,而且形式非常单一,大多为师徒互相听课、评课,而"菜鸟成长社"给新教师更多的选择权,也带来更多的创意。

在形式上,除了传统的听课、评课、备课的研讨,"菜鸟"们还自主选择自己感兴趣的话题,例如,"小调皮上课不听课当场发作如何办""教师点评语言如何出彩"等,采用"讲座、座谈、沙龙、论坛、展示"等种种形式自主学习,甚至还组织参加了篮球赛、爬山、手工制作等有趣的团建活动,上个学期他们还自行组织了"密室逃脱"的团建活动。多种形式丰富了年轻老师的学习生活,也活跃了他们的业余生活,调动新教师的工作热情,投入初入职场的生活新篇章中。

4. 保障有力

教师培养是一项关系学校教育持续发展的重要任务,全校站在可持续发展的高度,深刻认识到新生代培养对学校后续发展的强劲支持,高度重视新生代教师的培养工作。校长亲自主抓统管学校教师梯级培训工作,教科室牵头实施该项目,其他部门协同配合落实。学校对该项目运行的组织保障强劲有力。

学校每年都有师训专项经费，但提高培训经费使用的有效性在我校看来更为重要。于是学校筹措专项经费，针对"菜鸟成长社"教师年度人均培训经费不低于3000元。项目申报之初就做好预算，项目运行之中做好跟踪管理，运行一个周期之后做好经费审核。

（三）"菜鸟成长社"的运作方式

"菜鸟成长社"成立后，运用各种方式，开展了丰富多样的研训活动，促进了年轻教师的快速成长。

1. 研讨

每学期初，"菜鸟教师"会坐在一起商议工作章程、全年活动计划，并选出社长、宣传部部长、外联部部长等多个岗位职务。"好像在大学里参加社团一样，分设岗位各司其职。"老师们对这样的学习形式表示很喜欢。

"菜鸟成长社"每月开展沙龙活动，"菜鸟教师"可以邀请"种子教师"作为自己的导师参与活动，当遇到工作问题时，"菜鸟教师"可以及时得到"种子教师"的指导，解决一些具体的教学问题和学生问题。

【案例7-1】记一次网络沙龙研讨会

2020年上半年，受疫情影响，全校师生通过网络开展教学。3月，"菜鸟成长社"的老师们开展了一次网络沙龙。老师们为了让课堂更有趣，最大限度地调动孩子们学习的积极性，纷纷使出绝招。

一、菜鸟亮绝招

杨杉杉老师充分利用网络电子设备，让学生以新的方式来完成作业。《画画我的家》这一课，让条件允许的学生，利用软件进行电脑绘制，培养孩子们善于发现欣赏身边的美，也拓展了一个新的绘画技能。下一课《拍一部小电影》，孩子们将学习设计电影脚本，再利用手机、平板、相机等，完成一部小短片的制作，在玩乐中体验学习。

万晟豪老师考虑到学生年龄段、在家空间大小及动作的难易度等因素，特地在家录制了教学视频，亲自示范，带领学生一起练习基本的居家运动,如深蹲、俯卧撑、平板支撑、开合跳等。通过视频表扬优秀的学生,也给他们展示的机会。开展一些游戏性的运动比赛,充分调动学生的学习热情,引起学生的情感共鸣!

俞张磊老师的课堂充满了欢声笑语,讲到新航路开辟时,正值课上高潮部分,俞老师丰富的肢体语言,特别是手部动作,让课堂充满了笑声,同学们对知识点的印象也因此更加深刻了。有的同学很喜欢这幽默的上课方式,还悄悄地为老师制作了表情包。

大家纷纷就备课、上课、作业批改和收交做了交流。

二、备课

徐碧莹老师:课前,提醒学生做好相关准备,比如,打印课表,准备上课记录用的练习本,各科作业本、书本等,并且告知他们上课要做好笔记。

周子群老师:根据学生的学习速度,我会拆解微课,重新设计自己讲。把共享的微课作为学生预习的资源,这也照顾到了后三分之一学生。

谭佳慧老师:我在微课的基础上适当补充和单元主题相关的绘本、歌曲以及一些课外小知识,以增加课堂的趣味性。

三、上课

俞张磊老师:我用电脑授课、平板监督、手机联系的方式来管理和跟踪学生,同时进行随机点名、抽查学生的笔记、分享优秀作业等。

陈晨雪老师:讲解课堂练习时,我会使用举手功能加学生的视频,方便查看学生的反馈及具体完成人数。举手功能还运用在校对练习上,对的举手,错的我会有针对性地点语音让他说说错误原因。

徐佳璐老师:在整个课堂中,我主要是和学生展开搭话式的问答,以调动学生的积极性。请会的学生带动其他学生一起来回答我的问题。也会在课堂练习时点学号抽查学生的在线情况和听课情况。

冯一凡老师:我关注疫情期间孩子的心理和情绪。通过在课上讲绘本、设计一些游戏和活动,来帮助孩子们缓解对于疫情的恐惧,以及长期宅在家里可能会伴随而来的家庭亲子关系方面的问题。课前,我不会静音,

大家陆续到了的就在屏幕前开始朗读古诗词,让大家有一种相互陪伴,一起学习的感觉。

四、作业批改和收交

吕健老师:我批改作业的方法是小管家。批量批改这个选项非常方便,教师在错误的地方批改后发布等级:A以上为通过,B为不通过。学生确认自己的等级后订正,教师二次批阅再次评价等级:A则为通过。这样的方式对与低、中年段的学生以及作业以客观题为主的学科比较方便。

赵辰柯老师:利用互联网信息手段开展教学,每日线上作业批改,及时了解学生的学习情况。批改也要根据学生情况进行全批和点批结合,立足全体性和个性化。要让"在线课堂"产生最大效能,需要同学们在课堂的"上""下"落实切实的行动。在线课堂,集中注意力的好办法就是尽量与学生进行互动,学会识记要点,同时提高课后巩固。

俞天能老师:原本让学生把作业传至"微信小管家""小打卡"这类小程序中,方便查看,后来发现因为交作业的地方太多,家长们会晕头转向,所以我在班级QQ群中建立相应的群相册,如《手工口罩》相册,这样家长们能更清楚地查看作业,也可以留存学生的作品。

杨杉杉老师:我的网络教学目前围绕疫情展开。学生的作业提交到小管家上面,我会给每个孩子送不同程度的小花,每个学生作品下面点评留言。小管家的好处是,可以及时看到学生作业情况,学生之间可以欣赏评述,也能看见师评,让学生有二次学习借鉴的机会。遇见特别好的作品我会通知学生私发到我的QQ邮箱,方便日后教学所用。同时,利用网络电子设备,让学生以新的方式来完成作业。比如,《会动的画》最后要将作品录制成小视频,让它们动起来。

从上面这个案例中可以看出,"菜鸟成长社"的研讨内容非常广泛,涉及备课、上课、作业批改等各个方面。参加沙龙研讨的老师各抒己见,纷纷亮出自己的"绝招"。通过这样的研讨活动,互相启发,各取所需,对年轻教师的成长起到了积极作用。

2.分享

所谓的分享,是指在"菜鸟成长社"的研训活动中,邀请富有教学经验的骨干教师参加,就教育教学中的共性问题传授自己的经验,与年轻教师们一起分享。

【案例7-2】记一次与老教师分享和答疑的活动

本期,"菜鸟社"邀请到了神秘嘉宾——"玩转网课,教学达人"钟慧敏老师为大家进行经验分享。钟慧敏老师的分享干货满满,主要从网络授课的前期准备工作、线上直播的课堂互动、作业反馈和微课制作等方面为我们提出了许多宝贵建议。

一、准备工作方面。钟老师提醒我们,需要提前定好闹钟,提前进入会议室,提醒学生做好课前准备。老师也可以跟孩子们聊聊近况,提醒他们注意疫情的自我防护。虽然隔着屏幕,但老师的关心仍然能传递给每个孩子,这也营造了轻松愉悦的课堂气氛,利于调动孩子们上课的积极性。

二、课堂互动方面。钟老师欢迎学生主动发言,也会根据学生的课堂表现进行随机点名问答,根据孩子们的答题情况和课堂表现进行记录,同时也会利用直播平台对孩子们的作业进行投屏展示。

三、在作业方面。钟老师也给我们推荐了一个非常有用的作业批改方式,就是微信小管家的高级作业,这给我们其他老师提供了多方位的作业批改渠道,大大提高了作业批改的效率,也减轻了老师们的批改压力。

四、微课制作。钟老师还推荐了许多制作微课的软件,如电脑的超级录屏、平板WPS以及后期制作软件等。

此外,钟老师对于新老师在网络授课方面提出来的困惑进行了解答。

活动结束后,参加活动的年轻教师纷纷发表了感言。有的老师说:"今天的'菜鸟社'活动,真是干货满满,原来我个人存在的网课疑惑也是大家

的共性问题。"有的老师说:"活动当中关于作业批改的技巧、制作微课的技巧分享,对于我们年轻老师来说很受用。以此活动为契机,进一步完善自己的网课成了我下阶段的目标!"还有的老师说:"线上课堂疑惑委实不少,感谢这一场如同及时雨般的'解惑'活动,思绪豁然开朗,学到了许多好方法。埋头苦思,不及与大家交流一场。"显然,这样的分享活动对年轻教师的成长起到了实实在在的助推作用。

3. 展示

为了让"菜鸟成长社"的年轻教师尽快成长,学校还让年轻教师参加各种展示活动,如参加"中澳教育论坛",面向下城区中小学做学习成果汇报交流展示等。在参加各种展示活动中,菜鸟成长社的年轻教师也取得了不俗的成绩。

"菜鸟"老师们在各级各类比赛中取得了不俗的成绩。入职一年的马慧霞老师的"班主任口述小故事"在《都市快报》上刊登。俞张磊老师被评为"下城区智慧育人奇迹教师"。只有一年教龄的新教师徐碧莹和杜旻子主动要求在区级研训活动"差异教学策略"研讨活动中开设研讨课,得到中国教育科学研究院研究员华国栋教授的肯定评价;青年教师较为集中的体艺组被评为杭州市"青年文明号"。2018年9月,当时的下城区区委书记陈卫强带队走访入校慰问时,与"菜鸟成长社"老师亲切交谈,对这种形式的教师培养赞赏有加,鼓励"菜鸟们积极主动学习,早日翱翔蓝天";《青年时报》、浙江教育在线等多家媒体都报道了"菜鸟成长社"对新教师成长的助推作用。

二、种子教师工作坊:骨干教师提升的阶梯

2016年,学校启动了"种子教师培养计划",主要致力于培育青年学科带头人、骨干教师,使之成为学校教师队伍的中坚力量,促进教师专业发展,打造优秀教师团队。种子教师工作坊的基本价值观是合作学习和集体智慧,目的是培养和创造一种持续探索、质疑的精神和学习氛围,而非积累

事实性的知识。学校对种子教师工作坊有着非常大的期待。"期待老师们可以像种子一样在景成生根发芽,结出更多果实。种子也代表了生命力,代表了积极乐观的人生态度。"

2016学年种子教师工作坊有20多个成员,他们都是有3年以上8年以下教龄的老师。学校外聘导师进校带队辅导,每月开展研学活动,培养周期为一年。2016学年学校开设了4个工作坊,分别涉及中小学心理健康教育、中小学班集体建设、小学英语和中学数学。

为什么考虑是3~8年教龄的老师呢？学校考虑到,有3年以上教龄的老师已经熟悉、熟练基本教育教学技能,进入相对稳定的状态。不少老师工作实绩显著,师生调查满意度高,至少已经在区级层面获得过奖项或参与过课题研究。但是,不少老师工作3~5年,很容易从稳定变成徘徊,在这个时候,需要一个导师为他们提供一些建议和指导,帮助他们明确发展方向,建立发展信心。

于是,这些青年教师以自主、自愿、自助的原则,在一个领导者的带领下,因共同的学习兴趣结合在一起,通过阅读和相互讨论、相互启发而组建了学习小团体,[①]成为一个个学习圈。

(一)种子教师工作坊的特点

学校承认并相信每位教师都是有能力、有愿望并有责任感和价值感的。校本研修的任务之一就是要建构一种组织,一个个学习圈,邀请教师参与,让教师在这种"自组织"中能够获得持久发展的动力。

灵活性。这是基于学习圈建立的种子教师工作坊最显著的特点。这归功于学习圈的五大因素:宽松的研修计划、非正式学习形式、集体学习环境、参与者对所学内容真正感兴趣、没有评分或考试制度。

民主性。参加种子教师工作坊的教师都是自愿非强迫的。每个人都拥有平等的发言权,都有相同的机会表达自我。参加者共同决定研修目

---

① 郭嘉.瑞典学习圈研究[D].开封:河南大学,2008.

标、内容和方法,在团队合作中提升对个体差异的容忍度,并寻找行动的共同点,应用到参加者的日常教学中。

主体性。种子教师工作坊一般有5~12人组成。个别工作坊因为教师报名意愿人员有所突破。小规模能够保证每个人成为积极的参与者。大家可以坐成一个圈,由一个人主持。每位教师自身的知识、经验和观点对最终的学习效果都非常重要。

(二)种子教师工作坊的培养内容与类型

对于种子教师的培养内容,学校也是经过多次研究讨论,主要围绕青年教师"学科教学能力、教育科研能力、学生管理能力"的实践性知识结构,通过个人专业发展制定、课例研究、外出观摩学习、专业论文撰写指导等方式,全面促进种子教师的专业素养的提高。

【案例7-3】记中小学心理健康教育种子工作坊[1]

(一)专家引领拓视野

项目带动。2013年7月,学校与上海心易EAP(心理援助计划)服务公司签约,共同开展为期两年的"幸福景成·种子教师"公益培训,23位教师自愿报名,成为第一批种子教师。2016年10月,学校成立种子教师工作坊,24位教师自愿参加,成为第二批种子教师。

理论学习。上海心易学校EAP项目为种子教师带来《顶好教师》《高明的心理助人者》等书籍,带领大家开展读书活动,指导教师把书本精髓与日常体验相结合,逐渐感知内心。

提升领悟。种子教师工作坊成员阅读《发展心理学——探索人生发展的轨迹》,分章节探讨阅读心得,领悟书中精华。

资源共享。第一期种子学员到上海心易学校合作单位宁波慈溪市开发小学学习交流,参加了浙江省中小学后现代心理应用于EAP服务专题论

---

[1] 曹纺平,王金槐.培养种子教师,心育融入德育[J].中国德育.2017(3):66-68.

坛。第二期学员先后参加了长三角首届儿童教育与发展高峰论坛、班主任焦点对话、浙江省社会心理学2016年学术年会等学术活动。

实践指导。培训期间，专家经常解答学员们各种各样的问题，帮学员寻找问题背后的原因，从现象分析到本质，把理论运用到实践，并毫无保留地传授与学生沟通的技巧和方法，让学员在迷茫中豁然开朗，获得了书本上学不到的真知卓识。

(二)同伴互助共进步

团队读书会分享心得。"星期五中午，不见不散。这已成为种子教师的约定。当阳光从窗外洒落到沙发上，当绵绵的雨丝在窗外飘洒，当呼呼的北风在户外怒号，我们捧着咖啡、茶水，一起研读，一起探讨，时间在流逝，观点在碰撞，心灵在成长。"这是我们学员对每周召开读书会的现场描述。每一次读书会，学员们按序精读一章内容，开展讨论，提出自己的感悟点或者疑惑点，以寻求团队的支持或帮助，会后要写下自己的体会。

巴林特小组务实训练。我校种子教师在EAP专家带领下，现场演示"案例联想、主动倾听、自我觉察、明心见性"四步心理觉察法。过程中，汇报案例的老师只介绍实际发生了什么，不做任何是非评价。其他种子教师去体会案例中师生关系的变化，体悟学生心理情况及当事教师心理状态，并直接阐述自己的感受。而汇报案例者在这个过程中，只能倾听与观察，不能做任何形式的辩驳。这迫使案例中的老师能够站在"旁观者"的立场上，重新审视自己的困境，发现自身未利用的资源，产生新的教育动力——这就是景成实验学校在学生德育和心育上的独特创新。

学生成立心理互助小组。"看你今天中午没怎么吃饭，又皱着眉头，我们中午一起去走廊吹吹风吧。"这其实就是我们学校的班级心理健康委员在工作。针对我校九年一贯制学校学生心理特点，我们在四到九年级各班选拔心理健康委员。各班根据班级成员特点，成立一对一同伴互助小组，由心理健康委员分配结对组员，并负责把平时同学间相互关爱、学习帮助的点点滴滴记录在"互助心语本"上。心理委员经过学校种子老师的相关培训，自身成长

为一个小小心理教育者,不但能够正面解决自己的心理问题,同时能够帮助自己的同伴,积极传播正能量,使心理健康教育更接地气。

(三)自我反思促提升

读书会中教师阅读反思。在读书会阅读分享中,教师能够联想日常工作,开展自我反思与自我倾诉,关注自我行为及背后的心理变化,产生积极向上、富有成就的自我效能感。王老师阅读《高明的心理助人者》,探讨"如何处理好阴影面"时反思到:老师跟学生之间其实是一种互相帮助和互相提升的过程,在影响学生变化的同时,慢慢地会发现自己也在改变着。阴影面总是会伴随出现的,不可避免,但是我们要时时自我提醒,我们找学生访谈的目的是帮助他,发掘他身上的资源和机会。

督导活动个体正念聚焦。教师参与督导团体活动,通过体验巴林特小组实务训练,发生了深刻的自我认知转变、提高了自我察觉的能力。一位学员在督导活动后,深刻体验到自身的积极变化:"对这次督导活动,我从每个环节的实施,到和孩子说的话都做了回顾,成员们认真聆听,给予真诚客观的评价,帮我分析在这一心理助人过程中的成功之处和这样的做法背后包含的小智慧。我在这次活动中最大的感触是,孩子的问题要孩子自己解决。作为班主任,不要急着通知家长,家长会把这些压力转嫁给孩子,孩子对老师也会产生惧怕,师生关系也会慢慢变得紧张。多让孩子勇敢地自我挑战吧!这次督导,我收获真的不少。"

工作坊分两类,一类由外聘专家引领,比如,学校邀请浙江外国语学院心理学教授高亚兵领衔的"教师自我成长的团体心理辅导",每月一次,通过小组团建促进团队沟通与理解,缓解心理无力感和疲惫感,培养积极向上的工作与生活态度。另一类由校内教师组建,比如,由本校骨干教师王荣平领衔的"青春期教育工作室",这也是中国陶行知学会青春期专业委员会确立的青春期教育工作室。工作室开展每月一书、每月一写、每月一研、每月一课等活动,目标是让每一位成员学会运用青春期教育相关知识解决问题,设计班会,撰写教育案例,指导青春期家长,并在整个团队里获得个人发展的动力。此外,学校还先后开设了小学数学、生命教育、小学语文、中学数学等种子教师工作坊。

(三)种子教师工作坊的成效和走向

中国陶行知研究会青春期专业委员会"王荣平青春期教育工作室"自2020年5月成立以来,积极开展读书活动、案例研讨、课堂观摩,活动有声有色。4个多月的时间,每周二"钉钉"读书会,感受阅读之暖,写下了15万字以上的读书笔记;同名公众号已推送27期;王荣平老师在七、八年级开设青春期教育课,指导孩子们学习青春期知识,正确应对青春期烦恼,并开设多节示范课,通过互联网+送至结对学校;开展"以爱携手,走进健康"结对活动,为健康实验学校的孩子们送安全、送温暖。

【案例7-4】记一名中小学心理健康教育组种子教师的收获

陶佳佳老师是种子教师工作坊中小学心理健康教育组的学员,在和心理专家学习的一年里,她学会了如何和特殊孩子相处。陶老师告诉我们,曾有个特殊孩子,有情绪控制障碍,一不如意就大喊大叫,抓到人就打,掀桌子扔本子发泄情绪。同学的一举一动都会被误解为笑话他,任课老师上前劝阻会说"你们要打我"。慢慢地,陶老师学会接纳这个孩子,从第一次遇到他心跳加速、烦躁不安到如今的从容应对。"能处理好这样棘手的学生问题,帮助孩子渡过难关,我很有成就感。"陶老师说。通过工作坊学习后,老师们不仅学到了解决问题的技巧,更重要的是学到了解决问题的方法和途径。

两年的培养周期结束后,老师们又该如何自我学习和自我发展呢?学校也早有计划。两年研修任务完成后,这些教师要在校内发挥引领作用,将教学经验传递给新教师,学校也会为这些老师提供更多的展示平台,例如,校内、校外的公开课展示,全力营造良好的教师成长环境。

种子教师培养还有一种"鲶鱼效应",先让一部分老师成长,从而带动身边更多老师。工作坊导师在和老师相处的过程中,可以了解老师的个性特点,帮助老师发现自己的优势所在,指导老师在工作中发挥个性特长,形成独特的教学风格。学校目前开设60多个社团,里面有很大一部分是根据校内老师兴趣特长而开设的课程。

四、教师评价:教师专业发展的加速器

学校在分层次建立三个工作坊,促进不同层次教师专业发展的同时,还通过改进教师专业成长的评价激励方式,以评价促进研修,助力教师的专业成长。

(一)月度人物评选

一年中能参加"菜鸟成长社"和"种子教师工作坊"的教师毕竟还是少数,为给最广大的教师营造成长氛围,学校开展校园月度人物评选。月度人物不一定是"十全十美"的模范,只要在某一方面或某些领域,做出了值得学习、借鉴或令人感动、敬佩的事情,均可推荐申报"月度人物",主要包括忠于职守,爱岗敬业;注意细节,追求完美;执行有力,效果显著;创新方法,提高效率;成果显著,贡献突出;忠诚团队,舍己忘我;顾全大局,谦虚礼让;扩大影响,树立形象等。

学校每月都要举行一次"月度人物"颁奖典礼,每次都有1~3人或者团队获奖,音乐、鲜花、奖品是必不可少的,但最振奋人心的是"颁奖词"。"我是一个新老师,才来景成一个多月,没想到我的点滴进步老师们都看到了,存在感倍增。"胡晨婷老师因为"认真听同年级老师的课,适应工作岗位快"被评上了月度人物,颁奖仪式上激动得差点掉下眼泪。

2020年5月,学校微信公众号"卓越景成"的三位编辑谭佳慧、俞天能和李佳园获得月度人物。作为"花YOUNG编辑部"的成员,小编们自学编辑、四处组稿、深夜码字……每篇报道从制作到审核到最终推送至少耗时5小时。功夫不负有心人,微信推送的风格经常有变化,内容精彩纷呈,以不一

样的资讯和角度给读者带去新体验。从大年初一至今,推送达到近百篇。不是因为年轻才富有干劲,而是因为充满干劲才不负年轻!

(二)教师成长积分系统

为了促进教师专业化成长,2020年1月,学校以积分制的方式加强对教师教育教学能力的引导与管理。根据公开性、自主性、激励性、易操作,学校与网络公司合作开发了电子化的积分系统,教师通过手机端上传材料,系统自动累计和分析积分情况,方便操作和查阅。

积分内容涉及几大块:(1)各级各类公开课、展示课;(2)教育教学经验交流或专题讲座;(3)论文、案例、反思等比赛获奖获取积分;(4)文章发表或著述出版获取积分;(5)课题立项、结题或获奖。积分结果将作为各类评优评先的重要参考依据。

叶澜教授在学校变革的管理价值观中强调"成人"与"成事"的一致性。她指出要"在成事中成人,用成人促成事",其中的"人"不仅指学生,更重要的是教师。这对学校的校本研修提供了新思路:校本研修的目标要定位于学校的绩效要求和教师幸福感的统一。为此,下一阶段我们要不断挖掘、发现、创新,继续做好分类分层培训,以全面提高教师的整体素质为核心,以年轻教师为培训重点,充分发挥骨干教师、学科带头人、专家的引领作用,加大培训力度,科学管理,把校本培训真正落到实处。同时,继续发挥教师的自主性,结合教师的兴趣和特长因材施训,培养自主成长型教师;自主选择、自主反思、自主建构、可持续发展,提高教师的职业幸福感。

第二节 研修一体：拓展教师成长边界

教师的专业成长历来是教育界所关注的焦点。早在20世纪70年代，联合国教科文组织就在其重要文献《学会生存》中指出：加快教师专业化的进程是提高教师质量的成功策略。随着时代的进步，教育的发展，教师的专业化成长成为世界性的趋势，也成为教育改革与发展的理论基础和实践走向。教师的专业化成长离不开两种主要的途径——"研"与"修"，"研"主要是指教研、科研，"修"指教师进修、培训；研修一体，是指把教育研究与教师培训有机地融合在一起，从而促进教师的专业发展。景成实验学校自成立以来就致力于教师研修一体化的探究实践，在十余年的摸索、反思和积淀中逐渐形成一系列适合本校教师专业化发展的机制，不仅包含前文所介绍的教师梯级培养制度，更将教师的培养与学科教学、德育研究、项目建设等多元化元素有机融合，形成"校内扎根—校外延展—网络助推"三位一体的研修系统，打破时间与空间的限制，突破现实与虚拟的边界，为学校教师带来全方位、高层次、个性化的研修。

一、多向推进：丰富校内研修一体

学校是教师研修的重要阵地，给教师的成长、发展提供最基本，也是最丰厚的养分。学校教师生活在各种各样的群体中，如果只靠一个人或几个人的力量，在研训的路上能行进的路程是有限的，也不能达成高质量的目标；而一群人或几群人协作起来，抱团成长，会走得更远，发展得更好。因此，加强教师研训团队建设，构建研训共同体，是我校例来倚重的研训途径，通过构建教研组、年级组、项目组这三个纵横交集的校内研修团体来丰富研修内涵,促进教师团队的发展。

(一)教研组研讨走向专业

目前,学校有在编教师156名,其中学科专业教师的数量就在九成以上,教师们都有自己执教的学科,而这门学科就是他(她)职业生涯的主场,其学科素养的专业度直接决定了他(她)的教学成效,也影响着学生的发展和整所学校的学科教学质量。因此,学校教研组内的学科研讨是校内研修体系中举足轻重的一个构成部分,学校现有小学语文、小学数学、小学英语、小学科学、小学道德与法治、初中语文、初中数学、初中英语、初中科学、初中社会、音乐、体育、美术、信息共14个学科教研大组,在每个教研大组内又按照年级分为若干个备课组。虽然每个学科的课程标准、课程内涵、评价方式等都不相同,但我们建立起完备的学科研讨流程,包括以下主要环节,如图7-2。

个人钻研集体备课 → 课堂教学磨课研讨 → 作业评改个别辅导 → 检测评价质量把控 → 评优评选反思总结

图7-2 教研组研讨流程示意

与此同时,构建起教研组研修策略,这里的策略是指能够引起教师观念、方法及知识结构、思维方式、技能技巧、行为习惯等心理和行为要素发生变化的策略,它贯穿于教师在工作中发现问题、通过教研组共同体的研修解决问题,并有所反思总结的过程,这是一种团队的学习策略,具体内涵如下。

1.营造合适的研修氛围

研修首先是一种学习,是由外至内的获取、理解和接纳及消化的过程,而严谨务实又民主宽松的氛围更有利于学习的效能产生。在合适的研修氛围中,老师们才能静下心来去获取新的吸收,表达自己真实的想法,并在对话、交流中碰撞,引发新的思考,而其中团队成员的彼此尊重和信任是必要条件。我校有一支优质的教研组组长团队,组长们不仅有精干的业务能

力，也有出色的引领协调能力，能够在教研组研修活动中选择舒适的环境，准备充足的必备物资，同时做好组内成员的统领和协调。在研修中无论是组长还是成员，无论是经验丰富的老教师还是干劲十足的年轻教师，彼此间都会形成一个共识：在研修学习中我是一个学习者，我与其他研修成员之间是平等互助的关系。基于这样的氛围和意识，教研组研修才会有效开展。

2.建立长效的研修机制

团队学习要想获得实效，必须要有长效的研修机制作为保障。首先是时间的保障，学校规定，每个教研大组每月要进行至少一次集中教研，要根据学校或上级部门的安排确定教研主题，形式可以为课堂研讨、集体备课、讲座沙龙及团队建设等；每个备课小组每周要进行一次组内教研，主题自定。每个教研组的研修时间是固定的：语文组为周二下午，科学组、音乐组、美术组为周三上午，体育组为周三下午，社会组为周四上午，数学组、英语组、信息组为周四下午。每一次组内研修活动都要有文字、图片等过程记载，期末统一上交。

3.采用多元的研修方式

在教研组团队规范的集中研训基础之上，学校鼓励老师们结合自己的情况创设多元的个人研修方式：在集中学习之外开展个人学习，比如，阅读专业书籍、报刊并撰写读后感或读书笔记；根据上级教育部门的安排积极报名参加全国、各省、市区的学习培训并上交培训心得。学校也会邀请不同领域的专家给不同的教研组进行有针对性的学科培训，在专家讲座之外为参与研修的老师预留提疑的时间，由专家答疑解惑，提升专业成长。

在学校一以贯之的重视及保障之下，在各教研组团队坚持不懈的探索努力中，我校不少教研组研修取得丰硕的成果。

【案例7-5】聚是一团火，散是满天星：科学教研组的成长

中学科学教研组是一支敬业、勤业、精业的队伍，他们甘于奉献、勇于创新，是教育教学改革的先锋；先后被评为下城区感动团队、下城区首届优秀教研组、下城区首批优势学科、杭州市优秀教研组及浙江省优秀教研组。中科组的老师积极探索精准教学，打造智慧课堂，构建校本资源库；依托大数据准确定位学生学习薄弱环节，有效突破易错点、重难点，让精准施教和个性化学习逐渐成为习惯，有效减轻学生课业负担。在团队成员的努力下现有的13位教师中有高级教师4人，中级教师5人，省、市荣誉教师3人，区级骨干8人。他们还积极开发拓展性课程，培育精品社团，为学生搭建多元发展的平台。科技社的学生研究性学习成果曾获得省科技创新大赛一等奖、全国科技创新大赛一等奖，学生参加海模、空模、无线电测向等项目比赛，多次获得区、市级奖项。整个中科组"聚是一团火，散是满天星"，既精诚合作又各自担当，在科学教学中探索前行。

学校教研组的研修活动呈现出"百花齐放"的学科特色，结合各自的学科特色彰显出勃勃生机，有的教研组秉承扎实、严谨的研修风格，比如，信息组多次与同片组内的求知、青华等兄弟学校展开联合教学研讨和课堂比武，信息组教师人数虽不多，但在研讨活动中人人都会发表自己的见解，坦诚交流，不同教龄的老师都得到各自的专业发展；小学英语组多次承担区级专题培训任务，发挥教研组团队的力量磨课评课，多次推出高质量的区级公开课，受到区内同行好评；而艺术组老师的研修成果则是创意加有爱：音乐组老师策划以水果蔬菜做乐器的教学设计；美术组老师实践了世界名画的模仿秀；体育组老师在新冠肺炎疫情期间共同设计出一套有趣、有效的宅家运动方案，他们的研修成果不仅令自身的专业素养和能力得到质的飞跃，也深受学生喜爱，助力学生核心素养的培养。

(二)年级组协作走向丰茂

以教研组为团队的研修学习主要是在提升教师的学科专业素养领域发挥作用;而以年级组为团队的研修学习主要是为深化教师的多方面内在生长力而服务,旨在通过年级组教师的协作夯实工作力、成长力和生活力,走向更为丰茂的教育教学境界。学校为九年一贯制学校,共有自然形成的年级组九个,每一学年开始阶段,在年级组成员的安排设置上学校也是付诸了很多心思的,每个年级组里既有不同学科的教师,也有不同教龄层次的教师,在老师的性格、性情和专长方面也尽量做到均衡搭配,使年级组之间达到平衡。学校每学年都会规划实施以年级组为单位的各类研修活动,这些研修活动主题丰富,涉及教学、德育、科研、生活等多个领域;研修活动的形式也很多样,有展示、竞赛、讲座、交流等,给组内教师搭建多元的成长平台。

1. 年段开放周

学校教导处每个学年都会筹划年段开放周教学活动,这是多年来一直传承的特色年级组研修项目之一。每月由一到两个年级组进行开放周活动,每一次开放周时间长度为一周,在这一周里组内每一位教师都要进行至少一节课的课堂展示,校内本年级及其他年级组教师都可以前去听课评课。开放周由年级组长牵头组织,安排好组内教师课堂展示课表并公布于各年级组QQ群,组内教师协同做好相关准备。

年段开放周不仅仅一次教学研修,所锻炼的也不仅仅是教师的课堂教学能力。在开放周前期组内教师要互相协调安排好课堂教学展示的时间,并在组内分好工,有的负责备课指导,有的负责资料收集制作,有的负责听课表、听课凳等物质的保障,还有的负责拍照并完成通信报道;在备课磨课期间,即便是不同学科的组内教师也会互相听课、评课,从不同的角度提出各方面改进建议,经验丰富的教师可以帮助年轻教师指导教学设计,年轻教师也可以帮助老教师修改课件;在正式开放展示时组内教师更要互相协作,并在展示结束后共同做好教案、课件整理和活动报道的撰写。这是一种很特别的研修方式，将研讨与展示结合起来，以展促研，提升老师们的学科教学能力、沟通配合能力、心理承受能力。

学校在开放年段的安排上也是精心编排过的，比如，学期的开始常常安排即将毕业的六年级、九年级；学期的结束往往安排新建组的一年级、七年级，平时会根据老师们的学科需求安排开放研讨，这样既能提供切实的研修需要，又不会给老师造成过多的心理负担。

【案例7-6】探索"四有"教学样态：八年级组年段开放周调研

2020年12月上旬，学校以"回应式课堂教学研究"为主题，开展八年级教学开放周活动，同时邀请下城区教师教育学院领导、研究员来校开展深度调研指导。在本次开放周调研中，八年级各个学科的老师围绕"回应式课堂"这一主题合力探索"四有"教学新样态的实践路径，在课前通过预测和评估了解学生的学习基础、学习需求和学习潜能；课堂上围绕教学重点难点，给予学生挑战性的学习任务，组织学生开展多元交互学习，激发学生主动学习，促进深度思维的发展。在这次开放周调研前八年级组的老师们经过了多次磨课、试教与评课，通力合作，互提建议，在调研中展示了较强的团队素质和个人业务能力，获得优质的课堂效率及学生、听课教师及上级部门的好评，也为后续的年段研修活动提供了范本。

2. 质量分析会

为了让年级组内教师有同舟共济的研修意识，让组内各学科研修能够均衡发展，学校会在期中学情调研和期末学科检测之后以年级组为单位召开质量分析会，这也是校内教师研修的重要途径。在质量分析会上每一位教师都要对前一阶段的教育教学进行回顾和总结，陈述学科研究及成效，反思不足之处，提出内心的疑难困惑，这样做既是为了督促老师做细致的个人阶段性反思和规划，使成长有明确的目标，也是给老师们取长补短、汲取经验的良机。他山之石，可以攻玉，听一听别人的好方法，内心的疑团也

许就会解开。

在质量分析会上,老师们并不只围绕着成绩在交流,这只是研修交流的指标之一,老师们会探讨学生的学习状态、习惯培养、心理起伏等,关注德育、智育、体育、美育、劳育这"五育并举"的实践进程,呈现学生的过程性成果和阶段性进步,使自身的学科评价能力也有所提升。当一个年级组在召开质量分析会时学校行政领导和其他年级组长也会列席,在会议的尾声提出自己的建议和意见,让质量分析会发挥真正的实效。

3. 自主研修单

在丰富多样的统一研修项目之外,学校也根据学校老师的兴趣爱好和个性特长设置了自主研修单,其中的研修项目精彩纷呈,有体艺素养的修炼,比如,篮球、足球、太极、书法、绘画,我校会请相关领域专业的导师来为老师们做培训;有心理健康的调适,比如,团体心理辅导、睡眠质量提升我校曾邀请过浙江省学校心理健康教育专业指导委员会专家委员高亚兵教授为老师们做团体辅导的引领,深受老师们喜欢;此外,还有生活情趣的培养,比如,茶艺、烘焙等。这些自主研修项目以自愿加入为原则,老师们可以根据自己的情况自主选择,获得最适合自己的研修。

(三)项目组推进走向多样

项目式研修是近年来新崛起的一种研修新方式,并越来越受到关注和推崇,它以创新的研训手段、科学的研训课程、优秀的指导策略、丰富的培训方式、多样的培养路径,突出体现了周期性、综合性、实践性和主体性的特点。我校从2017年起也开始关注项目式研修这一领域,在上级领导的关心支持下及自身的不断探索研究中从无到有,从有到专,目前学校有四个重点推进的项目:差异教学项目、平板精准教学项目、STEM研究项目、团队一体化研究项目。这四个项目研究的学科内容各不相同,参与的教师也各不相同,如果说前文提到的教研组、年级组研修是全员参与的话,参与项目研修的便是我校有经验、有能力的骨干教师,这是一种精英式的研修。

1. 针对差异教学的项目研修

2017年6月，学校成为中国教育科学研究院差异教学项目推广学校，差异教学项目便在我校落地生根。我校选拔不同学科的骨干教师组成差异教学项目小组，以"尊重差异，适应差异，利用差异"为理念，努力打造具有思辨性的"差异教学"课堂，从而全面提升学生的综合素养和教师差异化教学的能力水平。

三年来，由学校差异教学项目小组的骨干教师引领，越来越多的一线教师加入该项目中，成为共同研修者，在课堂教学、作业设计、个别辅导中都全面尝试与推进尊重个体差异的教学实践，并逐渐探索出"预习与评估—多元交互学习—加速与加餐"为基本框架的"回应式"课堂教学模式，在课堂的不同环节中关注到不同能力层次的学生需要，提出符合他们学习期待的引领性问题，搭建不同思维方式的教学支架，使学生能在自己的能力范围内获得最优的发展。

学校先后承办全国差异教学研讨活动4次，并邀请全国差异教学研究领域的专家华国栋教授多次来校莅临指导课堂教学及做专题讲座，有大约30位不同学科的骨干教师进行差异教学课堂展示，还有教师代表下城区在全国差异教学联盟学校研讨活动中做经验介绍。该项目的研修使我校教师学科分层教学能力有大幅度提升。接下来，项目的老师将进一步在实践中研究"弹性作业的策略"，推动着差异化教育的纵深挺进，满足不同学生差异化发展的需求，让每个学生都绽放精彩。

【案例7-7】关注每一位学生："两地四校"差异教学研讨活动

2019年4月18日，我校举办"两地四校"差异教学研讨活动，邀请中国教育科学研究院研究员、博士后工作站指导专家华国栋教授莅临，与湖北恩施巴东光明小学、建德市新安江第三小学及桐庐县旧县中心学校的领导同行共同探讨语文、数学、英语、科学四门学科的差异教学。在活动中我校差异教学项目组的老师们精心备课、磨课，在反复试教和不断改进后推出

了四堂差异教学优质研讨课，在深入研讨交流中老师们也进一步落实在课堂中关注每一位学生，让每位学生的课堂参与感更强，对基础薄弱的学生设计不同层次的课堂活动，根据学科特点去拓展创新差异化教学的课堂路径，在此过程中老师们收获了课堂教学能力的积极生长。

2.针对平板教学的项目研修

随着信息技术的广泛应用，平板逐渐成为课堂教学中的助手，如何让平板在课堂上真正助力教学？从2018年12月开始，学校将这一先进的技术与"精准教学"的理念结合起来形成一个新的研修项目——平板精准教学项目，该项目组的老师为数学、英语、科学组的骨干年轻教师，他们把平板课堂作为实践与研修的基地，合力摸索平板在课程中更深远的意义。

在短短一年多时间里，项目组的老师围绕"精准教学"这一主题，把如何借助平板来辅助教与学的准确定位和反馈作为研究的核心，在数学、英语、科学这三门学科开展课堂教学研讨20余次，不同学科的研究侧重各有不同：数学课着力于通过借助平板实施课前测来发现学生的不足，并在课中重点分层突破，在平板上直观解决问题，提升教学精准度；科学课主要引导学生通过平板完成部分小实验和小练习，教师以直观的数据分析个别学生的错误，以此突破重难点；英语课则是借助平板来聆听和反馈学生的单词发音，统计学生容易写错的单词来攻克学生的易错点。

不同学科的教师在同一个项目中展开各自的研修，这是一种全新的尝试，也让"精准教学"切实渗透到学科中去，令研修的成效更加扎实和丰厚。在一年多的时间里项目组老师从证实平板辅助教学能激发学生学习兴趣，改变教学模式，到逐步探索出如何在学科教学中借助平板精准定位与反馈，再到接下来要进一步研究如何借助平板去促进学生之间的自主合作，培养学生的创新精神，他们的研修可谓是一步一个脚印，走得踏实，也必将走得长远。

3. 基于STEM的项目研修

"STEM"项目教学在中国虽然起步晚，但发展却很快，因为它顺应了未来科技发展对人的客观要求，也有利于学生合作探索能力的培养。2019年9月，6位志同道合的年轻教师一起组建了STEM项目研修团队，他们就像一个新的教研组，由于来自科学、信息等不同学科，有着不同的专业知识背景，所以可以在集体研修中进行互补。

在研修的起步阶段，老师们集中精力于相关专业知识的研究，扩充自己的理论，拓宽自己的思路，并积极参与各类和STEM教育有关的培训，在每次学习活动后，老师们会自发聚到一起，互相交流自己的学习心得，并对前期交流的项目进行改进。随后他们参考了市区教研员的建议构想了一些可行性较高的项目，基于真实情境下的真实问题去设计项目研究方案，引导学生通过思考、合作和尝试去解决问题。介于不同年龄段的学生解决问题的能力不同，他们针对不同年级的学生设计的项目难易程度也不同，例如，他们为低段学生设计了《黑暗艺术》这一项目，结合科学教材感官认识的内容，让孩子体验盲人的生活困难，设计盲文；为中段学生设计了《室内气象监测盒》项目，结合科学天气单元和数学测量单元的学习内容，设计一个实时监测室外气象要素的天气盒，通过信息技术的辅助，实现远距离红外数码显示；为高段学生设计了《自制"鸡尾酒"》项目，结合液体比重对物体沉浮的影响的相关知识，设计不同的分层彩色饮料。

虽然STEM项目是学校成立时间最短的研修团队，但研修成果也很丰厚，2019年5月和2020年5月，他们先后承办了区级STEM项目研讨活动，我校的年轻教师在活动中做课堂展示，获得好评；我校的STEM研究项目成为浙江省中小学STEM培育项目。项目组的老师们在研修过程中收获高阶的知识、高端的教学能力和长远的目标，接下来他们要探索STEM项目设计中的分层互补策略应用。STEM的项目研修更多时候像是在开辟一条连接未来的通道，拥有这种思维模式的教师助力学生成长，同样，拥有这种思维模式的学生促进着教师在研修中提升专业素养。

图7-3 我校教师在区级STEM项目研讨中做成果展示

4.基于团队一体化的项目研修

学校是九年一贯制学校,在少先队与共青团的协同建设上有着独特的优势,并成立团队一体化研修项目,探讨新时代中小学思政教育的新思路、新想法、新实践。该项目的研修以相关主题的省级课题为载体,团队里的老师在各自子课题的引领下展开研修。

自项目成立以来,研修组的老师们在自己的子课题范围内进行了积极的实践,他们在独立尝试的基础上也展开合作研修,开展党团队知识衔接教育、团队仪式教育和综合社会实践等板块的教育活动,对我校共青团员、少先队员进行政治启蒙和思想引领。他们在各级各类的活动建设中展开研修:以团前教育课程为载体,做好党团队衔接和组织意识教育;以少先队仪式教育为载体,营造隆重的仪式氛围,增强初中少先队员的光荣感和组织归属感;开展团队一体化主题班会课,成立景成U+学堂,并积极开展学生自治活动和校党团队七彩志愿者的实践活动。

以团队一体化为研修主题的老师们努力追求着办法创新、手段创新、形式创新，在切实构建全员全过程全方位育人的长效机制中提升自身德育育人的能力与水平。与此同时，他们也在不懈探索九年一贯制学校育人新路径，弥补班级管理中育人工作的不足，更大限度地发挥团队组织对学生的思想引领作用，培养学生责任担当、实践创新意识和能力。

学校优质的校内研修可以给不同年龄层、能力层、目标层的老师带去各自的成长：一次教研组内的教学探讨可以让新入职的菜鸟教师深切感受优秀前辈与同行的专业尽责，在自身的专业水平上大步前进；一次年级组内的质量分析可以让老、中、青三代教师见识到"前浪"和"后浪"各自的才干和能力，彼此欣赏与学习，提升专业素养；一次项目研究的分享可以让骨干教师的思维迸发出闪亮的火花，发掘到研究、探索的新视角、新方法。教师成长受益的不仅是教师本人，也带动了学生的进步，并让学校的发展更上一层楼。

二、内外结合：延伸研修广度

学校所构建的教研组、年级组、项目组三个纵横交集的研修团队令研修的内涵往深处扎根。在此基础之上学校将教师研修的空间延伸到市外、省外及海外，架构起更广阔的校内外融合研修平台，令研修的广度往宽处延展。

(一)建立研修机制

在多向展开校内研修一体的同时，我校还积极开展校外研修，通过校内外结合，延伸研修一体的广度。为此，学校建立了相应的研修机制，如图7-4。

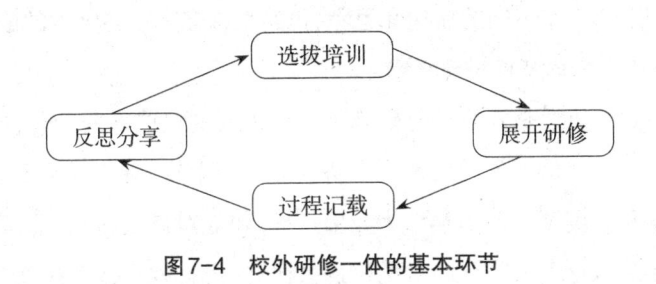

图7-4 校外研修一体的基本环节

在校外研修人员的选拔上学校一直遵循"公平、公正、公开"的原则,在教师自愿报名的基础上结合工作态度、工作能力、工作成效、所教学科、教龄等各项主客观因素选拔出最适合本次研修的教师并公示;确立人员之后会集中组织召开校级研前培训,告知教师研修的目的与意义、内容与安排、纪律与要求以及相关注意事项,还会邀请之前参与过校外研修的教师传授经验,助力参与研修的教师在思想、物质上都做好充足的准备。

在教师进行研修的过程中,学校会请行政领导或教研组组长、年级组长通过微信、QQ、电话等方式了解和把握研修的情况,帮助参与研修的老师解决难题;而在外研修的老师一边专注参与研修一边以文字、照片、视频等形式做好《景成实验学校教师校外研修记录册》的记载。

在研修结束后每一位参与研修的老师都要完成独立成文的心得反思和相关研修通讯报道,学校教科室还会定期推荐研修老师在学校"山海汇"这一研训平台做成果分享和经验介绍,以外哺内,促进校内外融合发展。

这一系列规范细致的校外研修机制对于参与研修的老师来说是一种可靠的保障和有力的助推,老师们可以好好把握来之不易的研修机会,沉入其中,潜心修炼,来一场身心皆有收获的研修之旅;而对于校本研修工作的实施来说也是有效的尝试和探索,真正让研修成为老师们成长的阶梯。

(二)提升研修广度

校外研修的空间更为广阔,研修的形式也更加丰富,既可以"走出去",也可以"请进来",达成校内外研修的流动融通。近几年来,学校一直在创新探究校外研修的多样形式:送教研讨、支教帮扶、海外游历、参观访问,不同的研修形式带来不同的启迪和思考,也给教师带来不同维度的成长。

1. 基于送教的研修一体活动

课堂教学研讨是我校校外研修项目中重要的组成部分,所占比重也是最大的。学校与浙江省兰溪市水亭畲族乡柏园学校、贵州省黎平县尚重镇初级中学及尚重镇中心小学结为兄弟学校,建立对口支援关系。每个学期学校都会组织骨干教师到结对学校送教研讨,进行教育教学深度交流。老师们把送教研讨活动视作极有含金量的研修,在送教交流前会与教研组、备课组的老师一起修改教学设计及发言稿、一起磨课试讲、一起打磨课件,以求把最佳的状态、最好的水平展现在兄弟学校的同行面前。在与同行交流时,我校教师报以非常谦逊的态度认真聆听,深度反思,提升自己的思考力和执行力。

学校教师不仅送教上述几所结对支援学校,还跨越千里至恩施州巴东县的光明小学、新疆阿克苏市第十五中学,为偏远地区的师生们带去精湛的课堂教学和专业的讲座培训,与他们分享自己的经验心得。短短两年时间我校教师外出研修所带去的课节和讲座达二十余人次,收获各地同行的赞赏与好评。

2.基于支教帮扶的研修一体活动

在短期的送教研讨之外,我校也曾委派骨干教师长期支教西藏、巴东等贫困地区。一年或两年的研修时间在支教老师的眼里太过短暂,他们还未曾出发,就已经在做一边支教一边研修的准备,他们带去了下城及学校的先进教学理念、优质教育教学方式,让这些宝贵的教学资源在国家级贫困县生根发芽;他们一边深入一线执教,为当地教师送去一节节精彩的示范课和一次次高质量的讲座培训,一边任职行政职务,引领整所落后学校的发展;他们还搭桥牵线,为学校与当地的结对联谊而不懈努力,为更多教师营造互相学习、互相帮助、相互切磋、相互交流的教研氛围。

长期支教帮扶对于老师来说是一种更具考验与挑战的研修,在艰苦遥远的异地,老师们的教学能力、科研能力、组织能力、应变能力都在磨砺中迅速发展,他们的一呼一吸、一举一动都成为一种研修,在异域山水间散发着与日月一样灿烂的光辉。

3.基于海外游学的研修一体活动

近年来,上级教育行政部门开始组织区内教师赴海外研修,学校积极响应与参与,选派优秀骨干教师参与到区的研修团队中。语文、数学、英语、科学、社会、音乐等学科的教师先后赴美国、澳大利亚、英国、希腊、芬兰等国家展开基于国际背景的研修访学。在研修的历程中,老师们观摩了不同学科的课堂教学,聆听国外教师的研究成果,与他们交流心得与困惑,感受着他们极高的教学热情、敬业的教学态度、阳光自信的活力和强大的信息技术能力,也领略异国他乡的校园环境和文化氛围。

世界那么大,教师奔赴海外研修不只是看看异国美丽的风景,而是在汲取不同国度、不同文化乃至不同专业背景下的理念、知识与技能。他们观摩外国同行的课堂,既关注课程的设置、教学的设计、作业的安排,也在学习师生之间互动回应、反馈改进的诀窍;他们聆听讲座和汇报,不仅是在向优秀的先行者学习取经,更是在反思自身可以如何改变与提升;他们边行边赏,领略的是他国的风景,也是杰出同行的魅力和先进教育的样态,他们的所见、所闻、所感、所思都将转化为专业能力、人格品质上的积淀并实践于自己的教学行动中。

4. 基于考察交流的研修一体活动

在给教师"走出去"机会的同时,学校为更多的教师创造"请进来"的机遇,把千里之外的专家、学者邀请到校园里来。

在教师赴兰溪、巴东、贵州等地研修的同时,结对学校也会定期派遣骨干教师团队来我校交流。2018年10月,黎平骨干教师培训班的老师和湖州菱湖三中10余位领导和老师来学校研讨,共论课堂教学;2019年4月巴东光明小学教师团队来学校交流,共商家校共育良策;2019年12月,兰溪市水亭畲族乡柏园学校、圣山民族小学和赤溪中心学校的校领导及40多位骨干教师来我校考察交流,探讨学校特色品牌的打造。

在与国内学校以研修联结情谊的同时,学校也将研修的橄榄枝抛到了大洋彼岸。2017年9月,由西澳州18位校长组成的教育访问团来我校交流,同下城区30位中小学校长,以及我校教师骨干们一起,从四个主题出发——基于社会资源整合的学校课程开发;基于心理健康的人格培育;基于信息技术的教师校本研训;促进校长终身学习机制——共同探讨学校建设和教师成长的话题。2019年11月,西澳州凤凰学院的首席执行官Pankaj Pathak和他的团队,来我校访学,为我校教师带来最新的创客教学技术和网络教学技术。

有朋自远方来,不亦乐乎。远道而来的良师益友们为我校教师带来课堂展示、讲座培训,与老师们共同切磋琢磨,这样老师们即便身处墙内,也能闻到墙外之"花"的芳香,足不出户便能享受到接地气、高水平、有实用的研修。

(三)强化研修效度

从杭州市,到浙江省,再到全国,乃至全球,我校教师校外研修的经度和维度都在不断伸张,一步一个脚印的研修之旅必定带来聚沙成塔、集腋成裘式的效果积淀。

1. 启迪思维,丰厚专业

无论是哪一种研修,若是静心尽心,都会对专业的提升有所帮助,而校外的研修更会让专业能力变得"厚"起来。走出校门,跨过省界,飞越海洋,老师们在研修中遇到的学生会有不同的成长环境、基础底蕴和性格特长,在研修中遇到的成人会有各自的生存阅历、文化信仰、人格魅力,在彼此交流沟通的过程中必然会有更为繁多的碰撞、共鸣或者分歧。就以课堂研讨为例,面对截然不同的学生,原本流畅的教学设计也许就会面临阻碍,预设的教学效果可能并不尽如人意。所以,对外的研修是一种对内精致的过程,每一份教学设计、每一页发演讲稿、每一次培训流程,都要在对象的调整变换中做修改完善,使其在拥有专业性的同时也有普及性和迁移性,提升内在价值。学校一位科学老师之前对STEM项目实践已有一些探索积累,当她在西澳研修时深度学习了他国STEM项目的实践后不禁感叹:STEM的世界比自己预想的还要广袤,可以拥有更多的角度和方式,自己之前的STEM项目实践过于狭窄了。所以,对外研修可以启迪老师的多向思维,打破设想的边界,为提升专业提供了无限可能。

2. 修缮性格,丰富心灵

老师们在研修的过程中教育教学水平在得到发展,自身的性格气质也在不断修缮。金无足赤,人无完人,即便是业务水平高的老师也不会是完

美无瑕的人,而研修的过程是一次心灵旅行和修正的过程,老师们不仅能改进业务上的不足,也能改善性格中自己原本不那么满意的部分。出外研修的计划也许一张纸就可以写下,但落到实处会有很多细节问题,有些甚至是无法预料的变更或遭遇,这对于老师们就是一种考验,遇到困难或阻碍时用勇气克服胆怯,在合作中迸发智慧与力量;有的老师性格比较内向沉稳,在校内研修中常常是被动接受的状态,而在外出研修时被陌生同行的热情和自信感染,愿意主动上台发表自己的见解,这也是一种很有价值的突破;还有的老师性格大大咧咧,遇事容易急躁,但出门在外锻炼了他为人处世的耐心和细心……研修的时间或许只是十天半个月,但当老师们再次回归时却令身边的人感觉他们变得更有魅力和感染力了,的确,因为他们的内心世界变得丰富了。

3. 多向辐射,丰润校园

受客观因素的影响,每学年能走出校门参与研修的老师总人次还是会在一定的限制内,但这并不妨碍研修成果的多向辐射。每一位外出研修的老师都会有照片、视频的客观研修过程记录,也会在研修记录册上用文字记载下主观的经验体会和心得疑惑,这些资料会统一上传到校本资源库中保存,学校里的每一位老师都可以登录浏览并学习。学校的教师培训分享平台"山海汇"也会定期安排外出研修的老师以讲座或沙龙的形式分享研修感悟,聆听的老师也会获得共鸣与共情。此外,在年级组、教研组的日常活动中,老师们也会结合具体的教学情境分享研修中可借鉴的经验或方法。所以,研修的共享是不受时间、空间、渠道的限制的,可以借由一段文字、一幅图片、一句建议、一番交谈辐射到许许多多的老师,他们也可以享受到二次研修,从而让整个校园都充满着学术探讨的气息,丰润着校园的研修风貌。

从建立机制、提升实质,再到彰显成效,学校层级式校外研修系统架构在持续完善,内涵在不断充实,品质也日趋精致,参与其中的老师越来越多,在研修中拓展国际视野,深化专业内涵,向着优秀卓越的目标进发。

三、技术支撑：提升研修效率

网络信息技术融入和辅助教育教学对于大部分老师已是驾轻就熟之事，学生在现代技术的帮助之下学习知识技能，身为老师自然也不能落后。随着硬件设施的配备与保障日益齐全，学校开始尝试基于现代信息技术的研修，来提升研修效率。

（一）"互联网+"平台：提升温度，促进效度

根据浙江省教育厅教育技术中心关于《浙江省"互联网+义务教育"中小学校结对帮扶工作方案》的通知精神，全面推进"互联网+"义务教育工作，学校于2019年4月与新安江第一中学建立"互联网+"义务教育结对帮扶关系，两校教师积极开展各项线上线下的研修活动，包括开展城乡同步课堂、教师网络研修等，形成一种依托于网络信息技术的研修新尝试。

1.同步课堂研讨：提升课堂温度

不管是哪一种研修平台，课堂教学始终是研修的根基和命脉所在。我校借助"互联网+"平台开创出课堂研讨的新天地——同步课堂，即两校在互联网设备技术终端的连接下采用直播方式，进行远程同步教学，由其中一方的老师授课，两端学生共同听课并通过网络技术形成师生、生生互动。在教导处的统筹安排下，各教研组老师们有的放矢，找准每门学科中的重点与难点，针对师生在教与学中的薄弱环节及疑惑困难进行城乡同步研讨，展开精准教学，在一年多的时间里，双方学校多次进行了语文、数学、英语、科学等学科的课堂同步研讨40余节，其中的全英文空中课堂连线更是受到多方关注。

【案例7-8】穿越三百里，同上一堂课："互联网+"全英文空中课堂

2019年10月15日下午，我校与建德市新安江一中通过"互联网+"技术，进行全英文空中课堂连线，一起畅游神秘欧洲，了解古老传说。我校的外教Kay老师带领同学们一起阅读欧洲古老的传说，耐心地指导学生理解故事的内容，在朗读和提问中学习口语，感受英语的奇妙。两所学校的老

师们也全程观摩了这堂课,并在此过程中受益无穷,学习到开展英语口语训练的有效模式,也发现了学生在英语课外阅读中的薄弱之处,为以后的强化训练提供了方向。

这种"穿越时空"的课堂研讨曾多次在"互联网+"平台上开展,老师们在网络研修中学习到千里之外同行的优质做法,进一步学习如何引导学生乐于学,又让自己享于教,从而提升课堂温度。

2.新式网络研修:促进课堂效度

新式的平台也会催生出新式的网络研修模式。学校借助"互联网+义务教育"的平台建立城乡同步、互融共享的研修学习模式,创建了一个"人人参研、处处可修、时时可学"的网络研修环境。从双方学校建立互助关系以来,两校的语、数、英、科教研组都曾开展过网络形式的教研组研讨活动,老师们身处不同的地方,却在网络空间中遇见,共同学习学科理念和方法,共同研讨课堂案例,共同设计教学过程并反复雕琢,在思维的碰撞中进步,缩短了城乡地域差异,令课堂教学更有效度。自结对以来,两校教研组开展各类学科研修活动10余次,在一次又一次的探索研修中,有效地促进了优质教育资源的共建共享,扩大了优质教育资源的辐射面,初步实现城乡结对帮扶学校的管理共进、教科共研、师生互动、特色互补。

表7-1　杭州市景成实验学校"互联网+"研修列举(2019—2020学年)

序号	学科	年级	研修主题	支援方主持人	受援方主持人	参加研修对象	活动日期
1	科学	七至九年级	《科学教师实验技能展示》	景成科学教研组组长:黄益	傅丽娟	初中科学教师、新安江一中科学教师	2019-9-06
2	科学	七至九年级	《如何高效开展试卷讲评课》	景成科学教研组组长:黄益	傅丽娟	初中科学教师、新安江一中科学教师	2019-9-20

续表

序号	学科	年级	研修主题	支援方主持人	受援方主持人	参加研修对象	活动日期
3	数学	七至九年级	《以学时为主体,培养核心素养》	景成数学教研组组长:叶丽娜	陈新群	初中数学教师、新安江一中数学教师	2019-10-18
4	信息技术	七至九年级	《如何保障"互联网+义务教育"活动正常开展》	景成信息技术教研组组长:张自任	王磊	景成信息技术教师、新安江一中信息教师	2019-10-25
5	科学	七年级	《期中复习研讨》七年级科学备课组教研	景成教导主任:郑英	张高翔	初中七年级科学教师、新安江一中七年级科学教师	2019-11-06
6	社会	七至九年级	《初中历史教学如何突出学科味》	景成社会教研组组长:方文琳	严丽云	初中社会学科教师、新安江一中社会教师	2020-4-17
7	数学	七至九年级	《成长修炼计划》	景成数学教研组组长:叶丽娜	陈新群	初中数学教师、新安江一中数学教师	2020-5-7
8	数学	八年级	《期中复习研讨》八年级科学备课组教研	景成数学教研组组长:叶丽娜	陈新群	初中八年级数学教师、新安江一中八年级数学教师	2020-6-11
9	下城区第十三届课堂节开幕式	一至九年级	浙江STEM教育的理解与实践	下城区教师学院院长:唐西胜	陈新群	下城区、青海、巴东、黎平、阿克苏多地教师	2020-10-14

续表

序号	学科	年级	研修主题	支援方主持人	受援方主持人	参加研修对象	活动日期
10	科学	七至九年级	"回应差异，精准体质"主题式备课组教研	七年级备课组组长:董燕民	陈新群	初中科学教师、新安江一中科学教师	2020-10-22
11	英语	七年级	英语互动式课堂研讨	初中英语教研组组长:闻人淑	陈新群	初中英语教师、新安江一中英语教师	2020-11-5
12	体育	七至九年级	体育团队赛课研讨	体育教研组组长:杨平锋	陈新群	初中体育教师、新安江一中体育教师	2020-11-26
13	音乐	七至九年级	音乐作品解读研讨	音乐教研组组长:汤煜玮	陈新群	初中音乐教师、新安江一中音乐教师	2020-12-8

"互联网+"为教师搭建了基于网络信息技术研修的平台,在这个平台上老师们可以突破空间的限制,更广博地汲取先进理念,掌握教育动态,弥补自身短板,落实"尊重开发潜能,多元发展素养"的课堂内涵,在实践中不断推动着课堂教学的纵深挺进,让研修更为高效。

(二)终端研修园:集结智慧,创新无限

网络信息的介入,使我们有更多可以探讨教师发展的有效途径。为了发挥在一个学习的生态环境中智慧共同体的最大效用,我校以教研组、年级组、项目组为主要分支单位在QQ群、微信群、钉钉群等网络信息技术终端建立起若干个研修园,老师们可以在这些终端研修园内随时开展"碎片化"的研修活动,作为对线下研修的一种必要补充,比如,针对学科某个专业问题的交流、围绕某次培训畅谈心得、结合某项活动讨论筹备等。

在2020年新冠肺炎疫情期间,一切线下的研修活动都暂停,此时终端研修园发挥了无可替代的作用,在这段特殊的时期里,为各组的研修活动支撑起一片广阔的天地。在两个多月的网课教学期间，我校教师的网络研修如火如荼地进行着，通过每两周教研大组、隔一周备课组校本教研的形式交流，磨课评课，以听带教。学校领导和中层干部全部分派到各教研组，分学科参与线上随堂听课和校本教研，从中发现的优点、问题、意见、建议及时以综述的形式向组内老师反馈。到疫情结束为止共计参与听课120余人次，参与校本教研32场。各研修小组的老师也通过网络研修设计出许多疫情期间的精良教学设计和教育活动，比如，数学组的老师们在研修中讨论出借助各类平台批改和点评作业，不仅做到及时和细致，还用手机后置摄像头充当实物投影仪来进行直播讲评，指导学生订正好每一道错题；科学组老师在网络研修中集体备课，为所教的每一个班级制订翔实的网络教学计划，指导学生合作定制作业手册，鼓励学生分享自己的作业；社会组的老师们在研修时想到充分运用多方平台的资源，整合筛选，精心制作了网络视频课程；音乐组的老师们在研修中合力制作丰富优质的PPT和微课，还设计了抗击疫情主题的歌曲、手势舞、游戏等课程内容提升学生的音乐素养……把研修从线下转移到线上并没有削弱研修成效，反而节省了时间成本，便于信息的互通和专业的合作，也让研修变得更加灵活，在研修中迸发出创意的火花，提升研修实效。

从原本的研修预备阵地一跃为特殊时期的研修主打阵地，学校教师认识到网络终端研修园的重要性，并愈加致力于建设和维护，制定了组内研修公约，分配了各自承担的职务，在网络研修园里开辟了小论坛，及时更新公告和说说，平时看到优质的学习资源也在研修园里分享讨论，终端研修园已经成为不可或缺的研修部分。

(三)校本资源库：分门别类，海量优质

在网络空间里，研修可以以集体的形式开展，比如，前文提到的"互联网+"平台研修和网络终端研修园的研修；也可以以个人的形式开展，比如，以校本资源库为基础所开展的研修。学校的校本资源库是建立在校园网内的一个大型数据库，由教导处和教科室牵头建成，由信息教研组提供技

术保障。资源库内按学科分门别类地储存着不同的教育教学资源，既有校外引入资源，也有校内原创资源，包括各级各类公开课、教研课、优质课的教学设计、课件、反思及相关材料包，优质的课题、论文、案例，优秀学生的范例习作、解题、作业，教研组研修活动过程、成果反思记载，还有各种名师名家讲座培训的相关资料等。

校本资源库里资料的录入有严格的程序，先由相关学科的教研组组长做首次审核，由教导处和教研室做二次审核，校内资源必须全部原创，所有的文字档案都有严格的格式规定，音频、视频格式、大小也要统一，教导处、教研室相关负责人会定期对资源库进行检查和补充更新，保障校本资源库里的信息最优质、最新鲜、最实效。我校每一位老师都有各自独立的校本资源库登录账号与密码，以保证个人隐私和资源库的信息安全性，可以根据随时随地以该资源库为研修的阵地，浏览需要的资源并下载保存，作为一种范式学习，对自己的教育教学和科研起到指导协助作用。

和"人对人"的研修方式相比，这种"人对物"的研修方式可以给老师们更多的研修选择，在保障安全和隐私的前提下，他们可以在校本资源库中获取海量的优质信息；这种研修方式也更有弹性和灵活性，真正做到了想学即可学，成为移动的个人研修站。

基于现代化信息技术的网络研修给学习带来很多便利和实效，但终究还是要与现实环境中的研修融合在一起，它们是一个生态的集体，需要怎样的环境和方式来学习完全可以按照具体的学习需要和条件来决定，并进行适度的调整，这样才会助力教师的成长与发展。

第八章

智慧家长：构建协同的育人体系

苏联著名教育家苏霍姆林斯基曾经指出："最完备的教育模式是'学校—家庭'教育，学校和家庭是一对教育者，家庭和学校这两个教育者，两者不仅要一致行动，要向儿童提出同样的要求，而且要志同道合，抱着一致的信念。"这也就意味着学校、家庭应当树立共同目标，通力合作，形成目标一致、要求统一、内容得当、方法科学、生动活泼的教育生态，共同推进学生发展和教育进步。正是基于这种认识，我校在走向卓越的过程中，十分重视家长的作用，努力构建家校协调的育人体系。

第一节 创新家长会：实现家校教育的共赢

家长会是学校教育的一个重要环节，通过家长会，学校和家长进行沟通，互相了解学生在另一半时间和空间里的情况，从而使家长和老师都能更全面了解学生，相互协同，助力孩子更好地发展。为此，我校通过创新家长会，使家长会在家校共育中发挥更加积极的作用。

一、转变教师观念

要创新家长会，首先就要转变教师对家长会的观念，从传统的教师对家长的单向交流转变为教师与家长的双向沟通。

(一)传统家长会的误区

纵观学校家长会的现状，可以发现，长期以来，学校在召开家长会的过程中，存在着诸多的误区。

1.家长会变成批评会

家长会上，班主任或任课教师在介绍学生状况时对学习不理想的学生进行点名是常有的现象。教师细数学生在校期间的不良行为，督促家长教育。这些学生家长被当面批评，感到无地自容，心中羞愧的同时夹杂着对学生的怒火，尤其在大庭广众之下的批评让怒火加剧，而承受这些怒火的往往是学生。回家后家长由于心理失衡，可能会采取打骂的形式发泄怒火，影响教育效果。成绩不理想或者调皮捣蛋的学生会萌生没有家长会就更好了的想法，而这些家长也会产生抵触参加家长会的心理，家长会的召开只能流于表层，难以深入人心。造成上述家长会的原因主要是：学生课堂表现不佳、学习成绩不理想往往跟学习习惯有关，但学习习惯纠正难度较大,教师多次重复强调效果不佳,考试成绩不理想,教师面临巨大压力,产生焦虑,希望家长严厉教育孩子改正习惯,将部分焦虑带给家长。

2.家长会变成成绩发布会

成绩作为家长非常关心的话题之一,而且家长会往往在考试后召开,于是公布学生考试成绩成了家长会的重要话题。教师耗费大量时间直接宣读学生本次考试分数、上次考试分数、进步幅度等。对成绩优异同学进行表扬,对成绩不理想同学予以强调。全班40多名同学成绩宣读后,家长会所剩时间寥寥无几。这种方式一则浪费时间,二则让学生产生恐惧。公布成绩容易在学生之间形成赤裸裸的比较,不论是当场宣读还是通过纸条的方式传递,家长相互了解后发现孩子成绩不理想或者退步,往往会说,"你看某某同学这次考了多少分,你才考了多少分",这些语句的使用会降低学生信心,部分偏激学生可能会产生讨厌成绩优异学生的情绪。不仅没有达到教师想让落后学生向优异学生学习的目的,反而产生了相反的效果。在这样的家长会上,信息交流趋于单向,家长只能接收教师传递的信息,很难进行反馈,也就难以运用好家长会的互相沟通功能。造成上述家长会的主要原因是:成绩是家长和教师非常关心的话题,家长非常渴望得知孩子的学习成绩状况,而学习成绩某种程度来说就是学生学习效果的反馈,教师希望家长通过成绩直观了解学生学习,家长、教师过度关注学习成绩,甚至将此当成评判学生的唯一标准。

3.家长会变成培训会

大部分父母没有经过系统的教育学习,在教育观念跟方式方法上相对是落后的。而父母作为家庭教育的主体之一,与家庭教育水平息息相关。为此,学校利用家长会对家长进行理论培训,邀请专家、校领导向家长灌输如何教育孩子的理论。专家、校领导的观点和理论是科学的,但是由于理论性较强或者针对性不强,无法运用于实践。家长对家长会产生怀疑,认为时间花下去了,但是实用性不强,效果并没有达到。造成这一现象的原因是学校忽视了家长的心理特点和真实需要。

这些家长会现状真实存在于教育过程当中，教师有必要警惕上述家长会误区，避免家长感觉无收获，教师感觉无新意的情况。

(二)重新认识家长会的意义

学校教育必须有家庭教育的配合，家庭教育为学校教育奠基，又能够延续升华学校教育，学校教育科学指导家庭教育，推动家庭教育。为此，就要在家庭与学校之间架起一座沟通的桥梁，让学校教育与家庭教育有机结合，深化协作。家长会就是家庭教育与学校教育的纽带。通过召开家长会，可以把学校的先进管理理念和管理措施展示给家长，取得家长对学校各项管理工作的理解和支持；可以展示班主任老师对于班级建设的蓝图和管理措施，加深家长对班主任工作的理解和支持，让班主任工作开展更加顺畅；可以使家长了解学生在校状况，有针对性地改正学生不足，适时对学生进行鼓励教育；可以向家长传播先进教育理念和教改信息，推动家长反思家庭教育不足，提升家庭教育科学性。开好家长会有助于深化家校沟通，促使家庭教育更好地配合学校教育，形成家校合力，推动学生发展。教师在观念上必须转变，深刻认识家长会作用，将开好家长会作为深化教育改革的重要手段，而不是流于形式。

(三)改变家长会的样式

家长会是进行家校合作的一种有效途径，要使家长会发挥应有的作用，就必须针对传统家长会的误区，改变家长会的样式，从而提高家长会的针对性和有效性。

1. 强化观念转变，提升专业能力

首先是强化班主任的观念转变。班主任需要在思想上深刻认识到：家长会不是完成任务即可，家长会作为家校合作的桥梁，具有重要作用，开好家长会是一门艺术。开好家长会，需要找准家长关注点、学生薄弱点，深入研究，认真准备，将家长会开成家长分享教育苦恼、经验分享的交流会，将家长会开成学生成长的讨论会，真正给家长收获感和幸福感。故而，班主任必须立足班级实际情况，将阻碍班级发展的痛点难点讲透彻，分析清楚，获得家长支持,学生落实。

其次是增强班主任开家长会的能力。通过培训工作,让有经验有想法的教师分享开好家长会的心得体会。学校应当给予班主任制订家长会主题的参考,让家长会目标明确。锻炼班主任讲话艺术,充分考虑到家长和学生的自尊心,不仅仅评价学生的学习成绩,也注重学生的多方面发展。掌握语言的艺术,做到寻找家长、学生闪光点,从优点出发,点燃家长和学生自信的火花,及时鼓励,态度随和,语气温和,语态真诚,语调亲切,语势平稳,切忌讽刺挖苦。

在实践中,学校联系家委会,征集家长意见,确定大方向主题,曾举行担起我们共同的责任、陪伴是最长情的告白等主题家长会,使得家长会达到心与心的交流,情与情的沟通。新入职的班主任对召开家长会感到无从下手,学校很快借助菜鸟成长社对新班主任进行手把手教学,让新班主任受益匪浅。新教师对于召开家长会有了方向,面对家长会也不感到心慌慌。除此之外,经验分享、校长倾听家长会等也必不可少,以此有效提升家长会质量。

2.发挥首次效应,塑造良好印象

初次的印象是很关键的,这往往会给之后的印象奠定基调,假如一开始落下了坏印象,往往要花很长时间才能扭转形象。因此,第一次家长会至关重要。一年级新生入校、七年级小升初的家长会最好在开学前一周到开学两周内举行,以便家长做好准备,迎接孩子学习的不同阶段。

首先是做好各项准备工作。学校要营造良好氛围,从电子屏展示欢迎家长到家长会地点的温馨提示,从教室音乐到黑板、多媒体上的设计,使整个学校呈现出热烈而温馨的氛围,让家长充分感受到学校的欢迎。

其次是介绍学校历史、教学理念和目标愿景,与家长分享为推动学生发展采取的相关措施,赢得家长对学校的理解和认可。

最后是班主任要以充分的准备、良好的精神面貌面对家长,就一些教育典型问题努力和家长达成共识。部分家长在入学前往往处于一种纠结

的状态,送民办还是送公办、孩子能不能适应等,教师要以高素养让家长放心,赢得家长尊重。

实践当中,景成实验通过学校有效措施和教师良好素养在家长中赢得了口碑。哪怕是疫情期间,家长会也如期召开,通过小鱼易连和家长进行沟通,关注学生在疫情期间的情绪问题,指导家长与孩子有效沟通,实实在在帮助家长。

3.采用多样方式,以家长为主体

家长会应该有多样化的实施方式。在家长会的目标、内容确定之后,运用恰当方式展示内容达到目的。家长会召开的方式应当是多样的,以家长为主体的,而不是仅仅以教师单向灌输为主,可以采用互动交流式、对话讨论式、汇报展示式、联谊式、"门诊"式、网上交流式、按需辅导式、论坛沙龙式等。

例如互动交流式,一种是以学校为核心的互动,目的是通过教师有针对性的指导,帮助家长学习一些合适的教育方法,并内化为正确的教育行为。另一种是以家长为核心的互动,目的是让家长畅所欲言,分享家庭教育经验,互相学习,共同进步。在这两种当中,都强调让家长真正参与到孩子的教育中来。倘若实行以学校为核心的,教师可以将学生状况提前以书信方式告知家长,然后征集让家长最为苦恼的问题,邀请专家或者有经验教师进行指导,当堂互动。2018年第二学期,在调查征集后,学校发现与青春期孩子交流成为家长的大难题,景成邀请专家给六年级学生家长们做了《青春期亲子沟通之道》的讲座。随后,老师与家长们来到各班教室进行近距离交流,共同探讨孩子们的学习。假如以家长为核心,则要提前联系家长,让育儿有方的家长分享自身经验,帮助其他家长。通过家长代表做经验分享,引起共鸣。

例如,网上交流式,部分学生家长囿于工作,想参加家长会却没有时间,家长会经常请假或者让家中老人来开,家长会的效果大打折扣。为此,学校开展网络家访、网络家长会,将家长会跟信息化相结合,给家长带来便利,也将与家长沟通交流学生在家状况落到实处。疫情期间,实体家长会无法开展,学校经过准备指导,开启网络家长会,各科教师讲述学科状况,家长代表讲述孩子在家状况,让家校沟通顺畅进行。

例如,汇报展示式,在实践过程中,成效卓著。2019年11月,学校组织了一次特殊的家长会,这家长会也是颁奖会。全校老师和孩子们共同约定,在家长会前"瞒着"自己的爸爸妈妈偷偷写好奖状,在家长会当天晚上作为一份意外和惊喜,发给爸妈。奖项必须根据爸妈的"个人表现"来个性订制,不仅要想一个有意思的奖状名称,还得写清获奖理由。得到奖状的家长们惊喜极了,全部被孩子们无限的创意逗乐。学生找出家长的闪光点,给家长颁发了"早饭超人""超级暖男""雅典娜女神"等奖状,也有一些平时学生不敢对家长抱怨的小问题通过奖状的方式幽默表达出来,比如,"尊敬的Mrs Lu因为你总是神出鬼没在我写作业时出现,所以授予你'最佳小飞侠'""××家长,由于你翻脸比翻书还快,把川剧变脸这项非物质文化遗产发挥到极致,获得川剧变脸达人称号""××同志,因在教育方面,为使儿子变好,不惜动用强硬手段,荣获称号最狠角色"这些小吐槽,借助奖状形式表达,既诙谐又能够让家长意识到孩子的小想法。经过这样的家长会,家长们感触良多,也认识到孩子的成长跟自身的不足。有家长这样说道:"收到奖状很意外,我平时在家对孩子总是说得多,做得少;要求的多,提供的帮助少。总觉得不管我怎么说他都达不到我的预期……结果我很失望,他的信心也备受打击,彼此关系紧张。这次家长会让我察觉到孩子其实是有心的,他是想努力的,家长的付出他是感受得到的。我很欣慰,也很惭愧!我一直用成年人的标准去要求他,对他是不公平的。我和啸啸约定,下半学期要一起努力,争取进步。感谢老师的精心准备和对孩子们的用心栽培!"相信这样的家长会在轻松的同时能够给学生、家长深刻的教育。

例如对话讨论式,教师发出疑问:除学习之外,您还注重孩子哪些方面的培养?家长组成小组进行讨论发言,教师能够得知家长对学生培养的目标方向,在平时的教育当中有意识穿插,更好地推动素质教育。

除了这些方式外,学校还开展了别开生面的模拟感触。为了使家长更好体会孩子学习生活,组织家长变形记,家长做一次学生写试卷,有家长陷入沉思,也有家长借助手机,还有家长直接放弃。模拟感触能够推动家长理解孩子,也能够促使家长反思自身平时对待孩子的态度跟方式。

4. 注重评价管理,及时反馈改进

家长会要加强评价与管理,及时反馈改进。听取家长会的评价应该是多元评价、注重过程效果的评价。评价的主体应当是多元的,不能局限于家长,而是家长、教师、学生多方面采集评价。评价的方面应该是多元的,参与家长会的感受、家长会过程中印象最深刻的部分、家长会的感触、家长会存在的不足之处等。学生和家长是否愿意开家长会、是否喜欢开家长会应该是一个重要的评价标准。此外,家长在家长会的获得感和不足之处需要特别关注。家长通过家长会能够获得什么,这些所得是否是家长所需要的,家长认为家长会存在的不妥当之处有哪些等问题值得研究。评价的方式方法也要尽可能科学,通过方便快捷的方式采集评价。比如,网络采集,不给家长添负担。收集评价后要用好数据,安排人员将数据进行分类,将结果公布给教师,通过评价发现家长会值得保留的部分,更改不恰当的地方,及时反馈更正,让家长会变得越来越好。

以上改进家长会质量的措施是经过摸索、实践得出的认识,在实践过程中,这些措施实实在在获得家长的赞赏和学生的认可。在应用时,根据不同阶段、不同场景采取不同方法。无论哪种方式,家长会都是为了促进学生积极健康成长。家长会应当作为重要课题来研究,把开好家长会作为一门艺术,使其在教育中充分发挥作用,推动教育质量的提高。

二、转变家长观念

家长会是教师和家长沟通的桥梁,也是构建协同育人体系的重要环节。开好家长会需要"两条腿走路",教师需要转变传统观念与创新教育艺术,家长也需要更新教育认知和提高自身素质,增强责任意识。

(一)家长与家长会的相关含义

家长是学校常用称呼,一般指父母或其他监护人或孩子的长辈。家长非法律用语,但与法律上的监护人或法定代理人的范畴比较近似,属于监护人或法定代理人的一部分。《中国教育大百科全书》关于"家长的权利和义务"阐述"家长对未成年人的权利和义务具有重合性,除个别法律规范之外,一般情况下,法律规范中关于家长义务的规定也是家长权利的体现"。其中具体解释中国相关法律法规中家长的权利和义务有"对未成年子女进行保护、管理和教育","父母或其他监护人应当以健康的思想、良好的品行和适当的方法教育未成年人"。以上定义中强调家长对未成年子女的教育权利与义务,突出家长的言谈举止对未成年人的影响。当适龄儿童进入学校接受学校教育,家庭教育则须与学校教育保持密切联系,家长始终是教育活动的重要角色。

在新课程改革形势下,教育工作者、研究者不断探索新教育思路、创新教育理念,努力构建协同育人体系。将传统的学校教育系统、家庭教育系统和社会教育系统联系起来,产生协同效应。在协同教育新视野下,亟待家长观念更新,探索与实践新教育方式。百年大计教育为本,孩子的成长成才关系教育成败、家庭幸福。学校、家庭和社会都始终关注教育,如今创新发展教育模式,打破固化思维成为我们的行动方向,教育探索需要家长转变观念,同时也是家长教育的关键。"智慧家长"为家长指明了方向,需要家长随着孩子的成长坚持追求自我成长。教学相长,辩证统一。通过对孩子的观察、互动、理解和反思,与孩子建立平等关系,追求"零代沟"沟通,打破传统家长作风。

家长会是家校合作的重要途径与方法之一。众多教育学专著对其做出了相应定义,如《教育学辞典》将"家长会"定义为"学校同家长联系的一种形式,是学校和家长互通信息,统一思想和认识,共同对学生进行教育的重要形式"。在家校联系的基础上,共同探讨学生教育问题和陪伴学生成长。本节主要探讨开好以定期活动形式存在的家长会,创新活动方式,转

变传统观念,促进学生全面发展和身心健康成长。

(二)家长观念对于家长会的重要性

文学作品中经常比喻家庭是孩子的温暖港湾,它为我们遮风挡雨,永远是心灵的归属。家庭对于每个人的人生来说至关重要,孩子在家庭中健康茁壮成长,不光是日常生活中物质条件的满足,还有精神世界的关爱和呵护。家长和孩子是家庭的重要主体,是家庭不可或缺的角色。家庭教育关系每个孩子世界观、人生观、价值观等精神世界的建构。孩子第一次经历成长,家长也是第一次经历陪伴孩子成长。许多父母对于这个"角色"可能做好了物质条件的准备和一定的心理准备,其中关于教育方法的准备大多是父祖辈教育理念的传承和迁移,复制自己儿时接受的家庭教育,循规蹈矩、按部就班,或者拼凑同辈交流经验、书籍报刊学习所得零碎知识。然而时过境迁,直面现实的家庭教育出现了许多始料未及的问题,需要实事求是、有目的性地解决,需要家长与孩子的良性交流、互动和反思。每个孩子应该都期待身处温馨有爱的家庭,建立平等、民主、和谐的家庭关系,而这些将为孩子提供温暖的精神家园的不竭的人生动力。不同孩子在不同人生阶段需要家长有不同的教育理念和教育方式,家长缺乏"职业素养",如何做家长,如何教育孩子,家长同样需要成长以更好地陪伴孩子成长和优化家庭教育。在这个过程中,需要构建协同教育体系,加强家校合作,而家长会正是家校合作的重要方式。

苏霍姆林斯基认为"若只有学校而没有家庭,或只有家庭而没有学校,都不能单独地承担起塑造人的细致、复杂的任务"。家长会作为家长和教师熟悉的传统家校联系方式不应该被弱化,反而应多加重视,需要创新家长会内容和形式,赋予传统家长会更先进、年轻的教育理念和方法,扩大其对于教育进步的重要影响力。

家长会的惯例主要是教师负责向家长介绍学校课程设置、学生全面发展情况,汇报学校教导和班级管理工作,向家长提出一定要求,并听取家长意见。在此过程中,以教师特别是班主任为主体,围绕学生学习成绩展开,教师讲述情况占大量时间，家长表达想法时间、机会有限，家长缺乏参与家长会的积极性。久而久之，家长特别是后进生家长谈"会"色变，"戏"称家长会为成绩分析会、学生表彰批斗会或家长受训会，家长视家长会为沉重负担，家长会流于形式，收效甚微。近年，学校或教师积极探索创新家长会形式和内容，调动家长参与的积极性，但这不能限于学校单方面的思考、改变，需要家长的积极跟进教育改革，转变固有思想认知，才能扩大家校教育合力。

家长会是群体性活动，教师、家长和学生都是家长会的主体，三者有效沟通，促进家长会的圆满召开。顾名思义家长会是家长参加的会议，家长是家长会的重要主体，而不是家长会的协助者。另外，家长会讨论的是学生的成长问题，以学生为主要对象，因此不应该把学生排除在家长会之外。传统家长会中，班主任是会议的主持者和领导者，家长是与会人员和协助者，以"一言堂"的单调形式召开，家长位置边缘化。长期以来，家长会以家长听班主任说为主的形式，造就了家长的固有观念，部分家长逐渐忽视参与学生教育过程的必要性，更有甚者不愿参加家长会，视家长会为负担。家长会的变革创新不仅仅是学校的责任，也需要家长的群策群力，不只是为配合教师工作，更有助于家长承担对孩子的家庭教育责任和家庭教育目标的实现。

综合家访、家长座谈会等多种家校联系方式，教育研究表明学生的家庭条件不同，比如，因家长的生活条件和文化水平参差不齐，对孩子的教育投入和关心程度存在差异。有些家长可能为维持生计需花费大量的时间在外工作才能保证经济收入，对孩子教育时常力不从心，家庭教育缺乏时间、精力和方法。孩子的家庭教育缺失会反映在学校教育过程中，同时家长难以积极参与家长会，而是成为被动听众，将教育孩子的责任默认交付于学校，淡化自身关于孩子教育的责任。思想和行动保持一致，主动参与家长会有助于家长强化自身责任意识和提高承担责任的能力。

(三)创新家长会需要家长更新观念

家长是家庭教育的主体，家长的言传身教对孩子成长至关重要。协同

教育视野下的家长会重视发挥家长的主体地位和强化家长的主体意识。学校正积极努力改变以往家长会的单调、乏味和低效，让家长会成为教师、家长和学生欢聚一堂的对话活动，在相对轻松的氛围中敞开心扉，进行高效的沟通、对话。这些目标的实现则需要家长转变观念，观念的转变在于对自身角色的定位、家校合作意识、素质教育认知以及家庭教育方式，以下主要从这四个方面展开分析。

1. 明确自身角色定位

家长是孩子的第一任老师，家庭是教育的第一场所。家长是距离孩子最近的人，家长参与孩子的成长过程，绝不是旁观者。家长要充分认识到自己在孩子的学习动机、学业成就、品德修养、行为规范等方面的重要指导和榜样作用，明确自身参与家长会的重要意义。不同孩子在不同的年龄阶段会发生生理、心理变化，不断有新问题出现。同龄孩子既有共性，又必然有其独特认知方式、交往方式和表达方式。不同于学校教育面向众多孩子，家长有更多时间、精力专注自己孩子，更容易发现其个性问题，家长需要带着问题来参加家长会，明确自己是与家长会有密切联系的活动主体。如2019年11月的家长会，家长会变身"花样家长"颁奖礼，由学生为家长颁发自制奖状。每位孩子为自己的家长独家制作，每位家长站上讲台，接受孩子的颁奖，打破学生不在场和家长负责听的传统，调动每位家长的参与积极性，有趣又温馨。活动改变孩子和家长对话的形式，以更轻松的方式让家长走近孩子的内心世界。家长需要转变角色观念，家长不是接到学校邀请听报告，而是家长会活动的策划者、参与者和受益者。家长可以在家长会前为活动形式和内容确定建言献策，提前熟悉家长会相关材料；在活动中积极参与互动、交流和表达想法，在活动后积极给学校跟进式反馈，特别是集体家长会的反馈，弥补会上难以面面俱到的点，强化家长会成果的影响力。

2. 具有家校合作意识

为人父母者要有强烈的家庭责任感，把抚养、教育孩子作为父母义不容辞的责任。中国父母早已懂得为孩子付出自己所有的爱，但要真正做一个有责任心的父母，不光要纯粹、无微不至地关心孩子，还要懂得爱的方式，以帮助孩子和教育孩子。家长要将孩子教育成人格健全、独特而幸福的人，就不能把家庭教育与学校教育隔离开来。家校奔着相同的教育目标，需要家长加强与学校的合作意识。高效的家长会需要家长与教师、学生的多元化互动，家长强化主人翁意识。家长对家长会的重视程度以及参与感的强弱直接影响到家长会能否顺利开展及其成效如何。家长会中的家长不再只是听老师安排，按部就班，走完既定流程。正如一张有个性的家长奖状让家长收获满满的感动，有些家长可能通过这个有温度、有深度的活动，发现孩子心中不一样的自己，听到孩子内心真实的声音或者对自己从未有过的表达。教师只是创新了活动形式，提前安排孩子们为家长准备"神秘礼物"，没有刻意安排的内容，活动中孩子们满满的真情流露，成年人多了个走近孩子世界的机会。这样的活动正是有教师和家长的协同配合才得以圆满完成。每个孩子都是独特存在的个体，教育事业是具有创造性的，家长积极承担家庭教育责任，参与家校合作，在开好家长会完成既定目标的同时，可能会有意料之外的收获。

3. 具有素质教育认知

素质教育关注孩子的德智体美劳全面发展，不再唯"分"是从。在当前考试形势下，为了孩子拿高分、考好大学，家长仍然费尽心力，因此家长观念反映在家长会中。教师和家长的讨论紧紧围绕学生成绩，关于学生现阶段的学习情况以及接下来家长该如何配合教师提高学生成绩成为唯一话题，忽视了学生其他方面的发展，综合素质的考量。不管怎么变换形式，讨论的话题永恒不变，那么家长的观念也不会发生变化。家长有意识地学习素质教育理念，更新教育认知，有利于家长会内容的丰富和孩子的全面发展。"花样家长"颁奖礼是一个窗口，让孩子有机会体会父母为他们的付出，同时家长见证孩子的成长和付出得到回应的感动。以最接地气的方式拉近亲子关系，引发参会人员的教育反思，相比传统说教，此时无言胜有言。

4.改变家庭教育方式

父祖辈常说"棍棒底下出孝子",近年来社会广泛呼吁改变这种武力镇压孩子的家庭教育方式。传统家长总是希望得到一些有效方法去快速改变孩子,让孩子变得"听话"。孩子完全服从家长和教师的支配,按照要求学习和生活,久而久之孩子变得循规蹈矩,却忽视了这种方式压抑孩子天性,削弱孩子的创造力。教育需要"刚柔并济",家长会就是一个交流家庭教育方式的平台,家长需要有意识地反思自己的教育实践,主动在活动中与其他家长和教师交流,探索家庭教育的新方式。转变家长的权威观念,建立平等、民主、和谐的家庭关系,营造良好的家庭育人氛围,让孩子感受到家庭的温暖,促进良性家校沟通。孩子能够积极参与家长会,画出具有创造力的"家长奖状",需要家长、教师的温暖鼓励。这种容易为多方喜爱的交流活动有待创新,平等关系的建立不是一蹴而就的,将这种观念贯彻落实到家长会后的教育日常,取得彼此的真正信任。

《说文解字》解释"教育":"教,上所施下所效也","育,养子使作善也"。"教"通过上行下效实现,受教者会跟着学施教者的言谈举止乃至思想。在现代家庭教育中家长就是孩子最好的老师,也是孩子的榜样,特别是低龄孩子从亦步亦趋模仿家长可是人生学习的第一步,此时家长的榜样力量为孩子的人格塑造、行为养成奠定至关重要的基础。家长改变教育方式,改变传统认知观念,理性地尊重和理解孩子的个性特点,以豁达、包容的态度对待孩子。教师也用同样的态度进行学校教育,家长会的良性互动促成家长和教师的理念统一,增强家长的教育信心和教育水平。"育"的目的在于"作善"。教育不仅要教授学生知识,还在于教化思想品德。常言教师负责"教书育人",那么教育的主体就完全是教师吗?不尽然,家长的家庭责任在于养育孩子,教育是不可或缺的内容。家长在日常生活中表现出的勤劳勇敢、睦邻友善、豁达包容、沉着理性等都会潜移默化地影响孩子的性格,家长作为人生导师以实际行动完成孩子对社会行为的初步感知。孩子的性格与家庭氛围、家长表现密切相关,家长正逐渐重视到家庭教育对孩子成长的影响力。同时家长群体中一直有疑问声音：教师总是把任务布置给家长，变成了教师指导家长教育孩子。适度的家庭教育任务需要家长配合完成，也是家长承担家庭教育责任的体现。现在我们共同探索创新家长会，试图打破家长会带给家长的负担，使其成为多方认可的交流平台。这个过程需要家长转变家庭教育观念，打破"大家长"权威，平等对话，同时有深度、有态度的家长会不会反向促进家庭教育优化过程、提升教育成果，引导家长树立正确教育观念。

当今在物质生活水平极大提高的中国，家庭消费中教育支出比重越来越大，家庭、学校和社会重视教育。在教育新思想的指导下，教育改革创新不断推进，这就需要家长、教师加快自身成长。在家庭教育中家长任重道远，家长角色是教师所无法代替的。新形势下，家长会不应再是教师的独角戏，家长、学生同样是这个舞台的主角。教育不应由学校和教师包办，更需要家长的主动参与。家长转变观念，用新观念开好新型家长会，既是对学校教育的支持，也是承担对家庭教育的责任，对孩子成长的关爱。

在家校合作中，教师、家长更全面地认识孩子、帮助孩子，家长也学会在孩子的点滴成长中与他们一起成长。不是每一位家长从初为人父母就知道以后该怎样教育自己的孩子，面对每一个独特的孩子，我们一直变换教育思路、转变教育观念，积极发挥对未成年孩子的榜样力量。也许不是每个孩子都能如父祖辈期盼"成龙成凤"，教育期待引导每个孩子健康成长、乐观向上，使他们拥有独特、平凡而又幸福的人生。

第二节　家长慧客厅：引领家校教育共发展

教育牵涉到诸多因素，而家庭则是一个重之又重的因素。从一定意义上说，一个孩子的成长，更多地取决于家庭。正因如此，我们在努力创新家长会以凝聚家长共识的同时，又打造了家长慧客厅，引领家长与学校更好地协同育人。

一、家校协同共建学校教育共同体

时代在前进，社会在发展，教育在创新。在教育日趋追求和谐化的今天，学校教育与家庭教育形成合力，走家校一体化之路。以家校互动为突破口，以家长慧客厅为平台，促进家校工作，共同创造一个交流、分享、反思的大环境，为学生的健康发展构建一个家校协同的良性互动的教育共同体。近年来，笔者在学校德育管理中探索，尝试家校互动的方法，把家长的积极性调动起来，不但工作轻松了，而且收到了事半功倍的效果。

（一）建立家校共育管理体系，营造家校合作氛围

经过不断的探索，学校建立了一系列常规的家校共育管理体系。每学期开展一次全员家访活动，由班主任和陪伴老师共同配合完成，向家长正面了解孩子在家的学习情况和各类身体和心理的特殊情况，通过观察侧面了解孩子的家庭情况，以便于后期对孩子因材施教。

每学期召开一次家长会，由班主任和各科教师反馈孩子在校学习情况，由学校统一对学生的共性问题做一个反馈并做相关指导。或采用沙龙的形式，组织家长们做同一个教育问题的交流。

每学期设有家长开放日，每次开放日的主题不同，或进课堂听课，了解

师生教学情况；或到校园巡视，了解孩子在校各方面的生活和环境；或进食堂用餐，了解孩子的用餐情况和涉及健康的食堂卫生情况。

每个学生备有家校练习本，每天除记录学生作业外，还设有一栏：每天各科任教师与家长的留言互动，便于家校之间的及时沟通。

每个月举办一次家长学校活动，就家长们迫切想要解决的教育问题，或邀请专家开展讲座，或以微论坛的形式开展交流，或以读书会的形式进行分享。

每个学生都开通了校讯通平台，学校利用平台将教学、教育方面的问题及时与家长沟通，家长再将意见反馈回来。

通过以上窗口与家长沟通交流，家校达成共识，促进家庭教育和学校教育的衔接，营造家校合作的氛围。

(二)实施家校共育六大策略，促进家校互动共赢

为了更好地推进家校共育，促进家校互动，我们在实践中总结了六大策略。通过这些策略的运用，实现了家校的协同育人。

1.沟通交流，增进了解

学校从两方面着手，一方面利用各种途径开展班主任培训，提高班主任的职业素养。学校是全国家校共育数字化项目试验校，我们利用平台收看家庭教育、心理辅导等方面的专家讲座，这个项目既可以培训班主任，又可以给家长的家庭教育提供方法指导。我们每周有一次班主任例会，每次会开展相关主题的讨论。我们每学期有一次德育工作交流会，聘请专家开展班主任工作培训，对一学期班主任工作中的"疑难杂症"集中"会诊"。另一方面，密切家校双向沟通了解，建立良好的尊重和信任。每个班主任都建有班级群，班主任会经常在群里共享班级信息，家长也可以通过私聊的方式联系班主任，反馈和了解孩子的在校表现。

2.传播引导，达成共识

首先，通过家长开放日、全校运动会等活动，宣传学校办学理念、办学宗旨，介绍学校教育教学特色。邀请家长走进课程，了解学校课程教学目

标、教学形式、教学内容。其次,加强班级文化建设,利用班级黑板报、班级宣传栏、班级标语、图书角等栏目,开展美化教室的评比活动。让班级墙壁说话,各班教室环境的创设对家长也起到了潜在的指导教育作用。

3. 反馈调整,增强实效

每学期学校向家长收集对学校的满意度,教导处向家长收集对教师的满意度,并参考相关数据,结合学校实际,继续发扬优点,改掉缺点。学校面向家长举办的"校长开放日""党员开放日"、家长会等方式及时反馈信息,研究改进学校各方面工作。

4. 分享体验,获得满足

学校会定期通过儿童节、元旦、教师节等节日,利用学校开设的文化长廊开展孩子学习成果展,有美术作品、社团活动、拓展课程作品等。通过开学典礼、休业式、大型庆祝活动,让家长与师生分享快乐、分享成功。

5. 转变角色,发挥引领作用

我校十分注重引导家长转变角色,变学校工作的旁观者为参与者、引领者,甚至指导者。比如,低年级的学生家长就会参与到班级文化的设计、协作中来。我校设立了三级家委会,即校级家委会、年级家委会和班级家委会。各级家委职责明确,每个家委分工合作,充分发挥家长们的示范引领作用。

6. 挖掘资源,促进家校互动

近年来,由于学校拓展课程的需要,再加上高素质家长的增多,我们挖掘了许多家长资源作为家长志愿者,给孩子们开拓展课。比如,我们有潜水证的家长来给孩子们讲潜水的理论,我们做武术教练的家长来上武术课,我们的医生家长给孩子讲健康卫生知识。学校让有特长的家长参与学校的各项活动,体验活动过程,并为学校献计献策,促进家校互动合作。

(三)运行家校共育联动机制,提升家校配合力度

要使家校共育真正形成合力,除了教师经常性地与家长进行交流、沟通之外,最重要的就是建立科学的运作机制。通过这些机制的运作,保证家校

共育的常态化。为此,我们构建了三项机制,来提升家校协同育人的效率。

1. 家长入校机制

学校采用多种途径让家长进入学校。比如,组织家长学校,以"家长慧课厅"为平台,开展家长课堂活动。采用同伴互助的沙龙形式,邀请有经验的家长和老师说说他们的妙招。以加强学校、学生与家长之间的沟通和联系,充分发挥家长对学校教育教学工作的参谋、监督作用,使家校联系工作落到实处。同时,宣传先进的家庭教育理念,提高家庭教育水平,探索青春教育多样指导途径。另外,我们把家长中优秀的育儿经验通过学校公众号向全校推广,推进家庭教育现代媒体的传播,组织家长积极参加杭州市下城区"武林家书"良好家风故事的文章撰写,推动良好家规、家教、家风的形成。

2. 教师入户机制

每个新学年的开始,我们都要求老师走进学生家庭进行家访。家访有很多好处,老师们可以直观地体验到学生家庭生活。既可以发现学生家庭教育中存在的问题,便于后期有针对性地进行教育。又可以提前与学生建立起老师与学生、家长之间的关系,师生情谊,尤其是对一些"问题学生"的后期教育,会起到意想不到的效果。还可以现场指导家长或与家长交流家庭教育的方法,提出改进意见。另外,老师们可以对学生进行针对性的辅导,帮助学生提高学习效率。

3. 多向沟通机制

学校的家校联系平台多种多样。一是校讯通平台。这个平台提供移动通信、信息发布、短信接受、互动沟通等多样化功能。二是电子班牌。电子班牌安装在每个教室门口,可以显示班级基本信息、班级文化,另外还有与家长互动的平台。三是班主任的电访,即班主任用电话联系家长的方式,沟通孩子近期来的表现以及教育措施。四是家长的校访,家长可以利用自己的空闲时间与班主任提前预约到校访谈,这样可以近距离地沟通,甚至有需要的话,方便进行老师、家长和孩子的三方谈话,让教育更直接更有效率。

总之,培养有理想、有道德、有文化、有纪律的中国特色社会主义的建设者和接班人,需要各方面的力量,家校合力对学生的成长有重要作用。我们要注重沟通,充分发挥家校协作的力量,强化教育效果,培养学生全面发展的能力。①

二、家长慧客厅汇聚协同教育合力

家庭教育在人的一生中起着奠基的作用。2018年9月,在全国教育大会上,习近平总书记从"四个第一"的高度对家庭教育做了深刻论述,指出"家庭是人生的第一所学校,家长是孩子的第一任老师,要给孩子讲好'人生第一课',帮助扣好人生第一粒扣子。"②总书记的讲话高度概括了家庭教育的重要性,对新时代家庭教育建设具有重要的指导意义。

2019年7月,中共中央、国务院印发的《关于深化教育教学改革全面提高义务教育质量的意见》是新时代我国深化教育教学改革、全面提高义务教育质量的纲领性文件。第24条明确指出要"重视家庭教育:加强社区家长学校、家庭教育指导服务站点建设,为家长提供公益性家庭教育指导服务。充分发挥学校主导作用,密切家校联系"③。

然而,目前家庭教育指导形式存在不少问题,比如,形式单一和自上而下,缺乏针对性,影响指导的效果和家长的积极性。据了解,中小学通常会邀请一些有经验的教育专家为家长开设专题讲座,也常常利用期中期末家长会邀请"先成长起来"的家长介绍育儿经验,以此带动全体家长共同进步,这些讲座往往信息量大,能够最大限度地普及家庭教育基本理念和方法,但是这种大锅饭式的家庭教育指导形式无法满足家长个性化的需求。对于一个个无证上岗、渴求"好好学习"的家长而言,他们迫切需要一个更

---

① 范景峰.试论构建家校良性互动和谐教育共同体[J].考试:教研版2012(12):47.

② 汪天玉.从"家长课堂""家长微课"到"家长团辅"——例谈家长教育指导内容与形式的变迁[J].小学教学研究,2019(3).

③ 中共中央、国务院.关于深化教育教学改革全面提高义务教育质量的意见[OL]. http://www.gov.cn/xinwen/2019-07/08/content_5407361.htm 2019-07-19.

富有弹性的场域。在这个场域中，家长们可以聚焦一个共同困扰自身的家庭教育话题，更加自由地探讨，他们的观点可以互相碰撞，思维的火花可以互相点燃，优秀的经验可以互相借鉴，以便更好地养育一个个独立、鲜活的生命个体。

学校的"家长慧客厅"应运而生。作为城北的一所九年一贯制学校，学校有2000余名在校生，对应着4000余名家长。庞大的家长群体，期待着我们智慧的引领。

(一)家长慧客厅的运作

家长慧客厅采用同伴互助的主题沙龙形式，招募对话题感兴趣的家长，大家共同出谋划策，智慧分享，努力践行，帮助孩子最优发展。它的特点是规模较小、议题简要、话题广泛、定期举行、自由谈论、各抒己见。自从2018年10月26日以来，经由学校家庭教育指导站牵头，多部门合作，已经陆续举办了13场，受到了越来越多家长的认可，逐渐成为家校合作的新桥梁。

1.选题：来自家长，服务儿童

家长是我们的服务主体。为了贴近各个年级家长的需求，学校根据孩子的年龄特点将9个年级分成3个学段：一到三年级，四到六年级，七到九年级。每一期的"家长慧客厅"针对一个学段开展活动，循环往复。

我们非常注重主题的选择，因为这关系到每次活动的效果，也决定了活动的可持续发展。但是，主题不是由我们"想"出来的，而是"问"出来的。2018学年第一学期开学伊始，学校就对一到三年级家长做了家庭教育问卷设计，就大家关心的学习、性格、亲子关系、品格、社交、综合能力等方面做了调查。此次问卷调查共收到609名家长的反馈。统计结果显示，在学习方面，61%的家长都关注"如何培养孩子良好的学习习惯"。其次，还有两个问题，大家关注度很高，就是"孩子学习缺乏自主性怎么办""如何处理好'学与玩'的关系"。2018年10月，学校第一期家长慧客厅就聚集了自主报名的家长，大家在轻松的氛围里，聊一聊大家最关心的"学习习惯"。

第二学期开学初,为了聚焦话题,学校又通过"问卷星"面向全校家长征集"最令您困惑的家庭教育难题"。虽然是自愿参与,但还是得到大部分家长的支持,共收到1252份调查答卷。最后汇总出十大问题(见下表8-1),后续的活动主题就围绕这十大难题陆续展开。

表8-1 家长认为的家庭教育难题

序号	十大"最令您困惑的家庭教育难题"
1	怎样奖惩对孩子最有效?
2	怎样的陪伴才是有效的?
3	父母在家庭中该分别扮演什么角色?
4	教育孩子时如何把握松紧尺度?
5	要不要上课外辅导班?
6	孩子之间发生冲突怎么办?
7	如何培养孩子良好的学习习惯,例如阅读习惯等?
8	孩子总是控制不住自己的情绪,爱发脾气,怎么办?
9	孩子做事磨蹭怎么办?
10	如何培养孩子的耐挫能力?

2. 嘉宾:同伴互助,专家引领

主题确定好了,谁来主讲呢?其实,家长里卧虎藏龙,对于养儿育女,很多人都有高招,于是我们通过年级组长和班主任推荐邀请有经验的家长进行主题分享。每次听完,都让人大有"高手在民间"的感慨。我们还有部分家长参加过各类专业机构的培训,他们也利用家长慧客厅把自己的学习收获告诉更多的家长,实现学习成果最大化。

同样,学校里一些经验丰富的老师,在教书育人中总结了很多孩子的个案,同时他们也为人父母,在养育子女中有很多好经验值得分享,他们是我们家长慧客厅当仁不让的专家。比如,高尚士书记的女儿从小学习打网球,一路过关斩将,如今已经是浙江大学的直博生。他用亲身经历告诉家长如何把"兴趣"转化为"特长"。除了充分利用校内资源,我们也会邀请一些校外专家给予指导,但是我们的初衷是积聚同伴智慧,创造温暖而有力量的学习共同体,所以校内家长和教师是我们最大的宝库。

3.报名:自愿参加,限制规模

每个孩子都是独特的个体,每个家庭也渴望得到个性化的育儿指导。鉴于此,我们不再强求家长集体参加学校家庭教育指导活动,而是等主题确定后,提前发布到学校微信公众号或者班级家长群。家长们提前了解活动信息,根据自己的需要扫描二维码,自愿报名参加。

为了保证活动质量,让参与活动的家长能够更好地参与和融入话题,我们将参与人数限定在30人,额满即止。家长们就在学校这个大家庭里,围坐在小圆桌旁,喝喝茶,听听别人怎么说,想想自己怎么做。在温馨的氛围里,大家聚焦话题,出谋划策,颇有"开轩面场圃,把酒话桑麻"之感。

(二)家长慧客厅的开展形式

为了满足家长对家庭教育的不同需求,家长慧客厅的开展形式是多种多样的,主要有答疑会、读书会、培训会等。

1.答疑会

很多家长报名参加家长慧客厅,是抱着答疑解惑的预设来的,他们是倾听者,需要过来人的分享,更需要专家引领,因为作为分享嘉宾的家长的认识和做法有一定局限性和个体性。为此,在通过"问卷星"报名的时候,我们总是会设计一道题"您在……(本期主题)中存在的困惑"。比如,今年中考前一天,我们针对七、八年级家长开展了主题是"如何帮助孩子备战中考"的家长慧客厅。在报名时,一些家长提出以下困惑:"日常如何稳步提高,尤其是语文和英语""怎样更有效地管理时间""如何陪伴孩子度过中考""如何提高孩子学习的积极性""怎样进行心理辅导"等,还有的家长希望了解中考最新讯息和保送方案。

上述疑问，我们会及时传递给分享嘉宾，以便他们有备而来，这样听者更投入，讲者更稳健。本次家长慧客厅，我们邀请了3位有代表性的初三学生家长分享经验：一位保送到杭州市第二高级中学；一位放弃保送，考取杭州市高级中学；一位直升职高。家长们从校外关键时间点规划、培养孩子积极的学习状态、尊重孩子准确定位等角度进行了分享。最后，我们邀请担任多年初三班主任的王荣平老师给予全面答疑。她从更加专业的角度告诉家长"初三有什么、初三要什么、家长干什么"。家长们频频点头，细心记录，初三需要速度、熟练度、耐挫力、体力、努力、思考力、平常心。家长不要轻易表扬孩子"聪明"，不要把所有的成绩都归结于"聪明"，因为"聪明"是"浮云"。家长们要做的是一起做好暑假规划、管理手机、体育训练，时刻关注孩子的心理状况，做好家校沟通，明确方向定位。分享结束后，家长们现场提问，嘉宾一一解答，个别家长补充回答，结束时间到了，大家仍然意犹未尽。

这样的答疑会主题聚焦，急家长所急，既有同伴家长的来路，也指明了观众家长的去路，出的点子能够说到家长心坎里。最终，宾客满意而归。

2. 读书会

我们在"客厅"里开设了"一起阅读吧"。我们试图邀请和鼓励家长与孩子一起阅读。为了帮助家长更好地创设家庭阅读环境，指导开展家庭阅读计划，我们结合学校阅读节活动，在全校三个学段开展了三场主题为"腹有诗书气自华，最是书香能致远"的家长慧客厅。

"一起阅读吧"也是一个吧台，一个家长共读的场所。在家长慧客厅里，老师和家长共读一本书，一本更好理解儿童的书，一本更好担当父母角色的书。这个学年，我们共读了《孩子是如何学习的》《不吼不叫：如何平静地让孩子与父母合作》。

图 8-1　教师指导亲子阅读　　　图 8-2　家长共读一本书

在共读一本书活动中,我们会邀请几位志愿者家长分章节讲述主旨内容和阅读体会。比如,《不吼不叫:如何平静地让孩子与父母合作》读书会上,3位家长做了分享,四年级冯姜安晴妈妈为我们倾情朗读了全书最核心的章节,即停止吼叫的ABCDE法则和4C教养法。有时,我们也采用"一人领读+大家齐读"的形式,通过大声朗读更加深刻理解书中精要内容。

3. 培训会

本学年,一、二年级家长自愿报名参加了学校的学习能力提高班,每周四中午进行注意力训练、视听训练和感统训练。由于学生来自不同年级和班级,部分训练内容还需要家长回家配合完成,所以有必要对家长进行一次集中培训。

对这些有共同需求的家长,我们通过家长慧客厅安排了一次集中培训。培训会上,我们邀请了下城区学能拓展学校的吕敏老师来校。吕老师多年来一直关注儿童学习能力发展,具有丰富的专业经验。她向20余名家长介绍了感统失调的表现和干预建议,并和专业老师配合,亲身示范了相关作业的要求。活动后,我们建立了相应的家长群,将家长慧客厅的余温绵延到日常。

4. 小讲座

有句话说"实践出真知",家长们都相信道理说得再好,经过时间检验的才是真理。因此,在最近的几期家长慧客厅活动中,我们会选择一些有亲身经历和成功经验的老生家长来给即将迈入某一阶段的新生家长做讲座。

第十一期的活动主题是"一年级新生家长如何帮助孩子培养学习习惯",我们邀请了二年级的两位家长以过来人的身份,给一年级新生家长做经验介绍,受到了热烈欢迎。一年级是入口年级,孩子刚从幼儿园进入小学,很多家长满心期待孩子的表现,但同时又对孩子的学习生活忧心忡忡。家长们从关注孩子的生活转变成关注孩子的学习,这个过程家长如果没有做好充分的准备,一般"受伤"的总是孩子。

在本次活动中,二年级的优秀家长代表——来自201班的周尚征同学的妈妈分享了她孩子一年级时的学习经历和家长的做法。她从课程表入手分析了小学一年级与幼儿园的不同,然后从家长的角度提出了两个建议:一是培养孩子的自理能力,二是全方位地培养孩子的学习习惯。另外,她还分享了两大锦囊:"礼物表"和"美言录"。这两个锦囊对刚入学的孩子来说相当管用,在场的家长们都受益匪浅。

5. 微论坛

今年,因为疫情,开学延迟了,学校不知道什么时候开学,学生不知道什么时候开学,家长不知道什么时候开学。在无休止的等待中,学生的学习没有休止,毕业班的学生还是得迎接新的学习阶段的到来。当毕业班学生的家长开始焦虑的时候,我们克服种种困难,给五、六年级的家长开了一个线上的家长微论坛。

即将小升初,家长很关心初中学习要求的变化,作为家长需要做什么准备。第十三期家长慧客厅开展了面向小学高年级家长的以"中小衔接家长的心理建设"为主题的微论坛活动。活动从家长问卷调查中筛选出的三大问题入手:"怎么让孩子少玩游戏或不玩游戏?""我的孩子如果青春期叛逆了,怎么办?""如何促使孩子自觉、自主地学习?"隔着屏幕,我们在腾讯课堂开展得有声有色。一边是老师和家长代表分享经验,一边是家长朋友们在屏幕下方留言区互动,大家各抒己见,探讨共性问题,为共同的目标努力。

通过本次活动,家长们悬着的心放下了,因为疫情被中止的学习脚步重新踏上了前进的征程。

6. 片区联盟

一个人可以走得很快,但一群人可以走得更远。在区教师教育学院的组织下,7所地理位置处于北片的学校组成了北片学校联盟。在区家长课堂的背景下,我们决定开展片区联盟家长课堂活动。

首先,每所学校各自确立一个主题,在本校开展活动,然后在群里分享,由大家选出一个共同参与的主题。本次选出的主题是与青春期孩子的相处之道,对象是七、八年级的家长。这是一个初中家长非常关心的问题,本次活动的主办方特意邀请了青春期心理专家来给大家答疑解惑。

其次,本次活动在疫情期间开展,采用的同样是腾讯课堂,这个虚拟课堂的好处是人数不受限制,可以同时容纳7所学校的家长参与活动,受益面更广,疫情下更安全。

最后,片区联盟除了资源共享之外,家长们还可以就各校学生的实际情况做交流,样本更具典型、更具有说服力。

(三)家长慧客厅的调控

学校的家庭教育指导目标是统筹"齐步走"与"跑步走"的关系。"齐步走",就是要保留原有的面向全体家长的专家讲座、期中期末的班级家长会,更要丰富这二者的形式和内容。"跑步走"就是要开拓个性化的领地,学习愿望相对强烈的家长率先行动,经验丰富的家长充分发挥示范引领作用,形成可借鉴、可学习的经验。家长慧客厅的设立,绝不是要取消或者取代原有的家庭教育指导形式和内容,而是在保持原有家庭教育指导形式和内容优越性的前提下,利用多种激励措施鼓励部分家长"跑步走"。

1. 家长助学积分制

家长助学积分制是一项激励措施,使得家长慧客厅更加炙手可热。2018学年初,学校为了树立"爱阅读、勤学习、乐参与"的家长榜样,制定了《"家长助学积分制"实施方案》。积分主要包括三大块内容:阅读积分、培训积分、服务积分。参加家长慧客厅的听众家长可以获得"培训积分",主讲嘉宾可以获得"服务积分"。家长使用《家长助学积分册》记录自己的阅

读、培训和服务情况，作为星级家长积分的重要依据。每项积分记录需由学生或教师签字和评价。学年末，学校会根据个人学年总积分，分别授予"五星级、四星级、三星级、二星级和一星级"家长荣誉称号。过去的一学年，我们已经在一、二年级中试行"家长助学积分制"，效果良好，未来将推广到更多的年级。相信，结合学校家长评价制度的创新，我们的家长慧客厅会走得更远。

图8-3 《家长助学积分册》和"五星家长"荣誉证书

2. 主题体系化

家庭教育指导工作的内容指向解决实际问题，不是道理多、案例少的空洞说教，而是在育儿过程中斗智斗勇、摸爬滚打平中摸索出来的实战经验。这样的经验最接地气，更容易被家长接受。每一个家长的分享，都是一个活生生的案例，鲜活灵动又触手可及。这些内容又是通过大数据调查取之于家长，是困扰很多家长们的疑难杂症。如今，大家围坐在一起，共同把脉问症，明晰病理，剖析病因，共同寻求解药。目前的这些主题虽然来自家长，部分解决了家长们迫切需要解答的疑问，但是缺乏体系化的统整和引领。随着我们主办活动的深入、志愿者家长和教师的资源积累，我们正在做一个梳理,逐步将家庭教育指导内容打造成一个体系。

3.目标清晰化

家庭教育指导工作的目的是让学生更好地发展,让每一个孩子走向优秀。这是学校的宗旨,也是家长的共同心声。通过一期又一期的家长慧客厅活动,学校一次又一次地把家长团结起来,团结在学校周围,最后与学校并排站立。陪伴孩子从一年级走过九年级,陪伴孩子从小学走过初中,陪伴孩子从天真无邪的童年走向青春无敌的少年,培养孩子成为优秀的自己,无悔青春。

第九章

成效初显：景成实验学校步入区域名校

时间的脚步是无声的，它在不经意间流逝，春去秋来，景成实验学校已经建校十五载。学校抓住下城区"南精北快"发展战略的机遇，把握九年一贯制学校的优势，凝心聚力，创业创新。学生自信而立、教师自觉而为、学校自强而行，学校发展已经取得了显著的成效，成长为下城北部的一所名校。

第一节　崭新面貌：景成实验学校的新变化

孙子兵法说，天时不如地利，地利不如人和。在走向卓越的过程中，全校师生的努力结出了丰硕的成果。今天，当我们走进景成实验学校的大门，就会深深地感受到，无论是学生、教师，还是学校的整体面貌，都发生了巨大的变化，呈现出积极向上的良好状态。

一、学生洋溢着生命活力

俗话说，铁打的营盘，流水的兵。一个学校，校舍和教师相对是稳定的，流动性最大的是学生。一个优秀的学校，必定有一群活力的学生，他们在学校自由地学习和生活，他们在学校感到愉悦，他们在学校有交流和创新的愿望，他们在学校每天都有成长，他们在学校能找到自己的位置，他们在学校有非常清晰的存在感。

（一）景成学子成为学校的主人翁

学校是学生的学校，学生是学校非常重要的正式成员，离开了学生这个成员，就谈不上学校的教育。学校的培养质量和办学水平如何，不仅仅是学校的问题，它与学生的参与，学生的积极性、自觉性及对学习的认识、态度、动机，都有非常密切的关系。甚至从某种意义上可以说，一个成功的学校，根本取决于学生的努力。

学校恪守"德育为先"的原则，尊重学生的个性和独立的人格，以学生为基点，尊重学生、关心学生、塑造学生，加强对学生的信任和关怀，同时，学生认可学校，有强烈的主人翁意识。他们在学校的建设和管理中，自觉投入，积极行动，发挥了巨大的作用。学校共青团、少先队共同成立了"U+

理事会"学生自治组织,"U+理事会"成员由学生选举产生,"U+理事会"采用例会、论坛、座谈会、模拟法庭等形式,开展日常工作商议、经验交流、学习培训,全面参与学校的运作之中。一方面做好常规管理活动,如卫生管理、两操管理,日常文明督查等,通过学生自己管理,自己参与,及时发现问题,并通过学生会干部来指正班级学生改正不足。另一方面举行一些学生喜闻乐见的活动,活动的设计有一定的主题和延续性,凸显学生"U+理事会"、少先队各中队、团支部的自我服务功能。

在少工委的指导和帮助下,学校"U+理事会"带领队员们开展云队课,设计编写《防疫小红书》,创编《U+校刊》,顺利改版"景成之声"红领巾广播站。"U+理事会"积极参与学校活动,重点办好"三节两会",发挥校园活动的育人功能。每年1月,结合美术、音乐、书法课程,办好艺术节;4月,结合"世界读书日",办好阅读节;11月,融合科学、技术、数学学科,办好科技节,从而提升学生综合实践能力。每年上半年举行田径运动会,下半年举行体能素质运动会,通过比赛提高学生体育锻炼意识,倡导健康生活方式,选拔体育特长学生。

"U+理事会"还有一个常设机构叫"心星邮局",同学们以信件、提案等形式为学校发展、班集体建设谏言献策,"光盘行动""喷水池养小金鱼和睡莲""让闲置图书流动起来"等活动都出自这个机构。例如,为响应"光盘行动"的号召,杜绝粮食浪费,"U+理事会"在经过集体讨论和研究后,优化804中队的梅盛寒队员在少先队杭州市景成实验学校第14届代表大会中的提案,用不同主题系列的"新概念粮票"来引导和激励"光盘侠"们珍惜食物的好行为,这些独特的粮票成了同学们茶余饭后竞相争夺的小荣誉。每天午餐,在食堂门口会有"U+理事会""蹲守",根据每个学生餐盒的剩菜剩饭情况,决定是否奖励当天的粮票。不仅如此,每天的粮票主题相同,但是内容不一。一周五天里,学生可以收获五张不同的粮票。学校食堂会在每周五,对于集齐了本周同系列五张"粮票"的"光盘侠"予以小小的奖励,比如,一个苹果,一根棒棒糖,一盒酸奶……小小的"粮票",是爱

惜粮食、争取光盘的"凭证",是学校主题教育的载体,是队员们参与学校建设、凝练新时代集体主义精神的重要方式。《都市快报》《中国教育在线》《升学宝》等媒体纷纷对学校的"新概念粮票"活动进行了专题报道。

"U+理事会"让学生在学校有强烈的存在感,收获了明显的幸福感,丰盈了学生的精神世界,一点点激发着学生的活力。

(二)景成学子获得多元发展

学生社团是丰富学生课余生活的重要载体和第二课堂的重要体现,是校园文化建设的重要组成部分。爱与责任,匠心育人,学校深入贯彻落实国家对教育事业的指导与精神,支持学生自我管理、自我创新、自我进步的能力。在学校支持下,学校社团活动如雨后春笋般蓬勃开展,学校的角角落落都能看到孩子们活动时的快乐身影。

社团活动,丰富了学生的课余生活,拓宽了学生的视野,对于培养学生核心素养起着重要作用。学校共设有校级学生社团近20个,主要分为体育类、艺术类、科技类和文学类,在丰富学生课余生活的同时,也为校园文化带来了勃勃生机。

学校健美操社团,获2019年杭州市阳光啦啦操锦标赛小学技巧组二等奖,获2019年下城区啦啦操比赛团体第二名。李思婷同学获2016年全国健美操联赛女子单人竞技操第四名,曾多次获杭州市少儿健美操比赛女子单人竞技操第一名。

以王彻等同学组成的初中围棋团队获2019年杭州市初中围棋比赛团体第一名。

越剧社成立于2008年12月,先后被评为杭州市明星红领巾小社团、下城区精品社团、下城区年度艺术特色社团。学校还被评为杭州市优秀非遗传承基地,接待了联合国、美国、法国、澳大利亚、比利时等国和组织的教育访问团。自编校本课程《走近越剧》先后被评为下城区及杭州市第七届义务教育精品课程。

"叽叽喳"学生合唱团组建于2009年,自成立以来曾多次参加区级艺术节,每年都能取得优异成绩。2020年9—10月,下城区教育局举行了第十二届中小学生艺术节一系列的比赛活动,在声乐、器乐、舞蹈、曲艺、歌词创作这五类专业的比赛中一共荣获了17个奖项。其中,在中小学生艺术节合唱、小合唱、表演唱、重唱、小组唱比赛中,《飞云之下》荣获一等奖,《红红的太阳》荣获二等奖,《铃儿响叮当》荣获三等奖。

创客社团围绕对应主题模块进行创意课程开发,编写出版了一批创意编程课程。田嘉业和赵雨睿分别获得2018年浙江省中小学生电脑制作活动创客竞赛一等奖;赵雨睿和田嘉业分别获得2018下全国中小学生电脑制作活动创客竞赛三等奖;2019年施锦成同学获得浙江省中小学电脑制作竞赛创客大赛二等奖(杭州市一等奖);赵雨睿、倪立杭、王城锐获得杭州市科技节创客马拉松大赛一等奖。创客空间成立以来,连续三年位列下城区第一,获得国家级省级荣誉10多项,市区级荣誉百余项。

红景天文学社围绕杭州市"打造生活品质之城"的主题,研究文化遗产、民俗风情、地方特产,并撰写了《文化少年的文化提案》,从而将研究性学习与生活紧密结合。红景天文学社因成果斐然,被评为全国优秀红领巾社团。

丰富多彩的校园活动,种类齐全的社团组织,让每一个景成的孩子都能找到自己的兴趣、爱好,在景成的大家庭里快乐地成长。《中国教育报》报道了学校的学生社团建设,快乐足球、走进越剧、乐享合唱等优势项目被评为下城区中小学特色品牌项目,学校被评定为亚运梦想足球学校、全国青少年校园足球学校、杭州市校园足球优秀特色学校和"市队联办"体育后备人才基地、浙江省"小百花"十大校园爱越基地。

(三)景成学子成为文化交流使者

学校积极推进国际理解教育,2014年10月,学校与澳大利亚戴尔基督学校结成姊妹学校;2017年3月,学校与澳大利亚潘诺斯学校结为姊妹学校;2018年12月,学校与英国克里夫顿学院结为姊妹学校,加强培养学生的国际视野与中国意识,为他们将来参与国际竞争与合作打下扎实的基础。

2019年学校被评为杭州市教育国际化示范校。

  景成学子通过英语、社会、历史、科学、音乐、美术等课程学习理解全球问题，发展国际理解能力，成为文化交流的使者。学校引进外籍教师开设英语口语、英语足球、英语篮球、戏剧表演、信息技术3D打印等社团课程和拓展性课程，鼓励本校教师开展异国风俗、基础日语、英语趣配音、英语课本剧表演等拓展性课程，学生增加了语言实践机会，对国际理解兴趣浓厚。学校利用世界读书日的契机，开展主题阅读节活动，邀请以色列国宝级作家亚纳兹·利维先生为景成学子进行现场导读，开拓学生国际视野。2017年4月，学校与比利时西弗兰德大学签订教育实习基地协议，自此开始，景成学子每年都和西弗兰德大学教育专业的学生一起进行大课间活动，一起进行课堂教学，一起开展欢送联谊、游西湖品美食等活动(见图9-1)。

图9-1 与比利时西弗兰德大学实习生游览交流

  2015年、2017年、2018年、2019年暑期，学校部分师生分别赴英国、澳大利亚访学，学生国际交流活动课程化。访学出行前学校专门设置课程，让学生进行国际理解教育的专项学习，了解当地风土人情、饮食习惯、西方文化。访学期间，学生通过住家生活，体验西方家庭生活；通过语言学习，体验全英语课堂；通过深入校园，体验学科教学；通过全方位实践，增加深层次认知。访学开拓了景成学子的国际视野，与国外孩子建立了友谊，并向他们传播了中国的优秀传统文化。

图9-2　2018年暑期，学校部分同学赴澳大利亚访学

近几年来，景成学子作为中西方文化交流的使者，先后接待了来自美国、法国、意大利、澳大利亚等国家和联合国教科文组织的教育来访，通过与来宾的交流互动，让他们体验了中国传统文化。2017年，杭州市教科所、下城区教育局主办的2017中澳教育创新论坛活动、亚足联女足日"女孩足球节"活动、中英青少年足球交流论坛等国际交流活动均选择在我们学校举行。

图9-3　越剧社成员和澳大利亚校长、老师一起跳水袖舞

图9-4 承办2017年亚女足连女足日"女孩足球节"活动

二、教师充满了职业魅力

教师在教育过程中起着主导作用,是教育活动的组织者和引路者。到2020年,学校在编专任教师143人,教师平均年龄为36岁,教龄10年以内的年轻教师43人,占30.1%,99.3%的教师为大学本科及以上学历,其中研究生学历16人,中高级教师96人,省市级荣誉教师35名,4位教师获区"教育英才"称号,1位教师获区"教育名家"称号。这是一支年轻、有活力、充满朝气的队伍。学校确立"学研结合、课题带动、分层培训、共同发展"的校本培训策略,多种途径打造学识渊博的魅力教师。

(一)青年教师成长迅速

学校最近三年新入编的教师25人,以2019学年为例,92%的新教师获得区级及以上荣誉,100%的教师成功开设校级及以上级别公开课,64%的新教师在区级及以上公开课中获奖或在区级及以上活动中做汇报。周子群开发的微课送至湖北,俞张磊、徐佳璐被评为下城区"奇迹教师",徐佳璐、谭佳慧在全区新教师手写教案比赛中获奖。

为什么景成的新教师适应期和成长期比别的学校要短?青年教师容

易让孩子们产生和"哥哥姐姐"一起做游戏的愿望，跟孩子打成一片轻而易举。同时他们能运用多媒体手段丰富课堂教学，把握住学生的心理脉搏，阳光、活力，能帮助他们吸引住学生。但是对教学内容的把控，对教学技能的掌握，对偶发事件的处理等不足，限制了他们的教学效果。学校因势利导，为新教师组建了"菜鸟成长社"，请进来、走出去、案例分析、同伴互助……多种多样的活动，助力新教师蜕变。通过培训，让新教师在短时间内熟悉学校，熟悉工作岗位，进一步巩固新教师的专业思想，培育良好的道德素养，增强驾驭教材、驾驭学生及驾驭课堂能力，提高教学水平及学科质量。学校连续四个学年被评为下城区校本培训优秀单位，"菜鸟成长社"被评为2018年浙江省中小学校本研修百项精品项目。

例如，谭佳慧老师这只胆小的菜鸟在踏上工作岗位的初始阶段，在菜鸟成长社舒缓了紧张不安的情绪，在师傅王丽君老师的帮助下，面对自己的困惑，抓住学生的课堂生成，把知识点进行深挖、拓展，培养灵活应变的能力，通过一次次的磨课上课、共同探讨，不断成长并越来越有自信，得到了学生、家长、老师的一致好评，教学方面多次获得区级奖项。

（二）种子教师成熟勤勉

从青年教师成长起来的年轻教师、中年教师，已经具有一定的教学经验，通过学校"种子教师"工作坊等师训平台，以及自己的努力，克服职业倦怠，积极参与教育研究改革，获得不少成果，一步一个脚印，从经验型教师成长为专家型教师。

教龄2年以上8年以下，年龄在35周岁以下工作实绩显著，师生调查满意度高，至少已经在区级层面获得过奖项或参与过课题研究的成熟教师成为学校"种子教师"工作坊旨在培养的对象，在促进骨干教师在学科教学、班集体建设、学生心理辅导、教育科研等方面形成自己独特的风格，促进和带动两头教师发展，为培养具有全市乃至全省知名度的优秀教师奠定基础。近年来，学校已经开设小学语文、小学数学、中学语文、中学数学、中学英语、心理健康、青春期健康教育等多个工作坊。

例如,洪燕老师,在新教师的时候曾经饱受师生关系的困扰。虽然年轻,但是和学生的关系并不近。在日常处理学生冲突时,不能很好地解读学生的意图,经常会有事倍功半的效果。后来,她加入了学校心理种子俱乐部,成了一名种子教师。学校邀请专家带领大家读心理学著作、研究学生冲突的个案。在不断地复盘案例、研读理论的过程中,掌握了一定的心理学技巧。在此过程中,她感受到了要先走近学生生活、走进学生心理,挖掘学生内心深处向上向善的灵魂。种子俱乐部的培训让她学会用平等的眼光看待学生、接纳学生,让她迅速成长起来。再一次担任班主任时,种子教师的培训经历让她更为关注学生心理,她画下每一个孩子的肖像,写上一句个性且正面的评语,以此引导孩子积极向上。肖像+评语的形式被央视新闻、《人民日报》点赞,被《学习强国》做专题报道,被数十家媒体报道或转载。之后她还参加了志愿者服务,就相关内容在下城区里做分享,有越来越多的老师参与到画肖像的行列中。心理种子俱乐部的一颗小小的种子,正在不经意间被传播开来。洪燕老师被评为下城区"育人楷模"、下城育人能手,入围"杭城最令人爱戴的班主任",撰写的论文案例在省、区各类评比中获奖。《人民日报》点名表扬:"用心教学,用爱浇灌。"《学习强国》以"杭州有位老师的期末评语'火'了! 她为全班39个孩子画出肖像版评语"为题进行专题报道,登上央视网首页和微博热搜,被数十家媒体转载和报道。

还有一批种子教师,学校致力于开拓他们的视野,学习先进的教育教学理念和管理模式,丰富老师头脑,培养师生国际化意识。学校结合省师训平台、高校以及其他培训机构的品牌培训项目,安排骨干教师参加各类专题研究培训。结合新疆阿克苏、湖北巴东、贵州黎平、兰溪、新安江等结对支援工作,外派教师参加送教、支教、培训等活动,约合30人次。结合海外结对学校交流、省市区骨干教师外派学习、学生组团海外访学等,开展海外访问式、浸润式研修活动。通过"实践+研修"的方式,拓展骨干教师成长边界,培养具有一定知名度的名师。2019年暑假,我校长外派6位教师前往英国、澳大利亚、希腊等地研学2周。通过深度、真实的海外学习,教师们拓宽眼界,增长技能,取长补短,回校后通过山海汇平台向全体教师做精彩的学习分享。

例如,朱晓岚老师,凭借自己特有的教学风格,活泼生动的课堂教学获得杭州市"教改之星"金奖和浙江省教学研究评比教学活动评比一等奖,还被评为杭州市教坛新秀、杭州市优秀德语课教师,成为学校思政学科的骨干教师。2018年,响应党中央号召,远赴湖北省恩施州巴东县进行为期一年半的扶贫支教工作。挂职一年半期间,朱晓岚老师多次组织各种讲座。同时还积极参与送教下乡活动,走访了官渡口民族中心小学、童家坪小学和留守儿童的阳光小学等,为当地的年轻教师提出宝贵的教学建议。她还深入乡间,为智力和身体都有残疾的孩子带去学校的基础课程,送去整整一学期的温暖。朱晓岚老师和巴东一线的教师,广泛探讨学生在学习过程中,出现的各种困扰师生的学习难点,从教育心理层面,深层次地探讨学生学习心理与规律。朱晓岚老师是对"人民教师"这一称号最朴实的践行,荣获"湖北省东西部扶贫协作优秀干部人才""杭州援恩优秀教师"等称号。

种子教师通过自己的努力,逐渐成熟,获得了许多成果。以2019学年为例,1位教师获得杭州中小学育人工作先进个人,2位教师获得杭州市教坛新秀,8位老师入选区内的"名师智慧空间站",3位教师入选下城区"新锐新苗""新锐骨干"培训。科学教研组被评为"浙江省优秀教研组"。学校还组建了由21名骨干教师组成的首届学术委员会,旨在开展学术研究、学术指导、学术评估与学术交流。

(三)骨干教师引领风标

学校通过种子教师培养计划,涌现出一些骨干教师,他们成长有内驱力,自觉不倦怠,在教师中发挥排头兵、领头雁的作用,成为学校"培养情怀深厚、专业基础扎实、勇于创新教学、善于学习发展"的高素质专业化创新型教师的风向标。

2020年，学校成为中国陶行知研究会青春期专业委员会第七批"青春期教育基地"，王荣平老师通过中国陶行知研究会青春期专业委员会在全国范围内的三轮考核，成为12位工作室领衔人之一。王荣平老师多次参加中国陶行知研究会青春期专委会举行的赛课观摩活动，并获得了全国一、二等奖。此外，还开设了生命教育工作坊、睡眠工作坊，设立班级"母亲学堂"，开发"爱能妈妈"训练营，她带领着工作坊18个成员，一起进行生命教育和家庭教育工作。

曹纺平校长曾获得浙江省春蚕奖、浙江省教育科研青年标兵等荣誉称号，是杭州市美好教育校长代言人。担任校长以来，坚持"为每个孩子提供机会，让每个孩子走向优秀"的教育理念，在推进学校文化建设、课程改革、德育创新等方面取得显著成效。2003年至今，长期从事中小学德育研究，多项成果获得市级及以上奖项。2020年9月，曹纺平名师智慧空间站在下城区教师教育学院正式授牌启动。曹纺平校长带领着空间站成员以"做中学"为基本理念，以构建中小学德育活动体系、探索中小学德育活动实施模式和培养德育骨干教师为根本任务，引导学校和教师能够更加关注学生的主体地位，为学生创造更加丰富、深刻又有成就感的学习体验环境，让每个学生都可以自主地根据自身兴趣积极参与，并有机会充分展现自身个性和特长，以此提高道德养成和道德行为能力。

学校以全员培训为基础，以骨干教师培训为龙头，以抓好新教师培训为突破口，以加强梯级教师培训为主线，以重点项目推进为契机，努力开展"纵横网格式"校本培训实践，培养了一支师德修养高尚、业务素质精良、教学技能全面、教学基本功过硬，具有一定教科研能力、适应新课程改革需求的教师队伍。连续四年学校被评为下城区校本培训优秀单位，教师教学研究能力强，一专多能。近三年学校市级以上立项课题7项，教师每年都撰写教育教学论文。校内教师自主开发的拓展课程53门，其中市级精品课程2门，区级精品课程3门。85%以上的教师持有心理辅导C证，另外有6位教师持有心理辅导B证，有1位教师持有心理辅导A证。教师能有效应用信息技术进行教学、研究和管理。学校创建了电子阅览室、D-LAB创客空间、平板教学教室,在语数英科社等学科中开展课堂教学改革实验。教师能熟练运用科大讯飞、杭州天音、阿里钉钉等智慧教育平台。疫情期间利用"小鱼易连"平台在全校开展网课教学,每个学科都有网络教学案例、微课获得区级以上奖项,被评为浙江省教师发展学校(见表9-1)。

表9-1　2018—2020年教师教科研情况

年度	报刊发表专业文章数				科研成果获奖项数									现有科研课题数			
^	计	市级	省级	国家级	计	市级			省级			国家级			计	市级	省级	国家级
^	^	^	^	^	^	一等奖	二等奖	三等奖	一等奖	二等奖	三等奖	一等奖	二等奖	三等奖	^	^	^	^
2018年	4		1	3											1	1		
2019年	4		4		1		1								2	1	1	
2020年	22	3	15	4											6	5	1	

教科研课题情况						
课题名称	课题组成员		审批部门	起讫时间	鉴定时间	
^	负责人	本校成员	^	^	^	
"优宝卡":指向中小学生关键素养多元发展的评价载体设计与操作研究	曹纺平	曹纺平 邵攀 李瑾 张底亚 洪燕芳	杭州市教科所	2017.6—2018.6	2019.10	
基于学生创新素养培育的区域创客教育实践研究	张伟旗	张自任	浙江省教育科学规划领导小组办公室	2018.6—2019.8	2019.9	

续表

课题名称	课题组成员		审批部门	起讫时间	鉴定时间
	负责人	本校成员			
促进班主任成长的有效途径研究:以6位优秀班主任为个案	陈剑琦	陈剑琦 周 慧	杭州市师干训中心	2018.5—2020.6	2020.9
小学中段品德课,基于学生主体参与的合作学习任务单设计与实践研究	周春燕	周春燕	杭州市教科所	2018.6—2019.6	2019.7
基于作者意识的小学高段古诗词联读教学样式的研究	王晓颖	王晓颖	杭州市教科所	2019.6—2020.6	2020.7
以快乐大转盘为例,小学中段"一班一品"阳光体育大课间的设计与实践研究	傅 纬	傅 纬	杭州市教科所	2019.6—2020.6	2020.7
"图说汉字式"生字卡片:基于字理教学形象化目标的小学一年级上册识字载体的设计	李 瑾	李 瑾	下城区教师教育学院	2019.6—2020.6	2020.7
TIA模式:七年级数学单元设计与实施	潘觅理	潘觅理	杭州市教科所	2020.6—2021.6	2021.7
团队一体化:九年一贯制学校育人路径新探索	曹纺平	周 慧 郑玲莉 钱 晶 陈剑琦	浙江省教科所	2020.1—2022.1	2022.2

续表

课题名称	课题组成员		审批部门	起讫时间	鉴定时间
	负责人	本校成员			
"菜鸟成长社":中小学职初教师培训项目创设与运作	邵攀	邵攀 陈剑琦 俞张磊 俞天能 周子群	杭州市师干训中心	2020.5—2021.6	2021.9

三、学校成了区域品牌

在追求卓越的历程中,学校通过不断的努力,成为区级优质学校的典范,跻身杭州市公办学校前列,2020年成功创建首批浙江省现代化学校,为下城区唯一一所省级现代化学校。

(一)成为区级优质学校典范

学校每三年接受下城区教育督导室的督导评估,督导评估组坚持标准,从严把握,根据优质学校督导评估的成长性指标要求,从领导与管理、课程与教学、教师发展、学生发展和学校发展五个领域,对学校情况进行督查。在2018年的下城区校(园)办学水平综合督导第二批优质学校督导评估中,学校各项基础性指标全部达标,成长性指标、创生性指标得分为92.2分。再加上实地走访、家长和社区满意度问卷调查、第三方专家组实地评估,学校被认定为杭州市下城区优质学校。

专家认为杭州市景成实验学校围绕"崇实尚品"的办学理念,主动适应教育发展的大形势和新常态,以文化建设和特色培育为主要抓手,努力将学校发展为具有现代管理体系、优质教师团队、过硬教育质量和温馨校园环境的公办学校。近三年,中考成绩迅速提高,取得了较为良好的社会效应。学校在以下四方面具有办学优势。

1.适应教育发展趋势，促进学生发展

学校能很好地根据我区推进教育国际化的要求，立足自身，组织骨干教师和优秀学子外出学习考察；学校承办杭州市教育学会和区教育局共同主办的"中澳教育创新论坛"，积极推行教育国际化理念。同时，学校还创建新型的学生电子阅览室以及全区最大的D-LAB创客空间，通过了杭州市美好初中项目建设筛选初审，部分学生参加全国性比赛获得优异成绩。

2.创新校本研训培养，促进教师成长

学校持续开展"种子教师"培养计划，让青年教师快速成长，使之成为学校教师队伍的中坚力量；学校成立"菜鸟成长社"，采用俱乐部运作方式，学习更自主更灵活。学校连续两年被评为下城区校本培训优秀单位。在"一师一优课"评比活动中，1人获部优，2人获省优，4人获市优；2位教师成为杭州新锐骨干教师培养对象，3位教师成为下城区青年新锐骨干教师培养对象；1位教师获得浙江省优质课评比一等奖，艺体组还被评为"杭州市青年文明号"。

3.抓实课程改革内功，奠基学生素养

学校以课题为抓手推进课程改革，开设丰富多彩的"优宝课程"，涉及年段从二年级到七年级，课程分为文学艺术、科技创新、历史传承、运动竞技、生活实践和学科拓展六个大类。发挥九年一贯制优势，着力改善德育活动的主题化和序列化，使之富有实效。快乐足球、走进越剧、乐享合唱被评为下城区中小学特色品牌项目。学校被杭州市教育局和杭州市体育局确立为初中女子足球"市队联办"学校；成功创建浙江省心理健康教育示范学校。

4.整合家校合作资源，凝聚办学力量

学校通过家访工作和家长会创新，促进家校有效沟通。利用校长接访日、家委联谊日、家长体验日、党员服务日、家长助学积分制、家长慧客厅等载体，搭建家校沟通与协作桥梁。通过互动平台，使家长更全面地了解学校办学理念、举措和成效，从而更好地理解和支持学校教育。

办学15年以来，老百姓对学校的满意度逐年升高，学区内新生入学比

例逐年上升,满足了老百姓对家门口优质学校的需求,成为大家心目中的好学校。

(二)成为首批省现代化学校

近年来,学校根据杭州市《关于深化基础教育改革建设"美好教育"的实施意见》、下城区《教育品牌发展战略行动2020》等的具体要求,把握九年一贯学制的优势,突出文化建设和特色培育两个重点,强化规范办学,深化课程改革,建立与完善现代学校发展体系,教学质量不断攀升,师生整体素质显著提高,赢得了社会良好的口碑,也得到教育界的广泛关注和认同,已经发展成为一所杭州市的优质公办学校。学校作为下城区初中学校唯一代表参加浙江省现代化学校创建,经评估"规范办学、办学条件、师资队伍、教育技术装备"四个方面均符合申报条件,"学思想、育人模式、队伍建设、学生发展、学校发展"等内涵发展的关键指标均获得了优异的成绩,学校成为首批浙江省现代化学校。

15年的努力,学校获得了不少荣誉,教师成长、学校特色、课程改革、教育质量、学生培养等各方面均得到了发展。

1.教师成长

学校连续四个学年被评为下城区校本培训优秀单位,"菜鸟成长社"被评为2018年浙江省中小学校本研修百项精品项目。近三年,2位教师成为杭州新锐骨干教师培养对象,4位教师成为下城区青年新锐骨干教师培养对象,8位教师成为名师空间站培养对象;1位教师获得浙江省优质课评比一等奖,3位教师在市优质课评比中获得一、二等奖,2位教师在杭州市教学能力比赛中获一等奖,9位教师在区教学能力竞赛中分获一、二、三等奖。2018年4月艺体组被评为"杭州市青年文明号",2019年学校被评为杭州市第五批示范教科室,初中科学组被评为浙江省先进教研组、杭州市先进教研组。

2.学校特色

学校发挥九年一贯学制特色,积极探索党团队一体化改革,2017年学校被选定为杭州市少先队改革试点学校,2019年学校被评为"新集体教育"

项目研究学校,少先队活动室被评为"杭州市示范队室",2020年《团队一体化:九年一贯制学校育人路径新探索》被立为浙江省教育科研规划课题。

3. 课程改革

2017年1月,《中国教育报》报道了学校的学生社团建设,快乐足球、走进越剧、乐享合唱等优势项目被评为下城区中小学特色品牌项目。2019年学校课题《优宝卡:小学生多元发展评价载体设计与实践》获杭州市教育科研成果二等奖。2019年被评为全国青少年校园足球特色学校、杭州市校园足球2019年度优秀特色学校,2020年被评为杭州市体育、艺术、科技特色学校(体育特色学校)、亚运足球梦想学校。以2019年为例,学校各类社团60余人次在健美操、足球、羽毛球、围棋、创客、科技编程、啦啦操、天堂儿歌等市级及以上行政部门组织的比赛中获奖。

4. 教育质量

近三年,重高、特色高中保送生经测试100%被录取,中考成绩特别是重高率、优高率迅速提高,跻身杭州市公办中学前列,2018年数学中考成绩位于杭州市公办学校第一名。2017年、2019年、2020年学校被下城区教育局评为"办学业绩先锋奖";2017年、2018年、2019年连续三年,学校被下城区教育局评为"教育质量优胜奖",2020年学校被评为下城区中小学提质增效奖。2020年中考继续领跑区域公办学校,重高、优高上线比例均超市平均。500分以上达44人,实现参加中考学生超前三分数线目标,所有学科均出现高分,语文111,数学118,英语118,科学158,社会49。我校参加中考的学生占比71%,远超市平均水平,各学科中考平均分均超过市平均分。2020年7月被授予杭州市公办初中提质强校行动首批试点学校。

5. 心理健康

2017年第3期《中国德育》报道学校的心理健康教育工作,成功创建浙江省心理健康教育示范学校。2020年5月,《人民教育》公众号以"特殊开学季,返校后学生的心理危机如何干预"为题介绍学校心理健康教育工作。

6.家庭教育

学校重视家庭教育,开展家长慧客厅活动。2019年11月,学校在期中家长会上开展"我给家长发奖状"的活动,受到了家长们的一致好评,央视新闻、人民网、央广网、共青团中央、中国教育在线、《钱江晚报》《都市快报》、搜狐网、新浪网、网易等多家媒体予以大篇幅报道。

7.校园文化

学校先后获得浙江省心理健康教育示范学校、浙江省健康促进银牌学校、杭州市智慧教育示范校、杭州市教育国际化示范校、杭州市智慧教育示范校、杭州市教育国际化示范校、杭州市文明校园、杭州市红十字示范校。

第二节　未来行动：走向卓越的再思考

走向卓越，既是我校的行动目标，也是一个不断提升办学水平的过程。2019年伊始，学校抓住杭州市"美好教育"建设、公办学校提质强校行动的契机，寻求高位突破，努力迎接挑战，将景成实验学校打造成与下城区"全域优质，卓越引领"目标相一致的优质公办学校作为奋斗目标，力争学校教育质量、特色发展走在全市公办学校的前列。正是基于这种背景，我们对走向卓越的未来行动进行了再思考。

一、走向治理：现代视野下的学校内部管理变革

党的十九大开启了国家现代化治理体系与能力建设的新时代，而教育领域治理体系的完善建构是激发教育活力、推动教育可持续发展的基础保障。教育部部长陈宝生指出：现代学校要"推进教育系统依法治教、依法治校，完善教育制度实施体系，不断提升学校治理水平"。显然，学校治理是基于学校当下与未来发展需要的行动，是学校办学理念、管理方法和教育教学实践持续不断调节的过程。学校治理的目的是促进学校办学品质的提升。努力把景成治理好，让本学区的孩子能就近享受高质量的九年一贯义务教育，是景成对学区百姓期盼美好教育的真切回应，是景成领导班子及全体教职员工的神圣职责与光荣使命。

（一）建立高效的校本治理结构

学校治理不同于学校管理。学校管理是对学校资源进行决策、计划、组织、协调、控制的过程。学校管理的主体是以校长为核心的校级及中层团队，教师和学生只是"管理对象"。学校治理需要共同目标的支持，学校

治理的主体是多元的,包括各级行政部门、学校领导、教师、学生和家长。

建立高效的校本治理结构,首先是要形成完善的管理体制。要形成相互促进、相互支撑、相互制衡的内部结构,要建立并不断完善学校章程及各项管理制度。学校的办学理念、发展规划、行动计划、干部任免、课程建设必须充分落实校长负责制。现代学校的治理必须体现以教师为本、以学生为中心,决策系统必须进行完善。

建立高效的校本治理结构,其次是要建立良好的运行机制。既要提高管理团队的执行力,又要提高教职工的认同感和归属感。要提高执行力度,必须减少中间环节,这对于像景成这样的大规模学校显得尤为重要。要进一步完善行政联系年级组制度,充实年级管理力量,为年级的有效管理提供强有力的支持。

建立高效的校本治理结构,还要充分发挥学校学术组织、监督小组的作用。目前学校有学术委员会、种子教师工作坊、名师工作室等学术组织,有教代会、绩效考核小组、绩效监督小组等民主管理组织。这些组织的运行,推动学校由单纯的行政管理走向共同治理,让更多的老师在学校治理中发挥作用,同时推动部门职能从管理向研究转变。

在新的发展时期,景成根据《中国教育现代化2035》要求,通过完善管理体制、畅通运行机制、引导教师参与学校治理等方式建立有效的校本治理结构,力求治理用权制度化,治理过程民主化,治理方式法治化,治理结构一体化,治理效果最大化,从而促进学校的持续发展。

(二)实施更加开放的办学行动

在现代教育意义下,学校教育已经不再是一个封闭的系统,学校的办学方向、育人目标、重大决策、课程设置等必然与办学环境、家长期盼有着极为广泛而密切的联系。现代学校不仅关注学校内部的运作,也重视学校与家长、学校与社会的互动。构建政府、学校、社会、家长之间的新型关系,建立更加开放的管理机制,实施更加开放的办学行动,是培养新时代人才的需要,也是体现学校现代化的重要气质。未来景成将实施更加开放的办

学行动,其主要包括以下两个方面。

其一,学校治理的开放,有利于各方资源形成合力,提高办学效率。学校治理首先要向教师开放。教师是教育教学工作的主要群体,也是学校治理的组成部分,教师的行为直接影响着学校的发展。教师能够结合专业发展,对学校的发展目标、行动计划、策略举措、评价考核提出建议,主动参与学校的管理,最终提高学校治理的效能。学校治理要向学生开放。学生是学习的主体,也是自我管理的主体。学生参与到学校治理中,能让老师直接了解学生的需求,从而提高教育教学活动的目的性、有效性。学校治理还要向社会开放。学校向社会开放,让社会了解学校,让学校更好地服务社会,可以争取社会的理解、支持与帮助,可以借助社区、企业、团体、研究机构的资源,实现资源共享、优势互补的目标。学校治理也要向家长开放。家长参与学校治理,可以形成教育合力,营造良好的教育环境。

其二,教育教学的开放,有利于构建开放的课程体系,探索开放的教学过程,实施开放的教学评价,提高"教"与"学"的效率。我校"景·成"课程分为基础性课程和拓展性课程两大类。基础性课程按照国家要求面向全体,保障学生的必备素养的教育。拓展性课程满足学生的个性化学习需求,课时比例不低于20%。学校积极探索拓展性课程的开发、实施、评价和共享机制,努力体现地域和学校特色,突出拓展性课程的选择性、活动性、综合性和规范性,满足学生的个性化学习需求。创建开放、多元、包容的课堂教学环境,激发学生的学习热情和创造性思维,构建"回应"课堂,促进学法变革,让教学过程更开放。探索"立足学生个性差异、满足学生不同学习需要,以促进学生最大限度发展"的差异教学,让教学评价更开放。

(三)坚持不断改进的创新思维

党的十八大以来,习近平总书记把创新摆在国家发展全局的核心位置,高度重视科技创新,围绕实施创新驱动发展战略、加快推进以科技创新为核心的全面创新,提出一系列新思想、新论断、新要求。这些重要论述,对于加快形成以创新为主要引领和支撑的经济体系和发展模式,实现"两个一百年"奋斗目标,实现中华民族伟大复兴的中国梦,具有十分重要的指导意义。

十四五期间,要坚持创新在我国现代化建设全局中的核心地位,把科技自立自强作为国家发展的战略支撑,强化国家战略科技力量,提升企业技术创新能力,激发人才创新活力,完善科技创新体制机制,创新被放在了更加突出的位置。习近平总书记希望"广大教师不忘立德树人初心,牢记为党育人、为国育才使命,积极探索新时代教育教学方法,不断提升教书育人本领,为培养德智体美劳全面发展的社会主义建设者和接班人做出更大的贡献"。

景成自2006年办学以来,已经走过了15年,景成的发展始终秉持不断创新的思维。学校倡导"给每个孩子提供机会,让每个孩子走向优秀"的教育理念,围绕"崇德尚美,启智行健"的学生培养目标,秉承"崇实·尚品"的校训,发挥九年一贯学制优势,积极探索促进学生全面、多元、自主、和谐发展的教育方法和途径。近几年,学校在学科质量提升、校园文化建设、师资队伍培养、德育载体创新等方面展现出了良好的发展势头。不断提升的发展态势增强了景成人的自信心、自觉性、自强力。

在新一轮的发展中,景成将坚持不断改进创新思维,抓住杭州市"美好教育"建设、公办初中强校行动的契机,通过六大工程,达成"两全双馨一流"的发展目标,力争学校教育质量、特色发展走在全市公办学校的前列,为杭州公办学校振兴构建景成样本,做出景成贡献。

二、文化底蕴:人文关照下的学校文化架构

随着社会、经济高速发展,各级政府对教育的投入越来越多,资源配置越来越均衡,学校之间的差异不再是硬件的区别,甚至不再是教师的区别,而是文化的差异。学校的发展应该靠一种来自内部的自发、自主、自觉的发展力量,这是学校办学实践的内在需求引发的力量,这种力量就是核心发展力。文化是学校核心发展力的源泉,是"发动机",是"发力器"。然而,

学校文化建设是一项系统工程，具有整体性、层次性、全面性等特点。在坚持正确方向、统筹兼顾、科学发展的前提下，未来景成实验学校文化建设还将注重以下三个方面的突破。

(一)明确学校文化的价值定位

"景成"者，"景行(xíng)""善成"也。卓越学校的文化架构必须体现出校本化的特色，其核心价值不仅仅在于校名的解读和校训的引领，而必须通过师生共同价值观的内化和共同行为准则的外显而充分彰显，因此，未来学校文化的价值定位必须是校本化的。

什么是"校本"？如何理解学校文化的价值定位的"校本化"？华东师范大学教育学博士郑金洲在《走向校本》中这样解释：所谓校本，一是为了学校，二是在学校中，三是基于学校。未来景成实验学校文化建设必须明确自身的价值定位，就是要实现"为了学校"，即学校文化建设能够解决学校发展过程中所面临的各类问题，促进学校的科学发展；就是要实现"在学校中"，即学校文化由学校的全体成员共同规划、分析、探讨和提炼；就是要实现"基于学校"，即学校的文化建设要从景成实验学校的实际出发，一方面避免"千校一面""千篇一律"，另一方面要将办学特色与文化传统相结合，两者双向促进、共同提升，"走自己的路，看独特的风景"。

坚持学校文化建设的校本化原则，是"以人为本"教育理念的正确诠释，也有利于形成推动学校发展的文化合力。"以人为本"包括"以教师为本""以学生为本""以生命成长"为本，教育"以人为本"，不仅是学校文化建设的出发点，也是学校文化建设的基本价值取向。未来景成实验学校，应该既有"为每个孩子提供机会，让每个孩子走向优秀"的教育理念和具体实践，也应该积极创造可供师生表达个性、释放个性的文化空间，并以师生共同参与的程度作为评价标准，从而形成推动学校发展的文化合力。

(二)营造和谐的学校环境文化

"崇实·尚品"是学校的校训，是景成实验学校历任领导、全体教职工以务实的态度在下城北部扎实起步并在坚持追求卓越过程中的工作作风和精神的写照,作为校训,可以薪火相传并以这种精神引领学生的成长。2016年设立教训墙时,对"崇实·尚品"又做了进一步的阐述:崇实为"诚实做人、踏实做事";尚品为"品质学习、品位生活"。

未来景成实验学校的学校环境文化应该紧紧围绕校训,追求品位。品位是校园形象和气质的展示,也是价值和修养的体现。在景成实验学校15年的办学过程中,通过几任领导和全体师生的共同努力,已经达到了一定的文化品位,学校在杭州初步形成了社会知名度与品牌影响力。进一步打造学校的品牌,就要不断提高学校文化品位,进而提升学校认知度和美誉度。

追求学校文化建设的品位体现在学校文化建设的各个方面,包括学校文化的外在形象与内涵体系,是一所学校教育教学、教育科研、德育体系等各个方面的综合体现。因此,要重视营造和谐的学校环境文化。2019年开始,学校通过校园基础设施的整体提升改造,已经为进一步以文化建设为核心统领学校全面发展奠定了基础,学校目前被确立为浙江省第一批现代化学校,接下去的目标是办一所始终面向未来的智慧学校。

我们知道,一所学校的生命力,并不仅仅在于办学的硬件设施、物质条件,更在于学校文化的品位,包括环境文化的品位。有品位的学校文化,决定了有品位的教师团队、有品位的办学行为,进而才有较高的办学质量,才能培育出有品位的学生。一所有文化品位的学校,才能形成教育核心竞争力,发挥出教育的最大功能。

(三)凝聚振奋人心的学校精神

"崇德尚美,启智行健"是学校的培养目标,也是学校精神所在,它由校名"景成"引申而来。"景行",引申为"崇德尚美";"善成",引申为"启智行健"。学校精神来源于学校文化建设的发展。文化的影响,不在于灌输,而在于浸润。学校是个文化浸润的地方,学校精神本质上是一种价值理念,一种文化氛围,一种产生共鸣的"文化磁场"。

未来的景成实验学校应该具有这种强大力量的"场",师生置身其中,

与学校浑然一体。校园处处洋溢着浓郁的文化气息,师生时时受到文化氛围的熏陶,始终被振奋人心的力量感动和感召,最终达到"春风化雨,润物无声"的教育效果。

坚持用学校精神来浸润每个师生的心灵,从教师发展的角度来说,就是目标的引领、价值的认同;从学生的成长过程来说,就是精神的唤醒、潜能的显发、内心的敞亮、主体的弘扬与独特性的彰显;从师生共同活动的角度来看,是经验的共享、视界的融合与灵魂的感召。

景成实验学校的未来学校精神应该具有以下三个明显的特征。

一是与国家发展、民族复兴高度契合。"文化兴则国运兴,文化强则民族强。"景成要始终把立德树人、培根铸魂的文化建设视为学校竞争优势的重要因素,把文化作为综合实力的有力支撑,办一所具有"民族魂、世界眼"的学校。

二是始终抓住"以人为本"与"美好教育"两个关键词。景成要以育人为本的初心加强学校文化建设,以文化人,砥砺德行,善待每一位教师,呵护每一个学生,尊重校园里的每一个生命,使教育回归文化本义,让教育更美好。

三是坚持五育融合与协同育人。景成的学校文化建设绝不追求功利,我们坚信五育齐兴、五育并举是落实全面发展的必然要求,是深化素质教育的体现。我们倡导以多元评价为主导,多方治理为渠道,聚焦学生发展核心素养,构建协同教育理念下的五育并举育人体系。

三、技术赋能:信息技术支持下的学校大脑建设

"变化是生命的法则。那些沉湎于过去或停留于当下的人必将错过未来。"——约翰·F.肯尼迪。当下,颠覆性创新从根本上改变了世界的运转方式,数字技术云计算、大数据、基因工程、智能材料、移动商务、社交媒体、生物技术、3D打印、纳米技术、人工智能、机器人和神经科学等领域的创新正在颠覆人们的工作、交流、生产和服务方式。基于这种新态势,城市大脑

应运而生。城市大脑就是基于城市生命体理念,以系统科学为指引,将散落在城市各个角落的数据(包括政务数据、企业数据、社会数据、互联网数据等)汇聚起来,用云计算、大数据、人工智能等前沿技术构建的平台型人工智能中枢。通过对城市进行全域的即时分析、指挥、调动、管理,从而实现对城市的精准分析、整体研判、协同指挥,帮助管理城市。

数字化时代出生的人对使用数字化技术是习以为常的。数字化技术深刻地变革了人类生活,今天的年轻人看待世界的视角和融入世界的方式与以往大不一样,老一辈该如何去教育数字时代的孩子?以色列历史学家尤瓦尔·赫拉利在《未来简史》中提出,"生物体无非是各种算法的集合"。在这种背景下,一所卓越的学校应该充分利用技术的力量,采集学校内各方面的数据,使用云计算,通过科学的算法,遵循事物运行的规律,采用最高效的措施,帮助学生学习和学校发展。因此,能高速处理数据的学校大脑的建设刻不容缓,学校要万兆光纤入校,全域无线网络;要架设数量足够多和覆盖面足够广的信息采集头,真实地记录学生的学习和生活,记录学校的运行情况,然后由学校大脑来计算出最佳教育教学的途径。

(一)让数据支持学生的学习

"当前教育并不理想,孩子们真正需要的是让海量信息产生意义的能力。"孩子根本不需要学校教育来传授他们什么知识,因为他们早已身处信息洪流之中。所以,学校要清楚学生已经接收了哪些信息,还需要哪些信息,以及学生接收信息的手段和方法是什么,然后因材施教。

1. 性格数据,解决学习动力

内因决定外因,只有正面的情感态度才能使人振奋精神,产生巨大的调节作用和引动力量。学生在积极的情感作用下,会对学习产生浓厚的兴趣,主动且愉快地进行学习。学校大脑应该有自己的行为量表,能通过学生在学习和校园生活中的表现换算成性格数据,判断学生校园生活的态度,然后通过学科渗透、开展综合实践活动,教师积极情感的感染,进行情感态度与价值观小结等帮助学生形成积极的性格,孕育出知难而上、不服

输、不放弃的个性品质，为学生的全面发展催生出动力源。

2.知识数据，改变学习模式

学校要使用专业优势，在学校大脑中建立知识点清单和知识点检测题库，让学生在正式学习开始之前，对自己的学习状况开展自主前测，清楚在即将开始的学习时间中自己的优势和不足，自主选择接收新知识的方法，自主配置接下来的学习时间。教师在课堂上采用应答性教学模型模式，不对学生进行一刀切的知识灌输，而是提供知识的积件和素材，任由学生选择。教师要完整和及时地把作业批改、阶段检测、学能习监测的结果上传学校大脑，学校大脑可以通过对比计算，为每一个学生开出学习状态"诊断书"，让每个学生清楚地知道自己的短板所在；同时，学校大脑能够有针对性地为学生提供"私人订制"的学习资料，尽快地补上短板，完善知识结构。数据真实反映、大脑精确计算、学习有的放矢，学校大脑的建设，能够实现自主、高效、省时、减负的目标，提高学生的学习幸福感。

3.共享数据，突破学习界限

在共享经济的背景下，共享教师的出现是可以预料到的。学校大脑可以为学生提供菜单式的课表，供学生选择上哪个老师的课；还可以通过线上现场转播，让学生的学习突破教室的空间局限。学校大脑还可以将45分钟的课，分解成各知识点片段，学生可以点播知识点，哪些不懂学哪些，不用费时费力去大海捞针；当然，建立学校的学习资源库，还能够突破时间局限，学生想什么时候学习，只要网络存在，就可以实现。

(二)让校园变得更加智慧

学校虽小，但是人、财、物、时间和空间等因素仍然错综复杂，协调不好，就会降低能效。5G技术和物联网的普遍运用，能够让学校大脑在物资调配上更加智慧和精准，给学生一个自由和谐的学习环境。

1.智慧大脑，确保校园安全

2200多师生，55个班级，安全在学校运行中是必须确保的一个关键点。学校大脑可以通过用户中心建设，统一管理师生数据，适度采用先进技术辅助识别人员身份,如人脸识别技术等,实现用户单点登录,让校内师生只需经过一次认证,即可在全校网络内畅行无阻。这样在学生入校和分层走班、拓展课、社团活动及公共课进教室等多个场景,都能够迅速识别,避免意外的发生。

同时,学校大脑可以监控不同时段在学校各部位的人流量,及时提醒和分流,防止踩踏事件等意外的发生。学校大脑还可以在学生与家长的联系方面大显身手,帮助家长了解学生在校生活情况,满足家长的知情权,也能促进家校关系的和谐共生。

2.智慧大脑,提高时间绩效

学校大脑可以通过数据治理体系,克服校园中多个信息数据库并存且"各自为政"、无法"兼容"的局面,减免数据信息的重复采集,以及破解数据信息难以共享的难题,"一数一源、一数多用、动态更新",加强校园各部门之间的信息交互和流通。当摄像头采集到一个学生的面孔,管理者可以知道学生的姓名和班级,可以知道学生的特长,可以知道学生的身体和心理的健康程度,还可以知道学生的学习情况,可以知道学生目前最迫切的需求,可以知道和这个学生沟通的最佳方式,从而让老师采用最恰当的教育方式,避免试探和绕圈,提高时间绩效。

比如,食堂排队问题,完全可以通过学校大脑进行排队人数及时通报,让学生选择去食堂就餐的时间,从而减少排队的时间,把节省下来的时间用来运动或者阅读。同样的原理,去图书馆借阅,甚至去如厕,都可以在学校大脑的帮助下,避开拥堵,节约时间。

3.智慧大脑,优化资源配置

学校大脑运用大数据、云计算、区块链、人工智能、物联网等现代信息技术,对校园生命体进行数字孪生,实现态势全面感知、趋势智能预判、资源统筹调度,予校园更多"自我感知""自我判断""自我调整"的安全防护能力,为学校资源配置提供强有力的保障,真正实现"后勤保障、后勤不后"的良好局面。

可以科学安排体育课，提高操场的使用效率；可以通过数据采集，提前预知食堂粮油库存，以便及时补充；可以预测老师红笔使用的状况，在老师红笔即将耗尽之时，及时将这些物质送到老师的办公室；可以发现学校的哪些场所是高频使用区，从而科学地安排保洁人员的工作，提质不增量，确保校园的清洁干净；可以随时为老师和学生会提供空闲教室和会议室的数量和位置，提供人性化的会议服务；可以为管理层提供老师上课状况，为各种小型会议的召开，实施优化和组合。

未来已来，未来的学习是可以在任何时间、任何地点（包括虚拟空间）进行的适时学习。它是个性化的、以学习者为中心的非线性终身学习，并且有机器思维、智能顾问和大数据等现代工具作为辅助。教育者应当拥抱变化，积极探索，促进平衡，所以，学校一定要抓住时代变革的实质，积极建设智慧学校，用大数据和学校大脑为学校发展和学生成长助力。

主要参考文献

1. 滕大春.外国教育史和外国教育[M].保定:河北大学出版社,1998(4).
2. 吴式颖.外国教育史教程[M].北京:人民教育出版社,1999.
3. 华国栋.差异教学论[M].北京:教育科学出版社,2001.
4. 达柯文,走向个别化:长江实验小学的教改理念与实践[M].杭州:杭州出版社,2005(8).
5. 周培植.实施嫁接办学 区域推进教育集团化[M].杭州:中国美术学院出版社,2005(10).
6. 周培植.人才强教,促进教师全面成长[M].杭州:中国美术学院出版社,2005.
7. 虞蓉蓉.协同自主 和谐发展——学校办学理念的实践与研究[M].北京:开明出版社,2006(7).
8. 凯瑟琳·坎普·梅休,等.杜威学校[M].北京:教育科学出版社,2007(5).
9. 成君忆.渔夫与管理学[M].北京:新华出版社,2008.
10. 安迪·斯迪克斯,弗兰克·鄂贝克.有效的课堂指导手册[M].北京:教育科学出版社,2008.
11. 简·杜威,等.杜威传[M].合肥:安徽教育出版社,2009.
12. 吴林富.一所新学校的和谐生长之路——杭州市景成实验学校的办学实践[M].杭州:浙江科学技术出版社,2011(9).
13. 周培植.好的教育——区域教育生态理念的研究与实践[M].北京:教育科学出版社,2012(3).

14.施光明,戚小丹.学校特色品牌建设论[M].长春:东北师范大学出版社,2012(5).

15.王春易.从学科教学走向学科教育[M].北京:中国大百科全书出版社,2012.

16.葛丽芳.一所能让孩子自由做梦的学校——多元文化下的教育理想实践[M].上海:上海三联书店,2013.

17.黄健,蒋怡等.多元化教育让每个学生绽放精彩[M].上海:上海文化出版社,2014.

18.马玉芬.阳光育人 多元发展——引领学校走向卓越的初中教育实践[M].上海:文汇出版社,2014.

19.吴积军.校本研修与教师专业成长[M].南京:江苏凤凰教育出版社,2015.

20.杨翠蓉.教师专业发展:专长的视野[M].北京:教育科学出版社,2015.

21.武丽志.教师远程培训研究[M].北京:清华大学出版社,2015.

22.张铁道.教师研修:国际视野下的本土实践[M].北京:教育科学出版社,2015.

23.中共中央文献研究室.习近平关于科技创新论述摘编[M].中央文献出版社,2016(1).

24.黄伟.选择与突破——区域九年一制学校办学创新探索[M].北京:教育科学出版社,2016(10).

25.玛丽·凯·里琪.可见的学习与思维教学[M].北京:中国青年出版社,2017.

26.尤瓦尔·赫拉利.未来简史.[M].北京:中信出版社,2017(1).

27.熊焰.校本教师专业发展研修手册[M].天津:天津教育出版社,2017.

28.娄小明.边际教学之"美"[M].南昌:江西教育出版社,2018.

29. 霍莉.教师工作坊与校本研修[M].北京:北京师范大学出版社,2019.

30. 徐明:思维影响教育:给教师88个批判式思考[M].上海:华东师范大学出版社,2019.

31. 朱永新.走向学习中心:未来学校构想[M].北京:中国人民大学出版社,2020(10).

32. (美)伊恩·朱克斯(Ian Jukes),(美)瑞恩·L.沙夫(Ryan L. Schaaf).教育未来简史[M].北京:教育科学出版社有限公司,2020(7).

33. 天一.苏霍姆林斯基关于个性全面和谐发展的理论[J].外国教育研究,1990(4).

34. 曾晓洁.多元智能理论的教学新视野[J].比较教育研究,2001(12).

35. 田英.建构教师培训的"自组织"状态 实现教师的可持续发展——基于教师培训的教育学视角[J].中小学教师培训,2003(4).

36. 张新平,陈学军.论基础教育在构建和谐社会中的使命[J].南京师大学报,2006(3).

37. 史亚娟,华国栋.论差异教学与教育公平[J].教育研究,2007(1).

38. 王星霞.学校发展变革研究[D].兰州:西北师范大学,2007(6).

39. 周满生.全纳教育:概念及主要议题[J].教育研究,2008(7).

40. 李红真.学校常规活动仪式的文化解读[J].现代教育论丛,2008(10).

41. 马瑞英,彭虹斌."有效学校"研究的历史演进[G].广州广播电视大学学报,2008(6).

42. 郭嘉.瑞典学习圈研究[D].开封:河南大学,2008.

43. 翟澄清.中小学田径运动会改革新视野[J].基础教育,2010(4).

44. 李百艳.发展中的教师校本培训模式——中学建校以来校本培训模式的探索[D].上海:华东师范大学,2012.

45. 范景峰.试论构建家校良性互动和谐教育共同体[J].考试:教研版,2012(12).

46. 汤庆亮.库恩范式理论对我国课堂教学改革的启示[D].广西师范大

学,2012.

47.车圣芳.素质运动会是有效提高学生身体素质的法宝[J].考试周刊,2012(28).

48.刘强."创新星火"可以燎原——充分利用科技节,激发、培养学生创造力[J].中国科教创新导刊,2012(12).

49.徐桂香.论举办"校园文化艺术节"的定位思考[J].教育探索,2014(5).

50.文艺术.我国义务教育阶段学校成长路径的类型[D].沈阳师范大学,2014.

51.王学利.让每一个孩子在学校都有做主角的机会[J].中小学校长,2015(8).

52.田山俊,支艳娇.全纳教育价值取向下的基础教育教学变革[J].中国特殊教育,2015(12).

53.姚佩琅.校办读书节的阅读理念[J].语文教学通讯,2016(7).

54.曹纺平,王金槐.培养种子教师,心育融入德育[J].中国德育,2017(3).

55.马希良.研学旅行的现实教育意义在哪里[J].教师教育论坛,2017(4).

56.吴艳茹,郭蕾.成长型思维:"互联网+"时代教师自主发展的动力源[J].天津师范大学学报(基础教育版),2017(10).

57.殷世东,程静.中小学研学旅行课程化的价值意蕴与实践路径[J].课程·教材·教法,2018(4).

58.叶澜.探教育之所"是",创学校全面育人新生活——新时期"新基础教育"研究再出发[J].人民教育,2018(7).

59.张传燧,袁浪华.孔子"有教无类"思想的内涵及其现实基础与理论依据[J].河北师范大学学报(教育科学版),2018(5).

60.吴支奎,杨洁.研学旅行:培育学生核心素养的重要路径[J].课程·教材·教法,2018(4).

61.李庆九.落实"五育"并举促进学生全面和谐发展——兼谈高品质学校的核心指向及其行动方略[J].教育科学论坛,2019(10).

62. 张雯.教师文化自觉的影响因素和发展进程——以厦门市前埔南区小学为例[J].教育观察,2019(29).

63. 曾天山.我国劳动教育的前世今生[N].人民政协报,2019-5-8.

64. 刘若谷.五育并举涵养奋斗精神[N].光明日报,2019-10-05(6).

65. 黄梅.初级中学体验式主题班会实施现状与策略研究[C].广州大学,2019.

66. 陈永彬.初中班级德育主题班会的构建研究[J].科学咨询(科技·管理),2019(629).

67. 常克义.校园体育艺术节:给学生一个多元发展大舞台[J].现代中小学教育,2019(35).

68. 李昱萱.中小学主题班会现状调查及分析[J].现代商贸工业,2020(41).

69. 牟丽红,结合学校实际 有效开展研学旅行[A].甘肃教育,2020(16).

70. 曾素林,叶再娇.小学生研学旅行活动实施机制的构建[J].教育与管理,2020(6).

71. 罗冬长.初中班主任德育教育问题分析及对策[J].当代家庭教育,2020(36).

72. 张瑞.新型主题班会在初中生德育中的应用研究[J].现代交际,2020(538).

73. 杨统青.主题班会课的实践与探索[J].教育革新,2020(232).

74. 邵攀.例谈成长期学校新教师培训项目创设与运作[J].教育观察,2020(1).

75. 张旭,隋丹妮.成人经验学习圈构建策略探究[J].教育观察,2020(1).

76. 吴林静.网络研修中教师研修需求的差异性研究——基于研修计划的认知网络分析[J].电化教育研究,2020(12).

77. 《城市大脑全球标准研究报告2020》https://www.zhihu.com/question/351178548/answer/1489326811.

后　记

质量是教育的生命线，是教育的永恒主题，是教育的核心竞争力，也是一方教育人的形象与尊严之所在。21世纪，我国进入全面建设小康社会、加速推进现代化的新阶段，教育围绕全面推进素质教育，培养更多高素质人才的核心任务，不断通过体制和培养模式改革提升教育质量。党的十九届五中全会更是明确提出要建设高质量教育体系，那么教育怎样做到高质量发展呢？21世纪教育研究院常务专家成员汤勇认为，教育高质量发展的前提是质量的持续化发展，根本是学生的个性化发展，关键是教师的专业化发展，基础是学校的内涵化发展。

杭州市景成实验学校自2006年建校之初，在母体学校——安吉路实验学校的文化引领下，就确立了"以学生发展为本，促进学生科学和谐地生长"的教育价值取向，提出全面发展、多元发展、主动发展、和谐发展"四个发展"理念。在这一教育价值观的统领下，全体景成人发扬拓荒精神，合力创业创新，教育质量提升明显，良好的学风校风逐渐形成。短短10年，这所年轻的学校走过快速成型的初创萌芽期和赢得信任的奠基发展期，在下城北部树立了良好的教育形象。

就在学校从快速成型的年轻学校迈向内涵发展的成熟学校之际，我国教育也正面临着前所未有的挑战和机遇。浙江省提出加快建设和实现教育现代化，杭州市提出高水平建设"美好教育"的目标，下城教育也提出了"致力打造全域优质、卓越引领的教育新地标"这一目标，面向全体学生，促进学生全面而有个性的发展，成为这个时代教育教学改革的旗帜和行动指南。这让学校进一步明晰了内涵发展、走向卓越的方向和路径。

近年来,学校确立了"为每个孩子提供机会,让每个孩子走向优秀"的办学理念,并努力实现教育过程的全面优化。学校坚持基于个别、融合五育、着眼素养的价值追求,遵循质量与特色的系统发展、全面与多元的整体发展、学校与家长的协同发展的方向。教学上努力探索回应式课堂和个别化辅导,德育上积极构建活力校园和进行综合评价,教师发展上实施梯级培养和校本研修,家校合作上探索如何创新家长会和家庭教育指导……使学校在教学质量逐年提升的同时,特色品牌建设也取得了良好成绩,成为首批浙江省现代化学校,被老百姓誉为家门口的好学校。

全书分为九章:第一章审视了历史上不同学校的发展轨迹,回溯了景成实验学校的发展历程;第二章阐释了景成实验学校走向卓越的构想,包括价值指向和顶层设计;第三至八章较为具体地介绍了景成师生如何在实践中努力创新改革,包括如何实现学教方式的变革、如何构建多彩的校园生活、如何激发学生的成长动力、如何助力教师的自觉成长、如何构建协同的育人体系等;第九章是我们对学校未来发展的反思和展望。

本书由曹纺平主编,各章作者分别为:第一章,赵光雄、徐文江、许莉娜;第二章,曹纺平、陈剑琦、李瑾;第三章,施展才、郑英、方扬眉;第四章,周慧、吴敏丹、钱晶;第五章,曹纺平、周慧、雷迅、王荣平;第六章,郑玲莉、邵攀、贾礼维;第七章,施展才、陈剑琦、王晓颖;第八章,周慧、林长聘、陈巧燕;第九章,赵光雄、许莉娜、丁朝阳、杜玉琴。

本书的撰写过程是景成师生进一步统一思想认识、优化育人过程和办学模式的过程。我们在卓越景成构思上达成了一个新的框架:全方位贯彻"为每个孩子提供机会,让每个孩子走向优秀"办学理念,学校工作一切以学生、教师、学校全面、协调、可持续发展为本,做到师生共同参与学校治理,在打造教育靓丽风景的同时,成就师生美好未来。我们欣慰地回顾过往,今后更是任重道远。景行行止,善作善成,相信,此书一定给景成注入新的活力,景成会更具凝聚力、战斗力,景成会在超越自我中得到更快、更好的发展。

景成近些年的改革创新得到专家、学者的指导、帮助。中国教育科学研究院研究员、博士生导师华国栋，浙江大学博士生导师刘力，原杭州市教科所所长施光明，浙江省教科院副院长王健敏，杭州市教育科学研究院院长俞晓东等在学校发展规划论证、项目推进、课题研究过程中都给予悉心指导。景成近些年的发展，得到了下城区教育局党委书记、局长黄伟的全力支持，他曾多次亲临现场参加论证、研讨、展示活动，给予深入指导。本书历时一年多的构思和撰写，得到了施光明老所长的全程指导，他以丰富的学识和对教育的真知灼见，给了我们很多启示。本书完稿之时，更是得到了浙江省教育厅副厅长、一级巡视员、浙江省教育学会会长韩平的充分肯定，欣然为本书作序。在此，一并表示感谢！另外，还要感谢本书中照片等素材的提供者，因为这些鲜活的素材让本书的内容更丰富、更生动。

　　教育高质量发展是一个时代的课题，也是一个永恒的课题，本书仅反映景成现阶段的发展与研究成果，有待于与时代同步的研究持续与深入开展。为此，书中有不足或不妥之处，敬请各位专家、同仁多提宝贵意见，以便我们改进。

　　让我们共同期待景成实验学校不断的自我超越。

作者
2021年2月